BOOKKEEPING
THEORY AND
STRUCTURE

簿記の理論学説と計算構造

上野清貴［編著］
Ueno Kiyotaka

中央経済社

■執筆者一覧

上野　清貴 （中央大学）	終章
青柳　薫子 （香蘭女子短期大学）	第4章，第11章
赤城　諭士 （九州産業大学）	第16章
岡部　勝成 （岡山理科大学）	第3章，第14章
奥薗　幸彦 （九州産業大学）	第8章
櫛部　幸子 （鹿児島国際大学）	第1章
宗田　健一 （鹿児島県立短期大学）	第13章
髙木　正史 （別府大学）	第2章，第18章
高橋　和幸 （下関市立大学）	第9章
髙橋　聡 （西南学院大学）	第5章，第10章
鶴見　正史 （愛知産業大学）	第7章，第12章
堂野崎　融 （九州共立大学）	第6章
仲尾次洋子 （名桜大学）	第15章
望月　信幸 （熊本県立大学）	第17章

序　文

　本書は，簿記の計算構造，とりわけ利益計算構造の簿記的解明を行い，これによって簿記の本質を明らかにし，さらに簿記における計算構造の一般理論を探究することを目的としている。

　これまで，簿記理論および会計理論の領域において，計算構造論が大きな研究テーマとして取り上げられた時期があった。古くは，シュマーレンバッハ（Schmalenbach），ワルプ（Walb），コジオール（Kosiol）と続く収支的計算構造論が研究され，さらにドイツの勘定学説が理論的に取り上げられた。

　数十年前には，簿記および会計における公理論が研究された。具体的には，コジオール，シュヴァイツアー（Schweitzer），井尻雄士，マテシッチ（Mattessich）等の公理論が検討された。そして，ほぼ時を同じくして，井尻の分類的複式簿記と因果的複式簿記，三式簿記および利速会計が理論的に取り上げられた。

　近年では，その頃提唱された物価変動会計，購入時価会計，売却時価会計，現在価値会計，さらには公正価値会計における利益計算構造を，簿記を用いて研究した研究者がいた。そして現在，国際会計基準審議会（IASB）や米国財務会計基準審議会（FASB）における混合測定会計や包括利益会計の計算構造を簿記理論的に統一して説明する必要に迫られている。

　これらはすべて，簿記理論および会計理論を研究する過程において，簿記および会計の本質を探究する試みであったということができる。しかしながら，これまでの長い研究の歴史にもかかわらず，いまだ，簿記理論および会計理論の統一的な計算構造論が解明されていないといっても過言ではない。

　そこで，本書はこの問題に取り組み，簿記の計算構造を総合的に研究し，計算構造論の一般理論を探究することを目的とするものである。

　この目的を達成するために，本書は２部構成となっている。第１部「簿記理論学説研究」では，主として簿記の計算構造に関する学説研究を行い，第２部「現代会計の簿記計算構造論」では，簿記における計算構造論の一般理論の構

築を目指して，簿記会計の現代的諸テーマを取り上げ，それらの計算構造の解明を行う。そして，終章では，これらの計算構造の解明を参考にして，本書の目的である簿記における計算構造論の一般理論の構築を試みる。これらをさらに詳しく述べると，以下のとおりである。

　第1部の簿記理論学説研究では，ドイツの勘定学説，収支的計算構造論を取り上げ，さらに日米における代表的な簿記理論を研究する。勘定学説に関しては，シェアー（Schär）を取り上げる。収支的計算構造論に関しては，シュマーレンバッハ，ワルプおよびコジオールの研究を行う。そして，井尻の分類的複式簿記と因果的複式簿記，三式簿記および利速会計を理論的かつ計算構造的に研究する。さらに，わが国の簿記理論に関しては，多数の有名な会計学者のうち，限られた範囲ではあるが，古今において代表的と思われる会計学者の簿記理論を研究する。それは，下野直太郎，太田哲三，岩田巌および田中茂次の簿記理論である。そして，これらを現代の簿記および会計問題と関わらせて検討する。

　第2部における現代会計の簿記的計算構造論では，まず，現代における簿記会計の諸テーマをそれらの簿記的計算構造に関して研究する。具体的には，物価変動会計，公正価値会計，およびそれらを混合した混合測定会計を簿記の計算構造に関わらせて検討する。さらに，公正価値会計との関係で購入時価会計および売却時価会計を簿記の計算構造的に研究する。キャッシュ・フロー会計および包括利益会計の計算構造の解明，収益認識基準および原価計算の簿記的計算構造の解明，および簿記理論の公理系の解明もここに入ることになる。

　そして，「終章　会計観としての収入支出観と簿記の計算構造」では，これらの計算構造の解明を参考にして，会計観としての収入支出観を主体とし，簿記における計算構造論の一般理論を構築したい。

　本書は，2016年度と2017年度に組織された，日本簿記学会の簿記理論研究部会のテーマである「簿記における計算構造の総合的研究」の成果をさらに1年かけてバージョンアップしたものである。3年間にわたりほぼ毎月1回研究会を開き，活発な議論の末作り上げた知の結晶が本書である。これからもこのメンバーと研究会を続け，さらなる会計研究の発展を目指す所存である。

　最後に，出版事情の厳しい中で，本書の出版を快くお引き受けいただいた中

央経済社代表取締役社長の山本継氏および同取締役専務の小坂井和重氏に感謝申し上げたい。特に，小坂井和重氏には長年にわたり親密なお世話をいただき，今回もまた多大なお世話をいただいた。ここに改めて心より謝意を述べる次第である。

2019年8月3日

上 野 清 貴

目　　次

序　文　*i*

第1部　簿記理論学説研究

第1章

シェアーの物的二勘定学説

　Ⅰ　はじめに　*2*

　Ⅱ　資本の循環　*3*

　Ⅲ　人的勘定学説と一勘定学説に対する批判　*4*

　Ⅳ　数学的方程式による資本循環の表示　*5*

　Ⅴ　複式簿記による方程式形式から勘定形式への転化　*6*

　Ⅵ　むすび　*14*

第2章

シュマーレンバッハの動的貸借対照表論

　Ⅰ　はじめに　*17*

　Ⅱ　シュマーレンバッハによる貸借対照表観の展開　*18*

　Ⅲ　動的貸借対照表論による基礎的計算構造　*19*

　Ⅳ　動的貸借対照表論に基づく簿記構造　*22*

　Ⅴ　動態論と現代会計との関係　*28*

　Ⅵ　むすび　*30*

II 目　　次

第3章

ワルプの二重損益計算論

   I　はじめに　*32*

   II　損益の全体構造　*33*

   III　計算構造論の枠組み　*35*

   IV　損益計算の形式的構造　*37*

   V　むすび　*44*

第4章

コジオールの組織的単式簿記

   I　はじめに　*47*

   II　貸借対照表の概念と種類　*48*

   III　収支的貸借対照表と期間損益計算　*49*

   IV　組織的単式簿記　*50*

   V　組織的単式簿記の複式簿記への拡張　*56*

   VI　むすび　*59*

第5章

井尻雄士の因果的複式簿記

   I　はじめに　*61*

   II　分類的複式簿記と因果的複式簿記　*62*

   III　会計測定の3公理　*64*

   IV　因果的複式簿記の枠組み　*68*

   V　むすび　*72*

目　次　III

第6章
井尻雄士の三式簿記

I　はじめに　*75*

II　複式簿記の論理　*75*

III　時制的三式簿記　*77*

IV　微分的三式簿記　*79*

V　複式簿記の拡張としての三式簿記　*84*

VI　む す び　*85*

第7章
下野直太郎と太田哲三の取引要素説と収支的簿記法

I　はじめに　*87*

II　下野直太郎の簿記会計理論の展開　*88*

III　太田哲三の理論展開　*92*

IV　む す び　*98*

第8章
岩田巌の財産法と損益法

I　はじめに　*101*

II　岩田の財産法　*102*

III　岩田の損益法　*108*

IV　む す び　*114*

第9章
田中茂次の会計深層構造論

I　はじめに　*116*

IV 目　　次

Ⅱ　深層構造の意義と複式簿記の基本構造　*117*

Ⅲ　原型財務諸表の意義とその展開　*121*

Ⅳ　交換取引の分析に見る会計深層構造論の一貫性　*127*

Ⅴ　むすび　*129*

第2部　現代会計の簿記計算構造論

第10章

物価変動会計と簿記の計算構造

Ⅰ　はじめに　*132*

Ⅱ　修正歴史的原価主義　*135*

Ⅲ　修正歴史的原価主義と個別価格　*139*

Ⅳ　修正歴史的原価主義の計算構造　*142*

Ⅴ　むすび　*146*

第11章

購入時価会計と簿記の計算構造

Ⅰ　はじめに　*147*

Ⅱ　購入時価会計と経営利益概念　*148*

Ⅲ　購入時価会計の計算構造　*153*

Ⅳ　経営利益と貨幣利益概念　*158*

Ⅴ　むすび　*159*

第12章

売却時価会計と簿記の計算構造

Ⅰ　はじめに　*161*

目　次　V

Ⅱ　売却時価会計の概要と論拠　*162*

Ⅲ　売却時価会計の計算構造　*163*

Ⅳ　む す び　*172*

第13章

混合測定会計と簿記の計算構造

Ⅰ　はじめに　*173*

Ⅱ　混合測定会計の展開　*174*

Ⅲ　利益観と混合測定会計　*176*

Ⅳ　取得原価会計と評価損益の関係　*179*

Ⅴ　混合測定会計に伴う評価差額の取扱い　*181*

Ⅵ　む す び　*185*

第14章

キャッシュ・フロー会計と簿記の計算構造

Ⅰ　はじめに　*189*

Ⅱ　キャッシュ・フロー会計の作成法の原理　*190*

Ⅲ　キャッシュ・フロー会計の形式的理論　*192*

Ⅳ　む す び　*202*

第15章

収益認識基準と簿記の計算構造

Ⅰ　はじめに　*204*

Ⅱ　伝統的実現概念　*204*

Ⅲ　ASBJ における収益認識基準　*206*

Ⅳ　収益認識モデルと簿記の計算構造　*210*

VI 目　次

Ⅴ　むすび　*215*

第16章

その他の包括利益と簿記の計算構造

Ⅰ　はじめに　*217*

Ⅱ　わが国の会計制度におけるその他の包括利益項目　*218*

Ⅲ　その他の包括利益項目に関わる現行の簿記手続　*219*

Ⅳ　望ましい簿記処理　*226*

Ⅴ　むすび　*230*

第17章

原価計算の簿記構造

Ⅰ　はじめに　*232*

Ⅱ　商的工業簿記と原価計算　*233*

Ⅲ　原価計算と物的勘定学説　*235*

Ⅳ　工業簿記の勘定体系と製造原価明細書　*241*

Ⅴ　むすび　*243*

第18章

簿記理論の公理系

Ⅰ　はじめに　*245*

Ⅱ　公理の意味と簿記・会計における公理概念　*246*

Ⅲ　シュバイツァーによる公理論　*249*

Ⅳ　現代の簿記処理のシュバイツァーの公理での説明困難性　*254*

Ⅴ　むすび　*258*

目　次　VII

*　　　*　　　*

終　章
会計観としての収入支出観と簿記の計算構造

Ⅰ　はじめに　*261*

Ⅱ　資産負債観と収益費用観の意味と問題点　*262*

Ⅲ　収入支出観の概要と説明可能性　*275*

Ⅳ　むすび　*284*

索　引　*289*

第 1 部
簿記理論学説研究

第1章

シェアーの物的二勘定学説

I はじめに

　シェアー (Schär) は，1914年に『簿記および貸借対照表』(*Buchhaltung und Bilanz*) をベルリンにて上梓した。この巻頭標語において，彼は，「簿記会計はすべての企業に対して，過去においての間違いなき判決者であり，現在においての必要なる指導者であり，未来においての信頼すべき相談相手である」(Schär [1922] Vorwort：Motto，邦訳 巻頭標語) と簿記会計の意義を明確に規定している。

　シェアーは，1889年に，専門学校の教科を修了した教育のある人々，法律家，化学者，技師たちに簿記会計学を教える立場となったとき，これまでの伝統的な簿記会計学の教授方法ではなく，分析的な手法で教示する方法を選択したと述べている (Schär [1922] Vorwort III-IV，邦訳 序文 I-II)。彼は，この専門学校での経験から，問題を数学的に把握することの必要性を痛感し，簿記会計学の法則を方程式 (Gleichung) 形式で展開し，物的二勘定学説を科学的に基礎づけ，数学的等式による表現を試みた (Schär [1922] Vorwort III-IV，邦訳 序文 I-II)。

　そこで本章では，シェアーの『簿記および貸借対照表』の第5版 [1922] に依拠しつつ[1]，同書で展開された物的二勘定学説（純財産学説）について考察し，具体的な取引例を用いて解説し，その特徴を明らかにする[2]。

Ⅱ 資本の循環

　シェアーによると，損益計算構造を支える複式簿記は，在高計算（Bestandrechnung）と成果計算（Erfolgsrechnung）から構成され，成果計算は，資本勘定を通して行われることになる。そこで，「簿記の勘定は，本質的に異なった2つの系統，すなわち，種々の財の入・出・在高を表示する在高勘定（Bestandkonten）の系統と，当初の資本ないし純財産および企業活動によってもたらされたその増減を表示する資本勘定（Kapitalkonten）の系列に区分されることになる」（安平他［1976］12頁）。

　シェアーの説く物的二勘定学説は，複式簿記の原理を勘定の擬人化によって説明する人的勘定学説に対して勘定記入を物的な対象の在高と変動によって捉える物的勘定学説に関する1つの学説である。これは，物的勘定を財産勘定系列と資本勘定系列の2つに分けて複式簿記の構造原理を明らかにしようとしているため，物的二勘定学説とよばれている。

　シェアーによると，資本主義的経営の基本形態は，「資本」が循環の型に置かれているところにある。また「すべての資本主義的企業形態において，本源的な貨幣資本は，交換および変形によってできる限りの種々な財形態に分割されるものであり，このように分割された財はまた絶えることなくその構造と構成を変化してやまない」とし，この循環の目的は「究極においては，この財産部分総量を増加すること，または資本を収益に稼得することに帰着する」（Schär［1922］S.2，邦訳2頁）としている。その上で，すべての経済システムは，一種の管理組織（Kontrollsystem）を有すべきものであるとし，これを用いて資本の増減をもとに利益を計算し，企業の損益の状態を示す必要があるとしている。資本の増減比較により純財産を計算する財産法的利益計算の必要性を強

　1） 以下では邦訳を参考にしているが，引用している邦訳は一部筆者が改訳して記載している箇所がある。なお，漢字においても常用漢字に改めて記載している。

　2） 物的二勘定学説では資本勘定系列の中に資本勘定と損益勘定が組み込まれ，それらが財産勘定系列と対立関係におかれている。そこで，資本勘定を狭義で用いる場合には，損益勘定と資本勘定と表記し，広義で用いる場合には，資本勘定（資本勘定系列）と財産勘定（財産勘定系列）の二勘定として表記している。ただし，引用部分に関してはこの限りではない。

4　第Ⅰ部　簿記理論学説研究

く唱えているのである。さらに効率のよい管理組織とは，次の2様式を具備し
た会計制度に依存するものであるとしている（Schär［1922］S.2-3, 邦訳3頁）。

(1)　資本の増減の数量および構成を直接に示すこと
(2)　循環中に自動的に働く勢力ならびに貨幣形態での費用を明示し，過去の
　　費消された労働力および財の価値での犠牲と計算的に把握された新生価値
　　との差よりして，(1)とは無関係にしかも(1)とは有機的に結合した企業収益
　　の第2の形式と投下資本の収益の第2の形式を明確にする任務を有するこ
　　と

　シェアーは，このような管理組織が複式簿記であるとし，複式簿記とは「財
の価値の種々の経済的ならびに法律的形態の在高および増減に関する計算と自
己資本および費用・収益によって生じたその増減（損益）とを対置させるもの」
（Schär［1922］S.8, 邦訳9頁）であり，「自己資本の完全な計算をなすものである」
（Schär［1922］S.8, 邦訳10頁）としている。

Ⅲ　人的勘定学説と一勘定学説に対する批判

　藤沼は，「勘定学説の最古の形態が人的勘定学説（personalistische Kontenthe-
orie）であるが，ここで考察しようとする物的勘定学説（materialistsche Kon-
tentheorie）を歴史的に見ると，実にこの人的勘定学説に対する反動として発
生し，発展したものである」（藤沼［1994］15頁）と述べている。

　シェアーは，人的勘定学説ならびに一勘定学説（Persoritifikations-und
Einkontentheorie）に対して，これらは，「学説では決してなくて単なる教授法
（Unterrichtsmethode）にしかすぎない」（Schär［1922］S.42, 邦訳49頁）と批判
している。この人的勘定学説ならびに一勘定学説とは，「1つの擬制（ein Kun-
stgriff）を作り，その経済的経営の所有者であるところの所有主（Geschäftsinha-
ber）を他人のごとく商店に対立している一法律主体として考えるものである」
（Schär［1922］S.42, 邦訳50頁）としている。また，「すべての勘定は唯一の意
義しか有し得ないものである」（Schär［1922］S.42, 邦訳51頁）とし，これを一
勘定学説と称している。この一勘定学説は「まったく店と店主との関係につい

ての誤った見解に基づくものである1つの擬制（Fiktion）を必要とする」（Schär [1922] S.42，邦訳51頁）と指摘している。この点に関して，奥山は，勘定理論における人的勘定理論から物的勘定理論への主流思考の変化が人的取引概念から物的取引概念への転換でもあり，この物的取引概念の導入が簿記学の発展に寄与していることを指摘している（奥山［1990］41頁）。

Ⅳ　数学的方程式による資本循環の表示

シェアーは，物的勘定学説の根底にある二勘定系統（在高勘定と資本勘定）を勘定等式によって明らかにしようとした。すなわち，資本循環を数学的に示し，方程式によって明らかにしている。まず経済体の中心点に経済財（wirtschaftliche Güter）と経済勢力（wirtschafliche Kräfte）が存在するとし，経済勢力は，経済財の生産・消費，変形・移転，破壊・保存に用いられるとしている。さらに，経済財は，数量ならびに価値によって算定ないし測定できるものであるとしている（Schär [1922] S.11，邦訳13頁）。

また，財産の構成部分を以下のように数学的に説明している。すなわち，ある一定時点に存在する財産を経済的カテゴリーに分類して，その価値をそれぞれ a_1, a_2, a_3, a_4, a_5 とすると「$a_1 + a_2 + a_3 + a_4 + a_5 \cdots = A$」となり，$A$ は財産の価値合計となる。この財産は，一部は貨幣から，一部は商品から，一部は債権からと各カテゴリーに分かれている。さらに所有財産（Eigentum）（ある特殊経済に所属するすべての物的財，法律財にして経済主体が最後の処分権を有するもの）を経済的方面から見ると，「所有財産 $= a_1 + a_2 + a_3 + a_4 + a_5 \cdots = A$（Aktiven）（積極財産）」となる。法律的方面（源泉）（Quellen）から見ると「所有財産＝資本 $= K$（所有財産を源泉から見た場合資本とよぶ）」となり「$A = K$」となる。この方程式をもとに積極財産と法律的源泉としての資本を対照表示したものが，貸借対照表（Bilanz）となる（Schär [1922] S.12-13，邦訳15-16頁）。

この貸借対照表による左右対称表示を，シェアーは以下のように説明している（Schär [1922] S.14，邦訳17頁）。

(1)　A（代数的和）のすべての変化は財産構成部分（金額）の変化—増減—より起こる。

6 第Ⅰ部 簿記理論学説研究

(2) 財産部分の変化が単に価値移動すなわち単に交換取引にすぎないときは，K（合計）には変化がない。

(3) 財産部分の各々の価値増減は他の部分の増減によって相殺されない限り，K（合計）を相当量増減する。

(4) 方程式の両辺は常に均衡しなければならない。すなわち貸借対照表に一致する。

　この貸借対照表方程式に債務（消極科目）を加えることによって「$A-P=K$」の等式が成り立つ。この点に関して，シェアーは，次のように述べている。「個別経済主体各自が信用（現在と将来の連結）によって相互に連結し合っている結果，すべての経済体においてはまったく所有財産に属しながら A の構成部分をなし，同時に他の法律主体に属し将来その法律主体に対して同額の貨幣を支払わなければならないような財がある。それゆえ，この支払いは A より分離して交付することによってのみなしうるのであるから，消極的性質を有するものとして認識する」（Schär［1922］S.14-15，邦訳17頁）とし，積極財産より負債を差し引いたものが純財産となり，これが自己資本と同じ意義を有しているとしている。簿記による記録を主目的とし，自己資本の分量およびこの増減を明確にするためには，A（積極財産）$-P$（負債）$=K$（純財産・自己資本）と表すことができる（Schär［1922］S.16，邦訳19頁）。

Ⅴ　複式簿記による方程式形式から勘定形式への転化

　シェアーは，簿記を資本循環の歴史記述であると定義し，そこから複式簿記における借方（soll）・貸方（haben）の説明を次のように行っている。

　「個々のすべての転化過程は，ある形態の財が他の形態の財に変化することであって，出発点と終結点とを有する運動である。すべてこれらの運動の出発点は，ある勘定の貸方であり，目標および終着点は，他の勘定の借方である」（Schär［1922］S.22，邦訳26-27頁）としている。見方を変えれば，貸方が原因であり，借方が結果ということになる。さらに「勘定科目を使用すれば，上に展開した方程式（$A-P=K$）が，そのまま様々な勘定の借方，貸方間にも樹立す

ることができ，そこから純財産の二重表示が可能になる」（Schär［1922］S.22，邦訳27頁）としている。「複式簿記は，すべての記帳しうる取引における二重の過程（Doppelvorgänge）を正当に表示することの必然的結果である」とし，「完全な記帳は常に複式でなければならない」（Schär［1922］S.23，邦訳27頁）と主張している。そこでシェアーは，2つの勘定を設定し，資本循環を説明しようとしたのである（Schär［1922］S.23，邦訳28頁）。

　経済体に属するすべての積極的および消極的財産構成部分について1つの勘定を設定し，「いかなる財産構成部分も勘定科目による処理手続を免れることはできない」（Schär［1922］S.23，邦訳28頁）とし，さらに純財産の在高および増減について資本勘定（Kapitalkonto）を設けるとしている。

　そこでシェアーは，消極科目を有する開始方程式 $A-P=K$ を**図表1-1**のように説明している。

［図表1-1］　消極科目を有する開始方程式 $A-P=K$ を変形する図解

財産勘定			資本勘定	
借方＋	貸方－		借方－	貸方＋
$a_1+a_2+a_3\ (=A)$		$=$		A
	$p_1+p_2+p_3\ (=P)$	$=$	P	
A	P			K

（出所：Schär［1922］S.24，邦訳29頁）

　シェアーは，「消極的財産構成部分は財産勘定の貸方にきて，資本は資本勘定の貸方にくる。したがって，財産勘定の借方には積極的（プラスのpositiv）財産構成部分が現れ，その貸方には消極的（マイナスのnegativ）財産構成部分が現れる。それゆえ，財産勘定の借方はプラス（＋）を，その貸方はマイナス（－）を意味する」（Schär［1922］S.24-25，邦訳29頁）とし「財産勘定の借方および貸方は，資本勘定の借方および貸方とは反対の意味を有さねばならない」（Schär［1922］S.25，邦訳30頁）としている。

　次にシェアーは，各取引を方程式と勘定形式によって以下のように説明している。

8 第Ⅰ部 簿記理論学説研究

⑴ 各取引の方程式による説明

シェアーは，交換取引を以下の方程式で説明している。ただし，取引例は筆者作成。

① 積極財産の交換

$A + a_n - a_n - P = K$ （例：商品の現金仕入）

② 債権者への現金返済

$(A - p_n) - (P - p_n) = K$ （例：負債の返済）

③ 信用による仕入

$(A + a_m) - (P + a_m) = K$ （仕入先からの商品の掛買い）

④ 負債の転換

$A - (P + p_m - p_m) = K$ （例：支払手形振出しによる買掛金返済）

上述の取引を勘定形式で表すと，**図表 1 - 2** になる。

[図表 1 - 2] 交換取引の勘定形式

取引	財産勘定			資本勘定	
	借方＋	貸方−		借方−	貸方＋
①	A a_n	P a_n	= =		K
②	A p_n	P p_n	= =		K
③	A a_m	P a_m	= =		K
④	A p_m	P p_m	= =		K

(出所：Schär［1922］S.30，邦訳36頁)

シェアーは次に，損益取引を以下の方程式にて説明している。ただし，取引例は筆者作成。

① 新生財 g （利益）の流入

② $A + g - P = K + g$ （例：用役提供による貨幣収入）

$$A - v - P = K - v \qquad (\text{例：税金の支払い})$$

③ 積極的補償なく，新債務 p_n の発生

$$A - (P + p_n) = K - p_n \qquad (\text{例：支払不能の債務者に対する保証債務の引受け})$$

これを勘定形式で表すと，**図表 1 - 3** となる。

[図表 1 - 3]　損益取引の勘定形式

取引	財産勘定			資本勘定	
	借方＋	貸方－		借方－	貸方＋
①	A	P	＝		K
	g		＝		g
②	A	P	＝		K
		v	＝	v	
③	A	P	＝		K
		p_n	＝	p_n	

（出所：Schär［1922］S.30，邦訳36頁）

　シェアーは，積極的，消極的在高部分のどちらか一方に影響を及ぼす取引は，資本勘定にも影響を及ぼすため，資本勘定にも記入されなければならないと指摘している（Schär［1922］S.31，邦訳37頁）。さらに，混合取引を以下の方程式で説明している。ただし，取引例は筆者作成。

① 利益付加 g で加工または販売による財 a の価値増加

$$A - a + (a + g) - P = K + g \qquad (\text{例：商品を原価に利益を付加して掛売り})$$

② 原価 a の商品が損失 v を伴って，流出または消耗の結果生じる価値減少

$$A - a + (a - v) - P = K - v \qquad (\text{例：手形の銀行における割引き})$$

これを勘定形式で表すと，**図表 1 - 4** となる。

10　第Ⅰ部　簿記理論学説研究

[図表 1 - 4]　混合取引の勘定形式

取引	財産勘定			資本勘定	
	借方＋	貸方－		借方－	貸方＋
①	A $a+g$	P a	＝ ＝		K g
②	A $a-v$	P a	＝ ＝	v	K

（出所：Schär［1922］S.31，邦訳37頁）

　この混合取引は，交換取引と損益取引を総合し，引き渡した財の代わりに受け取った財が多いか少ないかにより，加減が生じた場合について説明している（Schär［1922］S.31-32，邦訳37頁）。「このような取引では，その一部分は，財産勘定内部で相殺されて資本勘定に影響を及ぼさないが，相殺されない部分は，一方的に財産勘定に記入されるものであるから，資本勘定に記入しなければ記帳は完成しないもの（Ergänzungsbuchung）である」（Schär［1922］S.32，邦訳37頁）としている。

(2)　すべての可能な経済過程の総合表示

　すべての可能な経済過程の総合表示として①から④の取引を方程式と勘定形式で表すと，以下のようになる。

　①　開始方程式　$A-P=K$
　②　交換取引　　$+a-a=0$
　　　　　　　　　$+p-p=0$
　③　損益取引　　$+g=+g$
　　　　　　　　　$-v=-v$
　④　混合取引　　$+q+r-q=+r$
　　　　　　　　　$+m-(m+t)=-t$

第 I 章　シェアーの物的二勘定学説　11

[図表 1 - 5]　勘定形式による図解

取引	財産勘定			資本勘定	
	借方＋	貸方－		借方－	貸方＋
①	A	P	＝		K
②	a	a	＝		K
	p	p	＝		
③	g		＝		a
		v	＝	v	
④	$q+r$	q	＝		r
	m	$m+t$	＝	t	

(出所：Schär［1922］S.31，邦訳38頁)

　　$A+g+r$ は新積極財産である……A_1

　　$P+v+t$ は新消極財産である……P_1

　　$K+g+r-(v+t)$ は新純財産である……K_1

　シェアーは，すべての取引を総合すると $A_1-P_1=K_1$ が成り立つことを明ら
かにしている。その上で，「方程式の左辺は積極財産と消極財産との差額を表
示し，右辺はこれに反して，この時点において計算された純財産または自己資
本を表示する」(Schär［1922］S.32，邦訳38頁) とし「財産勘定の借方残高は常
に資本勘定の貸方残高に等しくならなければならない」(Schär［1922］S.33，邦
訳39頁) としている。

⑶　取引過程の表示による組織的簿記理論の展開を示す一覧表

　会社設立から，取引過程，決算の過程を，実際の取引例を用い，勘定形式で
表すと，**図表 1 - 6** のようになる (Schär［1922］S.44-45，邦訳54頁)。

[図表 1-6]　取引過程の表示による組織的簿記理論の展開を示す一覧表

資本計算	資本計算	資本計算	資本計算	補助計算（財産一覧）	補助計算（財産一覧）	取引番号	財産計算	財産計算	財産計算	財産計算	財産計算	財産計算	財産計算	財産計算
純財産在高：資本勘定	純財産在高：資本勘定	純財産増減：損益勘定	純財産増減：損益勘定	残高勘定	残高勘定	取引番号	貨幣 現金勘定	貨幣 現金勘定	商品 商品勘定	商品 商品勘定	債権 得意先勘定	債権 得意先勘定	債務 仕入先勘定	債務 仕入先勘定
借方 −	貸方 +	借方 −	貸方 +	原始残高勘定	原始残高勘定	取引番号	借方 +	貸方 −	借方 +	貸方 −	借方 +	貸方 −	借方 +	貸方 −
					7,500	①	7,500							
					37,500	①			37,500					
					15,000	①					15,000			
				18,000		①								18,000
	42,000			42,000		①								
				60,000	60,000	①								
						②			18,000					18,000
						③		6,000	6,000					
		．	3,000			④			3,000	28,000	28,000			
		200				⑤	9,800					10,000		
			100			⑥		4,900					5,000	
			350			⑦					350			
		280				⑧								280
		1,700				⑨		1,700						
	42,000	2,180	3,450	決算残高勘定			17,300	12,600	64,500	28,000	43,350	10,000	5,000	36,280
				4,700		⑩		4,700						
				36,500		⑩				36,500				
				33,350		⑩						33,350		
					31,280	⑪							31,280	
	1,270	1,270				⑫								
43,270					43,270	⑬								
43,270	43,270	3,450	3,450	74,550	74,550		17,300	17,300	64,500	64,500	43,350	43,350	36,280	36,280

（出所：Schär［1922］S.44-45，邦訳54頁をもとに筆者一部加筆修正。単位マルク）

そこで，**図表1-6**で示された実際の取引をもとに仕訳を行い（**図表1-7**），$A_1 - P_1 = K_1$が成り立つかどうかを検討する。

[図表1-7]　取引過程の表示による組織的簿記理論の展開を示す一覧表に基づく仕訳

取引過程 3）	借　　　方		貸　　　方	
① 会社設立	現　　　　　金 商　　　　　品 債　　　　　権	7,500 37,500 15,000	債　　　　　務 純　財　産	18,000 42,000
② 取引過程	商　　　　　品	18,000	債　　　　　務	18,000
③ 取引過程	商　　　　　品	6,000	現　　　　　金	6,000
④ 取引過程	債　　　　　権	28,000	商　　　　　品 商品売買益	25,000 3,000
⑤ 取引過程	現　　　　　金 現　金　割　引	9,800 200	債　　　　　権	10,000
⑥ 取引過程	債　　　　　務	5,000	現　　　　　金 現　金　割　引	4,900 100
⑦ 取引過程	債　　　　　権	350	受　取　利　息	350
⑧ 取引過程	支　払　利　息	280	債　　　　　務	280
⑨ 取引過程	営　　業　　費	1,700	現　　　　　金	1,700
⑩ 決算 現金・商品・債権を決算残高 勘定へ振替	決　算　残　高	74,550	現　　　　　金 商　　　　　品 債　　　　　権	4,700 36,500 33,350
⑪ 決算 債務を決算残高勘定へ振替	債　　　　　務	31,280	決　算　残　高	31,280
⑫ 決算 純利益を資本勘定へ振替	損　益　勘　定	1,270	資　　　　　本	1,270
⑬ 決算 新資本を資本勘定へ振替	資　　　　　本	43,270	決　算　残　高	43,270

（出所：Schär［1922］S.44-45，邦訳54頁の図表6をもとに仕訳は筆者設定。単位マルク）

　　上述の仕訳をもとに各金額を算定すると，$A + g + r = 63,450 (A_1)$，$P + v + t =$

3）　以下の取引番号は**図表1-6**の取引番号と一致している。

$20,180(P_1)$，$K+g+r-(v+t)=43,270(K_1)$ となり，43,270は，**図表 1-6** に新資本として示されている金額と同額となる。このことから，$A_1-P_1=K_1$ が成り立つことがわかる。さらにすべての取引の勘定は，資本勘定系列と財産勘定系列に属しており，これらの 2 つの勘定系列が対立関係にあり，資本勘定系列の貸方（借方）が財産勘定系列の借方（貸方）と対立し，記載されていることがわかる。このように対立して記載されることにより，純財産が二重に表示されることとなる。この点に関して，奥山は，「現実の複式簿記の勘定体系内に 2 つの勘定系列の存在していることが明らかとなる」（奥山 [1990] 52頁）と述べている。

加えてここで注目すべきことは，決算の際，資本勘定にすべての勘定が集約されている点である。安平他は「シェアーが資本勘定に独特の意味づけを与えている点が指摘される」とし，これによって「純財産の二面的管理計算機構として複式簿記の本質を捉えるという，物的二勘定系統説ないし純財産学説の基本思考が極めて端的に示されえた，ということは否定しえないであろう」（安平他 [1976] 26-27頁）と述べている。また「在高計算・成果計算の関係は，資本勘定を資本在高計算勘定として捉えることによって，（財産と資本を含む）広義の在高計算と成果計算との関係として展開することも可能であり，その結果，複式簿記を二面的損益計算機構として把握しうる道が開かれることになる」（安平他 [1976] 27-28頁）と指摘している。**図表 1-6** においても，安平他の指摘と同様のことがいえる。資本勘定系列に組み込まれた（損益勘定において計上され決算時に資本勘定に振り替られた）金額と，財産勘定系列により新資本として計上され資本勘定に振り替られた43,270から期首資本42,000を差し引いた金額が，等しく1,270となる。つまり，当期の純財産増加1,270を資本勘定系列と財産勘定系列の両者で把握することができるのである。

VI むすび

シェアーの物的二勘定学説の特徴は，複式簿記の構造原理を数学的等式によって解き明かそうとしたところに求められる。彼が唱えた財産勘定と資本勘定によってすべての取引が示され，さらに二勘定を対立させることによって純

財産を求める考えは，現代にも脈々と引き継がれている。

　上野は，この物的二勘定学説が財産勘定系列において具体的・実際的な純財産を算定すると同時に，資本勘定系列において抽象的・計算的な純財産を算定する学説であると位置づけている（上野［1996］42頁）。まさしく，複式簿記の根源であるストックとフローの2つの側面からの損益計算と何ら異なるところはない。

　シェアーの唱えた物的二勘定学説では，損益勘定は独立しておらず資本勘定系列の中に組み込まれているため，損益勘定での純財産算定の意義を見出すことは難しい。さらに，この物的二勘定学説の第一義的な目的は，あくまでも資本勘定で純財産を算定することであり，資本勘定系列の損益勘定において利益を求めることではなかったと解釈できる。しかし，資本勘定において純財産の増減を明確に示し，前期と当期の増減比較によって利益を算出することができるのはいうまでもない。

　資本勘定系列の中に資本勘定と損益勘定の2つの勘定を設け，資本勘定にすべてを集約させて純財産を算定する物的二勘定学説は，等式 $A-P=K$ によって K の値が確定し，その2時点間の比較によって確定した利益を算定することができる。そして結果として，損益勘定で算定された利益と同額となる。この物的二勘定学説における確定した純財産の差額計算により利益を算定することができる点こそが，シェアーが唱えた「簿記会計はすべての企業に対して，過去においての間違いなき判決者であり，現在においての必要なる指導者であり，未来においての信頼すべき相談相手である」を実現する特徴であると思われる。

　さらに，物的二勘定学説のあとで，貸借対照表学説，損益学説および（試算表等式に基づく）総勘定合計表学説が提唱されたが，シェアーはそれらのすべてを当時から認識していたといえる。彼は，物的二勘定学説に基づくすべての勘定学説を概略的にではあるが論述しているのである。その際，彼はすべての会計等式の出発点として，次の式を掲げている。

$$A+V=P+K+G$$

シェアーはこの等式を貸借対照表等式とよんでいるが，これは現代の言い方でいうと試算表等式にほかならない。そして，この等式から出発して次の等式

16　第Ⅰ部　簿記理論学説研究

をあげ，それぞれ物的二勘定学説の第1形式，第2形式および第3形式とよんでいる（Schär [1922] S.54，邦訳64頁）。

(1)　資本等式（第1形式）：$A - P = K + G - V$

(2)　損益等式（第2形式）：$A - P - K = G - V$

(3)　貸借対照表等式（第3形式）：$A = P + K$

　これらの等式は，物的二勘定学説のほかに，損益学説，貸借対照表学説および（試算表等式に基づく）総勘定合計表学説における等式にほかならない。このように見てくると，シェアーの物的二勘定学説は会計および簿記における計算構造論の出発点であるということができるのである。

【参考文献】

上野清貴 [1996]「純財産学説の研究―シェアーの所論を手掛りとして―」長崎大学『長崎大学経済学部研究年報』第12巻，35-54頁。

上野清貴 [1998]「勘定学説の論理学的検討」長崎大学『長崎大学経済学部研究年報』第14巻，1-28頁。

奥山茂 [1990]「論説　ドイツ簿記理論における『複式簿記』観―シェアー『正味財産記録』目的観による説明―」神奈川大学『商経論叢』第25巻第4号，39-74頁。

畠中福一 [1932]『勘定學説研究』森山書店。

林良治 [2004]「J.F. Schär 簿記会計理論の意味するもの」近畿大学『生駒経済論叢』第2巻第1号，121-140頁。

藤沼守利 [1994]「物的勘定学説発展の史的考察(1)」東京経営短期大学『東京経営短期大学紀要』第2巻，15-30頁。

藤沼守利 [1995]「物的勘定学説発展の史的考察(2)」東京経営短期大学『東京経営短期大学紀要』第3巻，23-45頁。

安平昭二・黒田全紀・清水茂良・岸悦三・米永隆司 [1976]『簿記・会計の理論と歴史』千倉書房。

渡邉泉編著 [2013]『歴史から見る公正価値会計―会計の根源的な役割を問う―』森山書店。

渡邉泉 [2016]『帳簿が語る歴史の真実』同文舘出版。

Schär, J.F. [1922] *Buchhaltung und Bilanz*, 5.Aufl, Berlin.（林良吉訳 [1926]『會計および貸借對照表』同文舘出版）

Schär, J.F. [1922] *Buchhaltung und Bilanz*, 5.Aufl, Berlin.（林良治訳 [1976] [1977]『シェアー簿記会計学（上巻・下巻）』新東洋出版）

（櫛部　幸子）

シュマーレンバッハの動的貸借対照表論

I　はじめに

　本章の目的は，シュマーレンバッハ（Schmalenbach）によって展開された「動的貸借対照表論」（dynamische Bilanztheorie）における基礎的計算構造およびその現代会計への影響を明らかにすることにある。そのために，まずシュマーレンバッハの計算構造の基本部分を要約した上で，それを簿記と関連づけながらその理論を説明し，当該理論が現在の会計にいかなる影響を与えたのかを歴史的に検討する。

　シュマーレンバッハの会計理論は，主著たる『動的貸借対照表論』（Dynamische Bilanz）によって展開されてきている（以下，彼の理論を「動態論」という）。同書は全体で第13版が刊行され，土方によれば，第1版から第2版までが「初版」，第3版から第7版までが「中版」，第8版から第13版までが「終版」と位置づけられており（土方［1981］101頁），版を重ねるとともに各種の批判ないし欠点を考慮しつつ改訂されてきている。そこで本章で展開される議論は，土方［1981］のいう「中版」の中でも「第7版」（Schmalenbach［1939］）を主たる分析材料とし，「終版」の中でも「第12版」（Schmalenbach［1956］）で補足しながら行う。

　また，シュマーレンバッハは貨幣価値変動を考慮しない場合と考慮する場合のそれぞれの利益計算について分けてこれらの著書で論じているが，本章では貨幣価値変動を考慮しない場合の利益計算のみ取り上げる。

18　第 I 部　簿記理論学説研究

Ⅱ　シュマーレンバッハによる貸借対照表観の展開

　シュマーレンバッハによれば,「動的貸借対照表」(dynamische Bilanz) とは,
損益計算に有用な貸借対照表であり, ある時点の力の作用の認識, すなわち
「給付」(Leistung) と「費用」(Aufwand) の作用に重点が置かれ, 当該作用の
認識に有用なものとされる (Schmalenbach [1939] S.79-80, 邦訳51頁)。なお,
シュマーレンバッハはこの「給付」という概念を,「費用に対立する利益の積
極的要素」(Schmalenbach [1939] S.123, 邦訳122頁) として位置づけ, 以降に
おいて, ここでいう「給付」を「収益」(Erträge) として取り扱っている
(Schmalenbach [1956] S.61, 邦訳57頁)。

　また, シュマーレンバッハによれば,「静的貸借対照表」(statische Bilanz)
とは, 貸借対照表は, ある短期間あるいはある時点の状態を示すものである
(Schmalenbach [1939] S.79, 邦訳51頁)。それぞれの貸借対照表の発展は, 簿記
の目的の歴史的展開と連動しており, 単純な定期的な棚卸が必要とされない口
別計算を主として採用する簿記から, 1673年における「フランス商事王令」
(Ordonnance de commerce) の制定までの時代において, 複雑な取引が必要と
なり, 定期的な財産状態の把握が必要となったためである (Schmalenbach
[1939] S.59-63, 邦訳24-29頁)。

　ところで, 静的貸借対照表の根底にある理論は「静的貸借対照表論」
(statische Bilanztheorie) (以下, 静態論という) であるが, この静態論を支持す
る論者の一人としてシュマーレンバッハは例えばジモン (Simon) をあげ, 彼
は財産の種類別に複数の属性を利用し, 例えば使用目的の財産は使用価値を,
販売目的の財産は交換価値を適用するとする (Schmalenbach [1939] S.66, 邦訳
33-34頁)。一方, シュマーレンバッハは最初の動的理論の展開論者として, フォ
ン・ウィルモウスキー (Willmowsky) をあげ, 貸借対照表の目的を財産評価で
はなく損益計算として位置づけ, 使用価値を否定し, 原価評価を肯定したと述
べるとともに, フィッシャー (Fischer) も動的立場をとり, 損益計算による期
間配分の結果の収容媒体が貸借対照表であると主張したとする (Schmalenbach
[1939] S.67, 邦訳35-36頁)。その後, シュマーレンバッハの1916年の著作であ

る『損益貸借対照表の理論』（Schmalenbach［1916］）が，最終的に彼の『動的貸借対照表論』に繋がった（Schmalenbach［1939］S.67-68, 邦訳36-37頁）。

　さて，それぞれの論者の主張する貸借対照表の目的観は，動的貸借対照表に対する考え方（以下，動態観という）と静的貸借対照表に対する考え方（以下，静態観という）とで相反するものであるが，貸借対照表原則が静的欲求と動的欲求によって作成される場合（例えば，経過勘定を利用しつつ設備に時価を利用するような場合），これは，「二元的貸借対照表観」（dualistische Bilanzauffassung）となり，シュマーレンバッハはこれを「二元論の非科学性」（Unwissenschaftlichkeit des Dualismus）という見解をもって批判的立場をとった（Schmalenbach［1939］S.79-81, 邦訳51-52頁）。

Ⅲ　動的貸借対照表論による基礎的計算構造

1　動態論の基礎構造

　シュマーレンバッハによれば，短期的存続企業の利益はそのすべての営業終了時に把握可能であり，彼は当該利益を「全体利益」（Totalgewinn）と称し，一方，継続企業計算に関する利益決定のためには期間ごとの損益を把握する必要があるとし，彼は当該計算を「期間利益計算」（periodische Gweinnrechnung）と称した（Schmalenbach［1939］S.96, 邦訳77-78頁）。仮に期間利益が全体利益の一部と考えれば，期間利益の合計額は全体利益と等しくなり，これは「一致の原則」（Grundsatz der Kontinuität）といわれる（Schmalenbach［1939］S.96-99, 邦訳78-82頁）。なお，全体利益計算は損益計算であるのみならず収入支出計算となるが，継続企業に基づく期間区分計算では，収入支出計算と期間利益計算との間にズレ，すなわち未解決項目が生じ，これが貸借対照表に収容される（Schmalenbach［1939］S.97-99, 邦訳79-82頁）。

　シュマーレンバッハによると，利益は，給付から費用を控除後，残存する価値であり，これは，（財貨の価値が不変であると仮定した場合）期首財貨在高と期末財貨在高を決定し，期間中引出高を加算して投資分を減算し，期末在高から期首在高を控除することでも算定可能である（Schmalenbach［1939］S.100, 邦

20　第Ⅰ部　簿記理論学説研究

訳84頁)。このことは, 給付と費用との差額のみならず, 期末と期首の資本の差額でも利益が認識しうることを意味する。

2　動態論における「給付」「収益」「費用」の概念

シュマーレンバッハは,「費用」に対応する概念として「給付」「収益」という用語を用いるが, 彼によれば給付は,「費用に対立する利益の積極的要素」(Schmalenbach [1939] S.123, 邦訳122頁) であり, 企業の給付とは, 再度支出で相殺されなければならないものを除く, 収入により測定される企業が創造する価値 (Schmalenbach [1939] S.124, 邦訳122頁) として位置づけている[1]。しかし, 給付の確定には不完全性が介入するために, 商業会計上用いられる2原則たる, 各給付は完成までは原価で記帳され, 完成後初めて利益計算が行われ, 給付完成時期は勘定書発送が要求されることが必要となる (Schmalenbach [1939] S.124, 邦訳123頁)。

さらにシュマーレンバッハによれば,「収益」も給付の1つであり (Schmalenbach [1939] S.123, 邦訳122頁),「給付」と「収益」は状況に応じて使用され (Schmalenbach [1956] S.61, 邦訳57頁),「対価が経営的給付を基礎としているかどうかを問わない場合」, これは収益とされる (Schmalenbach [1956] S.61, 邦訳57頁)[2]。そして,「正規の簿記の諸原則」(Grundsätze ordnungsmäßiger Buchführung : GoB)(以下, GoB という)に従って実現した日が収益認識の時期として適切となる (Schmalenbach [1956] S.61-62, 邦訳57頁)。

一方,「費用」について, シュマーレンバッハは,「企業の計算に対し壊滅しまたは失われた財の価値」として位置づけている (Schmalenbach [1939] S.126, 邦訳126頁)。

---

1)　具体的には, 発明や新たな取引関係の締結, 生産計画の拡張, 将来的に大きく効果を有する経済上の行為が行われる場合, シュマーレンバッハは, これらをすべて給付と考える (Schmalenbach [1939] S.124, 邦訳122頁)。

2)　内倉によると, 給付は法的義務等の履行等を意味するも, 当該概念は非常に多義的であり, 給付概念は「支出」「収益」の双方を包括する (内倉 [1995] 186-187頁)。

3　動態論における利益計算の根底に存する一般的な諸原則

　シュマーレンバッハは，損益計算に比較可能性を要求し，「比較性の原則」（Grundsatz der Vergleichbarkeit）をあげ，「時間比較」（Zeitvergleich）と「経営比較」（Betriebsvergleich）の意義を述べており，時間比較は損益の期間比較可能性であり，経営比較は損益の業種間比較可能性である（Schmalenbach［1939］S.106-109，邦訳94-97頁）。比較性の原則の意義について彼は，比較性の原則を考慮しない計算方法の変更，継続性のない棚卸における評価や減価償却費計算における償却率の利用などを回避するために重要であると主張し，期間計算を「断片計算」（Abschnittsrechnung）と考え，当該原則と継続性原則との密接な関連性を指摘している（Schmalenbach［1939］S.109，邦訳97頁）。

　続いてシュマーレンバッハは，「計算の確実性の原則」（Grundsatz der Sicherheit）をあげ，仮に評価原則が存在しない場合は損益計算ではなく，不確実性を伴う「評定」（Schätzung）が実施されることとなると述べる（Schmalenbach［1939］S.109，邦訳98頁）。このことは，給付販売時に計算書の把握により給付を完全に計算する「実現主義」（Realisationsprinzip）とも関連する（Schmalenbach［1939］S.109，邦訳98-99頁）。また，費用計算について，仕入れた棚卸資産の第一選択評価基準は「買入価格」（Einkaufspreis）であり，買入時と消費時に期間的なズレが生じ，かつその間に貨幣価値変動が生じたとしても，買入価額以外の評価基準（再調達価格など）をとらず，不確実性回避目的で買入価額が選択されるべきであり，結果として収入支出計算が重要となる（Schmalenbach［1939］S.109-110，邦訳99頁）。

　さらにシュマーレンバッハは，「慎重性の原則」（Grundsatz der Vorsicht）を述べ，前年度の慎重な利益計算は翌期の貸借対照表の利益の過大計上の可能性をもたらすが，例えば経済性測定目的の損益計算を行う場合，慎重性原則の適度な利用により，臨時減価機会は減少し，業績の予想以上の下落に対処可能となるという（Schmalenbach［1939］S.111-112，邦訳101-102頁）。また，シュマーレンバッハによれば，例えば購入原料の評価基準として買入価格と時価が存在する場合，慎重性原則の適用により「低価法」が正当化され，当該原則は減価償却の大きな論拠にもなってきたとする（Schmalenbach［1939］S.112，邦訳102-103頁）。

22　第Ⅰ部　簿記理論学説研究

Ⅳ　動的貸借対照表論に基づく簿記構造

1　動態論の基本的利益計算構造とビランツ・シェーマ

　シュマーレンバッハは，動態論の利益計算構造に関し，利益をまず定義しており，既述のとおり，利益は「収入支出計算」に基づく「給付」と「費用」の差額として捉え，利益計算に関して「一致の原則」をあげている。彼によれば，期間損益計算上，支出と費用は同一の期間に帰属せず，支出と費用の不一致を生じせしめ，収入と給付も同様に不一致を生じせしめる場合も存在する[3]（Schmalenbach［1939］S.113，邦訳105-106頁）。そして，収入支出計算と給付費用計算の不一致のため，シュマーレンバッハは，両計算を相互に結合する上での期間的なズレを連絡する「連絡帯」（verknüpfende Band）が貸借対照表であると位置づけた（Schmalenbach［1939］S.118，邦訳113頁）。ここで，この連結帯に収容される貸借対照表積極項目について，「収益」の意味での「給付」を「収益」として示す Schmalenbach［1956］に倣いまとめると，次のとおりとなる（S.51-56，邦訳46-51頁）[4]。

　　　[図表2-1]　貸借対照表積極側に収容される「収益費用」「収入支出」
　　　　　　　　　の不一致項目

①　支出未費用項目	③　収益未費用項目
②　支出未収入項目	④　収益未収入項目

　さらに，これらに加え，貸借対照表消極側には，次の項目が収容される[5]。

　3）　シュマーレンバッハによれば，収入支出による計算が期間損益の尺度となりうる場合には，家事経済，組合，消費組合などがあるとする（Schmalenbach［1939］S.114，邦訳106頁）。
　4）　**図表2-1**における項目③・④は，Schmalenbach［1939］に従えば，それぞれ「給付未費用項目」「収益未給付項目」となる（Schmalenbach［1939］S.118-119，邦訳113-114頁）。
　5）　**図表2-2**における項目③・④は，Schmalenbach［1939］に従えば，それぞれ「費用未給付項目」「収入未給付項目」となる（Schmalenbach［1939］S.118-119，邦訳113-114頁）。

第 2 章　シュマーレンバッハの動的貸借対照表論　23

[図表 2 - 2]　貸借対照表消極側に収容される「収益費用」「収入・支出」
　　　　　　　の不一致項目

①　費用未支出項目	③　費用未収益項目
②　収入未支出項目	④　収入未収益項目

　なお，これら 8 項目のほかにも，支払手段（貨幣）が貸借対照表積極側に表
示されるべきであるが，本項目には Schmalenbach［1939］でいうところの「収
入支出」「給付費用」概念の組み合わせが存在しない。このことについてシュ
マーレンバッハは，それが購入されたものでもないという点で，機械などとは
異なり，貨幣のために支出されたものでもないが，貨幣が購入あるいは交換に
よって企業に流入したと考えた場合，貨幣の所有は支出に基づく給付を表すと
説明していた（Schmalenbach［1939］S.118-119，邦訳114頁）。

　さらに，消極側に表示されるべき受入資本金について Schmalenbach［1939］
は，ビランツ・シェーマにおいて，「収入未出項目」に分類していた（Schmalen-
bach［1939］S.120，邦訳115頁）。しかし Schmalenbach［1956］では，独立項目
として「資本」が掲げられた（S.56，邦訳52頁）。この 2 項目について，
Schmalenbach［1956］では，シュマーレンバッハ自身が未解決項目と関係が
ないことを明言している（S.51，邦訳46頁）。したがって，Schmalenbach［1956］
に従い，修正された動的貸借対照表のビランツ・シェーマと具体的な内容例は，
図表 2 - 3 のようになる（S.51-56，邦訳47-53頁）。

24　第Ⅰ部　簿記理論学説研究

[図表2-3]　シュマーレンバッハによる動的貸借対照表のビランツ・シェーマ

「積極」（Aktiva）	「消極」（Passiva）
1　支払手段	6　資本
2　支出未費用項目	7　費用未支出項目
購入設備，後に収益となることが期待される試験研究費，準備費のための支出，未消費原材料・補助材料，後期の費用に対する前払い	仕入債務，未払税金，未払利息，危険引当金
3　支出未収入項目	8　収入未支出項目
貸付金，買入有価証券，引き受けた投資，非償却性設備，使用しない設備の廃残価格	借入金，その他の現金信用
4　収益未費用項目	9　費用未収益項目
自己経営製作機械・工具・その他の設備，自己経営消費の半製品・製品等	自己使用により生じた修繕，自己の経営給付による修繕
5　収益未収入項目	10　収入未収益項目
決算日保有在庫生産物，売上債権	得意先からの前払いで物品を引き渡していないもの

（出所：Schmalenbach［1956］S.51-56，邦訳46-53頁に基づき筆者作成）

　なお，シュマーレンバッハは，動的貸借対照表の積極項目については，次期以降においての個別的利用性を有する使用価値を有するものとしての「前給付」（Vorleistung）と称し，消極項目を，未済給付で将来の支出を必要とする，あるいは未決費用としての「後給付」（Nachleistung）と称している（Schmalenbach［1939］S.119，邦訳116頁）。そして，シュマーレンバッハによれば，貸借対照表に収容されるものは，前給付や後給付の中でも未解消（決）部分としての，「未解消の前給付および後給付」（nicht ausgelöster Vor-und Nachleistung）とする（Schmalenbach［1939］S.121，邦訳117頁）。さらに，このような未解決項目を収容する貸借対照表について，シュマーレンバッハは積極的・消極的力の在高を示すことができる「企業の力の貯蔵」（Kräftespeicher der Unternehmung）と位置づけている（Schmalenbach［1939］S.121，邦訳118頁）。

2 動態論に基づく簿記構造

　ここで，ある企業により生じた単純化された取引例6)に基づき，当該取引と前述の動的貸借対照表におけるビランツ・シェーマの構成要素との関連性を明らかにしていきたい。

① 　まず，ある企業が10,000マルク（以下，マルクをDMという）を出資して事業を開始した場合，仕訳とそれに対応するビランツ・シェーマの構成要素は**図表2-4**のようになる。

[図表2-4]　設立時の仕訳とビランツ・シェーマの構成要素

	仕　　訳		ビランツ・シェーマの構成要素	
	借　　方	貸　　方	借　　方	貸　　方
①	現　　金　　10,000	資本金　　10,000	支払手段	資　　本

　次にこの企業が，当期中に次の取引を行ったとする（商品売買は分記法で処理）。

② 　商品6,000DM を仕入れ，代金は掛けとした。

③ 　商品のうち，5,000DM を9,000DM で掛販売した。

④ 　金融機関より5,000DM を借り入れた。

⑤ 　機械8,000DM を現金で購入した。

⑥ 　取引先に現金3,000DM を貸し付けた。

⑦ 　家賃500DM を現金で支払った。

⑧ 　得意先に次期において商品1,000DM を売り渡す契約を締結し，その前払い100DM を現金で受け取った。

　これらの取引の仕訳とそれに対応するビランツ・シェーマの構成要素（カッコ内は収益費用項目のため損益勘定に移行するということを意味する）を示すと，**図表2-5**のようになる。

---

6) 　これはあくまでもシュマーレンバッハの動態論におけるビランツ・シェーマを説明するためのものであり，取引，仕訳は説明のための形式的なものである。

26　第Ⅰ部　簿記理論学説研究

[図表2-5]　期中取引の仕訳とビランツ・シェーマの構成要素

	仕　訳				ビランツ・シェーマの構成要素	
	借　方		貸　方		借　方	貸　方
②	商　品	6,000	買 掛 金	6,000	収益未収入	費用未支出
③	売 掛 金	9,000	商　品 商品販売益	5,000 4,000	収益未収入	収益未収入 （損益勘定へ）
④	現　金	5,000	借 入 金	5,000	支払手段	収入未支出
⑤	機　械	8,000	現　金	8,000	支出未費用	支払手段
⑥	貸 付 金	3,000	現　金	3,000	支出未収入	支払手段
⑦	支払家賃	500	現　金	500	（損益勘定へ）	支払手段
⑧	現　金	100	前 受 金	100	支払手段	収入未収益

　この企業が決算を迎え，次の決算整理仕訳が必要になったとする。

⑨　機械の減価償却を5年の定額法で行う（直接法で処理）。

[図表2-6]　決算整理仕訳とビランツ・シェーマの構成要素

	仕　訳				ビランツ・シェーマの構成要素	
	借　方		貸　方		借　方	貸　方
⑨	減価償却費	1,600	機　械	1,600	（損益勘定へ）	支出未費用

　これらの取引の仕訳の結果として，動的貸借対照表上のビランツ・シェーマに現れる項目（項目横の勘定科目は現代において適切であると考えられるものを用いている）および金額を示すと，**図表2-7**の動的貸借対照表が成立する。なお，取引がビランツ・シェーマの構成要素に該当しない場合は，勘定科目の箇所に「なし」と表記している。

第2章　シュマーレンバッハの動的貸借対照表論　27

[図表2-7]　動的貸借対照表の具体例

動的貸借対照表　　　　　　　　　　　　（単位：DM）

支払手段	：	現　金	3,600	資　本	：	資本金	10,000
					：	剰余金	1,900
支出未費用項目		機　械	6,400	費用未支出項目：		買掛金	6,000
支出未収入項目：		貸付金	3,000	収入未支出項目：		借入金	5,000
収益未費用項目：		なし		費用未収益項目：		なし	
収益未収入項目：		商　品	1,000	収入未収益項目：		前受金	100
	：	売掛金	9,000				
積極合計：			23,000	消極合計：			23,000

さらに、損益勘定を示すと**図表2-8**のようになる。

[図表2-8]　損益勘定の具体例

損　　益　　　　　　　　（単位：DM）

支払家賃	500	商品販売益	4,000
減価償却費	1,600		
当期純利益	1,900		
借方合計：	4,000	貸方合計：	4,000

　このように、動的貸借対照表にあっては、未解決項目、支払手段、資本が収容され、期首資本10,000DM が1,900DM 増殖することで、最終的に期末資本11,900DM が動的貸借対照表において生じるとともに、動的貸借対照表に未収容の項目は損益勘定に転記される。つまり、動的貸借対照表における未解消項目が解消され、収益もしくは費用となった際に、損益勘定へと移行するということとなる（Schmalenbach［1956］S.57、邦訳53頁）[7]。

　7）　シュマーレンバッハは、損益勘定における損益計算や、貸借対照表と損益勘定の関係について、「収益費用」「収入支出」概念を用いた上で、それらが生じた（生じる）時期、すなわち「前期」「今期」「後期」に関連づけてパターン化している（Schmalenbach［1956］S.56-59、邦訳53-55頁）が、これらについては紙幅の都合上、ここでは割愛している。

28 第Ⅰ部 簿記理論学説研究

Ⅴ 動態論と現代会計との関係

　シュマーレンバッハの動態観は，その後の世界における会計の発展に影響を
及ぼした。動態論的思考は，まず，動態論発祥のドイツでは現在でも会計規範
の基礎的前提である。例えば，ドイツ商法典には「取得原価主義」「実現主義」
「不均等原則」「収支の期間限定」といったいわゆる GoB に裏づけられた会計は，
ドイツ会計が国際化している状況にあっても会計の基礎となっている[8]。ま
た，動態論的思考は米国の会計にも影響を及ぼし，例えば，ペイトン＝リトル
トン（Paton and Littleton）による1940年の『会社会計基準序説』[9]において，
米国会計原則の中において引き継がれ，静態的思考に基づく貸借対照表原則の
陳腐化を招いた（黒澤［1978］120-121頁）。
　そして，動態論的思考は1970年代における「米国財務会計基準審議会（Finan-
cial Accounting Standards Board：FASB）」（以下，FASB という）における会計観
の１つとしての，FASB［1976］のいう「収益費用観」に類似するものの，一
方で FASB［1976］のいうもう１つの会計観が「資産負債観」なるストックを
評価するというものであった。これは，「静態観」と類似するが，そもそも静
態観が企業清算時における価値を評価する点で資産負債観とは異なる。さらに
FASB（FASB［1985］）は，収益・費用よりも資産・負債を先に定義し（para.25，
para.35），持分ないし純資産は両者の差額として算定され（para.49），ストック
の評価が重視される。
　IASC・IASB は，会計基準の調和化から統合化へ向け貢献を続け，IASB は

---

8 ）　ドイツにおける会計の基本理念に現在と相違はないものの，会計指令の国内法化や2002年の
IAS 規則の発効による2005年の「国際会計基準委員会（International Accounting Standards
Committee：IASC）」（以下，IASC という）や「国際会計基準審議会（International Account-
ing Standards Board：IASB）（以下，IASB という）による「国際会計基準（International
Accounting Standards：IAS）」（以下，IAS という）あるいは「国際財務報告基準（Interna-
tional Financial Reporting Standards：IFRS）」（以下，これらをまとめて IFRS という）のパー
シャル・アドプションにより，コンツェルン（連結）決算書には IFRS が義務的に適用され，
情報提供目的年度（個別）決算書には IFRS が任意適用されるなど，会計基準の国際化も進展
している。

9 ）　Paton, W.A. and A.C. Littleton, *An Introduction to Corporate Accounting Standards*, Ameri-
can Accounting Association.

FASB との協働を行ってきたが、IASB［2010］はその概念フレームワークにおいて、「資産負債観」を採用している。すなわち資産負債をストックベースでの評価、特に評価基準としての「公正価値」での評価も可能とし、先のFASB における考え方と同様に貸借対照表の位置づけが、静態論とは異なっており、同時に動態論とも異なっている。すなわちシュマーレンバッハは、貸借対照表は未解決項目を収容するものとして位置づけ、財産計算よりも損益計算の方を優先していた。

　また、資産負債観においては資産負債の公正価値評価や新しい純資産を構成する項目をも収容する「包括利益」が必要となる。ここでも貸借対照表は、資産・負債評価の結果が収容されるため、損益計算書よりも優位にあるといえる。ただし、IASB がすべてにおいて動態論的な思考を排除しているわけではない。例えば、IFRS においても原価評価は存在し、例えば有形固定資産の減価償却については、取得後の認識において公正価値モデルと原価モデルとの選択適用が可能であるものの（IAS 第16号）、償却計算自体は動態論同様、当該有形固定資産への支出の期間配分、すなわち、当該有形固定資産の「費用」「支出未費用」の両項目への分類手続にほかならない。

　日本の「企業会計原則」においては、期間損益計算のために、貸借対照表が一時点の状態を表す静態的なものではなく、取得原価主義に基づき、損益計算書との密接な関係があり、期間利益の決定の後、未費消項目が貸借対照表に収容された（黒澤［1978］390-391頁）。「『企業会計原則』は貸借対照表と損益計算書との有機的統一的関係を認めて、費用配分の原則を立てた」（黒澤［1978］391頁）とされ、このことは、まさに動態論的思考と一致する。

　その後、日本の会計は、1990年代後半からの一連の会計改革を皮切りに大きく変化し、「企業会計原則における費用・収益アプローチ（収益費用観）から資産・負債アプローチ（資産負債観）への（部分的）転換」（新井［1999］15-16頁）が見られた。ただし、企業会計基準委員会（ASBJ）により日本においても討議資料でありながら、概念フレームワーク（以下、討議資料という）たる ASBJ［2004］10) が設定された。討議資料は、資産負債観に近いが（辻山［2005］112頁）、

---

10)　なお、現行版は2006年12月公表のものである。

資産負債観・収益費用観は相互補完の関係にあり，いずれかに立脚しているものではない（齋藤［2005］68-69頁；辻山［2005］110-112頁）とされている。

　また，日本基準は IFRS に比して，のれんの規則的償却なども実施されるように動態論的思考が強い。ただし，ある会計実務が資産負債観あるいは収益費用観のいずれかに完全に合致しているとはいえず，双方の利益観から理論的に説明可能なものが存在し，実際の基準においてもまた同様である（徳賀［2002］153-168頁）。したがって，収益費用観と関連する動態論的思考は，資産負債観を採用する会計の中にも存在しているといえる。

VI　むすび

　本章では，シュマーレンバッハによって展開された動態論の基礎的計算構造について，簿記に関連づけた上で説明し，彼の主張した動態論的な思考が現代会計へ及ぼした影響について明らかにしてきた。

　シュマーレンバッハは，動態論が議論される前，当時支配的な見解であった，静態論における財産決定という会計目的を動的な立場から否定することで，科学性という見地から理論構築を行った上で経営経済学（会計学）の基盤を構築し，その会計思考は歴史的に各国会計に受け継がれてきたことがわかる。しかしながら，ストックの評価を重視しつつある現代会計と比較した場合，動態論的会計思考の希薄化が見られると考えられるため，シュマーレンバッハの構築した利益計算は現代会計において部分的に受け継がれている。

【参考文献】

新井清光［1999］『日本の企業会計制度―形成と展開―』中央経済社。

内倉滋［1995］『シュマーレンバッハ動態論』中央経済社。

黒澤清［1978］『近代会計学（普及版六訂）』春秋社。

斎藤静樹編著［2002］『会計基準の基礎概念』中央経済社。

斎藤静樹編著［2005］『詳解「討議資料財務会計の概念フレームワーク」』中央経済社。

齋藤真哉［2005］「財務諸表の構成要素」（斎藤編著［2005］『詳解「討議資料財務会計の概念フレームワーク」』中央経済社，第3章所収，56-69頁）。

辻山栄子［2005］「財務諸表の構成要素と認識・測定をめぐる諸問題」（斎藤編著［2005］『詳

解「討議資料財務会計の概念フレームワーク』』中央経済社，第6章所収，104-121頁)。

徳賀芳弘［2002］「会計における利益観―収益費用中心観と資産負債中心観―」（斎藤編著［2002］第Ⅴ章所収，147-177頁)。

土方久［1981］『近代会計の基礎理論』森山書店。

ASBJ［2004］「討議資料　財務会計の概念フレームワーク」企業会計基準委員会。

FASB［1976］*FASB Discussion Memorandum, An analysis of issues related to Conceptual Framework for Financial Accounting and Reporting : Elements of Financial Statements and Their Measurement,* FASB.（津守常弘監訳［1997］『FASB財務会計の概念フレームワーク』中央経済社)

FASB［1985］*Statement of Financial Accounting Concepts No. 6, Elements of Financial Statements,* FASB.（平松一夫・広瀬義州訳［2002］『FASB財務会計の諸概念（増補版)』中央経済社)

IASB［2010］*The Conceptual Framework for Financial Reporting 2010,* IASB.（IFRS財団編，企業会計基準委員会・公益財団法人財務会計基準機構監訳［2011］『国際財務報告基準（IFRS）2011』中央経済社)

Paton, W.A. and A.C. Littleton［1940］*An Introduction to Corporate Accounting Standards,* American Accounting Association.

Schmalenbach, E.［1916］Theorie der Erfolgsbilanz, *Zeitschrift für handels wissenschaftliche Forschung,* 10 Jg., 1915/1916, S.379-384.

Schmalenbach, E.［1939］*Dynamische Bilanz,* 7.Aufl., G.A.Gloeckner, Verlagsbuchhandlung in Leipzig.（土岐政蔵訳［1955］『動的貸借対照表論』森山書店)

Schmalenbach, E.［1956］*Dynamische Bilanz,* 12.Aufl., Westdeutcher Verlag, Köln und Opladen.（土岐政蔵訳［1975］『動的貸借対照表論（十二版)』森山書店)

（髙木　正史)

32　第 I 部　簿記理論学説研究

◆ 第3章 ◆

ワルプの二重損益計算論

I　はじめに

　本章の目的は，ワルプ（Walb）の *Die Erfolgsrechnung privater und öffentlicher Betriebe,* 1926（『私的および公的経営の損益計算』）において展開されている給付（Leistung）と収支（Zahlung）という2つの対流系列を用い，損益計算中心の会計観について考察し，ワルプ学説の現代的意義について考えることである。

　ワルプは，恩師であるシュマーレンバッハ（Schumalenbach）の動的貸借対照表論を拡大・発展させたことで，その名を不朽のものとしたといわれている。ワルプの前掲書では，給付と収支という2つの対流系列を用い，損益計算中心の会計観を簿記機構と有機的に結合することに成功し，いわゆるケルン学派（Kölner Schule）では，その確立に重要な役割を果たすとともに動的論が意識的に資本維持論との関連において取り上げられたのはワルプを嚆矢とする事実を知らなければならない（戸田［1982］（上巻）3頁）。

　ワルプ学説は，給付の対象として流出入する貨幣の収支を，貨幣そのものの収支としてそして貨幣の収支計算としてこれを理解しようとする。これが，貸借対照表の機能であって，それは貨幣的収支計算を通じて貨幣在高の増減を計算し，そこから間接的に，具体的に損益を計算確定しようとする。また，具体的収支計算と抽象的給付計算による二元的損益計算の構造として企業会計を見ることから，前者から導き出される貸借対照表が企業の貨幣経済的構造ないし

金融経済的構造として見られ，ここに貸借対照表計算のもつ機能が明瞭に説かれている。企業会計の構造が損益計算の統一的計算構造としてよく説かれるとともに，その所産としての貸借対照表のもつ意味と機能もまた一般的理解を理論づけることに成功したのである（岡本［1961］175-176頁）。

Ⅱ 損益の全体構造

ワルプは，どのような種類であっても価格を支払うことに基づいている場合はすべて，それが損益計算書に関わる限り，損益に影響する交換経済的給付事象（erfolgswirksamen tauschwirtschaftlichen Leistungsvorgänge）（または，そのような計算事象）あるいは本来的な交換経済的給付事象（eigentlichen tauschwirtschaftlichen Leistungsvorgänge）（または，そのような計算事象）とよぶ。したがって，交換経済的給付という一般概念は，**図表3-1**のように分類される（Walb［1926］S.31，邦訳（上巻）12頁，以下，（上巻）の表記は省略）。

ワルプは，「損益要素は，発生原因，基礎にある取引事象，およびそれらが具体化されている経済的価値によって説明される」（Walb［1926］S.37，邦訳19頁）という。このことから全体構成は，**図表3-2**のように示される。とりわけ，注意すべきことは，副費用（ないしは，副収益）という概念は集合体としてだけで理解されているのに対し，それに対応する概念である目的費用は同時に発

[図表3-1] 交換経済的給付の一般概念における分類

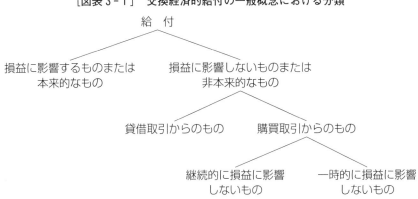

(出所：Walb［1926］S.31，邦訳12頁)

[図表 3-2] 損益の取引事象における全体構成

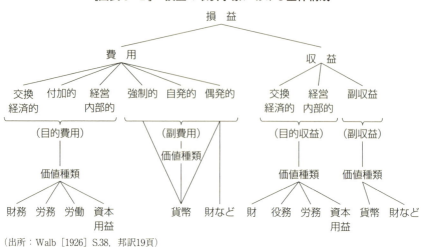

(出所：Walb [1926] S.38, 邦訳19頁)

[図表 3-3] 交換経済的給付事象と損益における全体構成

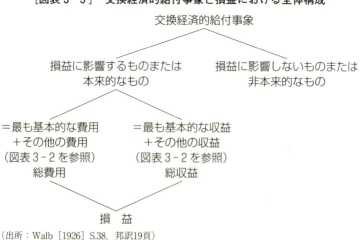

(出所：Walb [1926] S.38, 邦訳19頁)

生原因をも示していること，さらに，目的費用については個々の種類のものはもっぱら取引事象を示していることである。一方，副費用の個別種類については原因と取引事象が一致するものと仮定されている（Walb [1926] S.39, 邦訳20頁）。

また，ワルプは，**図表3-2**のような分析的な図解を，単純化された統合的な図解として**図表3-3**によってさらに補完している。そのような図解によって，交換経済的給付事象の計算と損益計算との関係が特に明らかになるのである（Walb［1926］S.39，邦訳20頁）。

Ⅲ　計算構造論の枠組み

ワルプによれば，給付の流れと収支の流れという表現が明らかにしているように，交換経済的給付が収支と平行的に行われるならば，それとともにこのような取引事象の二面性が明らかになる。このような事象はいずれも2つの部分または基礎から成り立っており，したがって，いずれの事象についても給付側（Leistungsseite）と収支側（Zahlungsseite）ということができるのであって，その場合，一方の側面は他方の側面についての別の表現にすぎない。その上，経営による積極的給付のすべてが実際に損益に影響し，すなわち積極的損益要素，つまり収益と見なすことができ，同様に，消極的給付のすべてが消極的損益要素つまり費用と考えられると仮定すれば，**図表3-4**のような関係が示される（Walb［1926］S.44，邦訳26頁）。

[図表3-4]　損益要素および給付面・収支面の関係

経営による交換経済的給付で損益に影響するもの ＝積極的損益要素	経営による即時的または将来的受取り ＝積極的損益要素	第三者による交換経済的給付で損益に影響するもの ＝消極的損益要素	第三者による即時的または将来的受取り ＝消極的損益要素
		または	
給付面をまとめると		収支面をまとめると	
経営による交換経済的給付 ＝積極的損益要素	第三者による交換経済的給付 ＝消極的損益要素	第三者による支払い ＝積極的損益要素	経営による支払い ＝消極的損益要素

（出所：Walb［1926］S.44，邦訳27頁）

ワルプは，交換経済的事象が問題とされる限り，会計は損益を二面的に表示する可能性を有しているとする。すなわち，まず損益に影響する交換経済的給

36　第Ⅰ部　簿記理論学説研究

付それ自体の貨幣価値ないし価格を記帳することによって，さらに給付から生じる収支を記帳することによって，いずれによっても損益が表示されるとする（Walb［1926］S.45, 邦訳27頁）。さらにワルプは，期中の経済活動の描写過程と期末の総合化過程との有機的な関係づけを含め，会計の計算構造全体を統一的に説明した。その計算構造論の基本的枠組みは，給付系列（Leistungsreihe）と収支系列（Zahlungsreihe）とに基づく二重的損益計算の体系として理解できるといわれている。このようにワルプにおいては，期中における取引は給付系列と収支系列によって把握され，期末になり損益勘定および残高勘定によって損益が算定されている（笠井［1985a］23頁）。

　それでは，基本的枠組みの観点から，計算構造の特質を示してみる（**図表3－5参照**）。ワルプは，残高貸借対照表と損益計算書との関係を主張しつつ，実は運動貸借対照表ないし変動貸借対照表と損益計算書の関係を説明していたといえる（笠井［1985a］30頁）。

[図表3-5]　計算構造の特質

	特　　質
期末における総合化過程の局面	① 給付系列・収支系列は，他の経営との財および貨幣の授受を把握する概念であり，本来フローとしての性格をもっているところから，損益勘定（損益計算書）および残高勘定（貸借対照表）は，基本的にはフローとしての性格を有している。
	② 残高勘定（貸借対照表）自体も独立の損益計算をなしているので，二重の損益計算体系である（あるいは，それぞれ独立の損益計算をなす損益勘定と残高勘定との統合体系として会計が構成されている）。
期中の経済活動の過程と期末の総合化過程と関係の局面	③ 損益計算の本質との関わりでは，給付系列・収支系列分類と損益勘定・残高勘定分類とが同質的連続的に把握されている（損益計算の論理が期中の取引把握の段階にまで直接的に支配している，あるいは，インプット把握の論理たる給付系列・収支系列分類が計算構造の基底をなしている）。

（出所：笠井［1985a］23頁より筆者作成）

　ワルプによれば，給付系列と収支系列からの二面的な損益決定はどのような場合にも可能であると結論づけている。また，このような損益決定を直接的決

定（unmittelbare Ermittelung）と間接的決定（mittelbare Ermittelung）とよんで
いる（Walb［1926］S.51，邦訳34頁）。

　損益計算は，費用・収益それ自体が計算されるところの給付系列において直
接的に行われ，それに起因する収支事象が計算的に表示されるところの収支系
列において間接的に行われるのである。さらに，給付系列を計算的に表示する
場合に，計算書は損益源泉に区分され，同時にそのように区分することによっ
て，収支が何のために（wofür）行われたかが明らかにされる。また，収支系
列を計算的に表示する場合にも，計算書は収支行為の種類に従って区分され，
収支がどのように（wie）行われたか（すなわち，即時払いと延べ払いのいずれで
あるか，およびそれ以外のどのような形態で支払われたか）が明らかにされるので
ある。したがって，損益構成要因が問題とされる限り，２つの系列の内容は同
じものである。一面的に貸借平均している項目を無視して一般的にいうならば，
一方を他方の鏡像（Spiegelbild）とよんでよい（Walb［1926］S.51，邦訳34頁）。

Ⅳ　損益計算の形式的構造

1　給付系列と収支系列の諸勘定

　ワルプは，勘定の発展過程を整理した上で，考えられる収支事象と給付事象
のすべてが構造的に把握されるとしている（Walb［1926］S.57，邦訳41頁）。そ
れゆえ，そのように生成した勘定の全体は，２つのグループすなわち収支計算
のための諸勘定（収支系列の諸勘定）と給付計算のための諸勘定（給付系列の諸
勘定）に区分される（Walb［1926］S.51，邦訳34頁）。これを２つのグループに
細分化したものが**図表3-6**である。とりわけ，勘定系列を形成する場合には，
諸勘定は損益計算がそれを必要とするように配列されている。

　しかし，強調されるべき中間事象があることに注意しなければならない。つ
まり，２つの系列のいずれにも属する手形勘定である。商品販売業などの経営
にとって，手形は文書によって証明された債権であり，したがって，債権と同
じように収支系列に属する。しかし，銀行経営にとっては，手形は有価証券と
同様に獲得された財であり，この場合には給付系列に入れられるべきである。

38　第Ⅰ部　簿記理論学説研究

[図表 3 - 6]　勘定系列の分類

	給付系列の諸勘定	収支系列の諸勘定
Ⅰ	有形財および無形財関係	現金勘定
	商品勘定	売掛金勘定
	機会勘定	買掛金勘定
	建物勘定	手形勘定
	有価証券勘定	手形引受勘定
	特許権勘定など	抵当権付債務勘定
Ⅱ	役務給付関係	社債勘定
	手数料勘定	資本勘定
	保険料勘定	
	郵便料（運賃）勘定など	
Ⅲ	労働給付関係	
	給与勘定	
	賃金勘定	
Ⅳ	資本用益関係	
	利息勘定	
	社債発行差益勘定	
	社債発行差損勘定	
	割引料勘定	
	売上・仕入割引勘定	
	賃貸借料勘定	
	地代勘定	
Ⅴ	その他の費用・収益関係	
	税金勘定	
	現金過不足勘定など	

（出所：Walb［1926］S.57，邦訳41頁に基づき一部修正）

第3章　ワルプの二重損益計算論　39

このように，ある事象がいずれの系列にも置かれることは，損益計算と関係は
ない。なぜなら，そのことは分類原則に対しては影響しないからである（Walb
［1926］S.51，邦訳42-43頁）。

　上記の説明から，自己完結的な勘定組織における一般的な複式記帳を勘案し，
起こりうる事象を表すと，**図表3-7**のとおりとなる。

［図表3-7］　自己完結的な勘定組織における一般的複式記帳の事象

	起こりうる事象の具体例	仕	訳		
1	現金取引または信用取引として現れる給付	（借）　給付系列 （借）　収支系列		（貸）　収支系列 （貸）　給付系列	
2	別の給付によって決済される給付，すなわち現物決済または直接的な給付決済	（借）　給付系列		（貸）　給付系列	
3	現金信用取引	（借）　収支系列		（貸）　収支系列	
4	振替記帳	（借）　収支系列 （借）　給付系列 （借）　収支系列 （借）　給付系列		（貸）　収支系列 （貸）　給付系列 （貸）　給付系列 （貸）　収支系列	

（出所：Walb［1926］S.59，邦訳43頁に基づき一部修正）

2　記帳数値が損益要素と異なる場合の損益勘定と残高勘定

　ワルプによれば，残高勘定の基本内容を形成するものは，収支系列における
普通の残高である。残高勘定の基本数値だけでは損益計算目的には不十分であ
り，それらは給付系列の諸勘定の残高を用いた戻し計算（Zurückverrechnung）
と計算勘定の内容を用いた追加計算（Nachverrechnung）によって修正される
（Walb［1926］S.74-75，邦訳60頁）。

　収支系列の諸勘定の残高は最終的に残存している収入または支出を意味して
おり，戻し計算された支出は収入になり，戻し計算された収入は支出になるか
ら，残高勘定においては修正された収入・支出計算（richitiggestellte Einnahme-
und Ausgaberechnung）が生じることになる。このような説明は，改めて例示
によって証明することができる（Walb［1926］S.75，邦訳61頁）。

40 第Ⅰ部 簿記理論学説研究

（設例）

① 企業主の元入　68,200M.

② 商品の仕入　1,500M.

③ 機械購入　9,000M.

④ 備品購入　900M.

⑤ 不動産購入　99,500M.（購入価格のうち65,000M.は抵当権付債務によるもので，まだ借りたままである）

⑥ Aからの借入れ　10,000M.

⑦ Bへの貸付け　5,500M.

⑧ Cからの商品購入　20,000M.（ただし，掛けで購入）

⑨ Cへの支払い　10,000M.

⑩ Bへの売上　18,000M.（ただし，掛けで売上）

⑪ 機械を現金購入　1,000M.

⑫ 機械を一部売却　100M.（ただし，現金で売却）

⑬ 2期分の賃借料支払い　4,000M.（そのうち，1期分は前払い）

⑭ Bからの利息（未収）　400M.（そのうち，100M.は前受分）

⑮ 未払いの給料　1,000M.

⑯ 未収の地代　300M.（賃貸借料勘定で処理する）

⑰ 未着手の修繕作業　100M.

⑱ 現金不足額　100M.

⑲ 機械の減価償却費　10％（ただし，便宜上1,000M.とする）

⑳ 備品の減価償却　10％

㉑ 不動産の減価償却　0.5％（ただし，便宜上500M.とする）

㉒ 商品在高　9,000M.したがって，商品についての費用＝1,500＋20,000（受入れ）－（未費消の在高）9,000＝12,500M.

● 設例の解説

給 付 系 列

(借方)	商品勘定（受入れ）		(貸方)
	M.		M.
②. 現金勘定	1,500	損 益 勘 定	12,500
⑧. 債務勘定	20,000	残 高 勘 定	9,000
	21,500		21,500

(借方)	商品勘定（払出し）		(貸方)
	M.		M.
損 益 勘 定	18,000	⑩. 債権勘定	18,000
	18,000		18,000

(借方)	機械勘定		(貸方)
	M.		M.
③. 現金勘定	9,000	⑫. 現金勘定	100
⑪. 現金勘定	1,000	損 益 勘 定	1,000
		残 高 勘 定	8,900
	10,000		10,000

(借方)	備品勘定		(貸方)
	M.		M.
④. 現金勘定	900	損 益 勘 定	90
		残 高 勘 定	810
	900		900

(借方)	修繕費勘定		(貸方)
	M.		M.
⑰. 未払修繕費勘定	100	損 益 勘 定	100
	100		100

(借方)	不動産勘定		(貸方)
	M.		M.
⑤. 現金勘定	34,500	損 益 勘 定	500
抵当権付債務勘定	65,000	残 高 勘 定	99,000
	99,500		99,500

(借方)	賃貸借料勘定		(貸方)
	M.		M.
⑬. 現金勘定	4,000	⑯. 未収賃借料勘定	300
損 益 勘 定	300	損 益 勘 定	2,000
		残高勘定（前払額）	2,000
	4,300		4,300

(借方)	利息勘定		(貸方)
	M.		M.
損 益 勘 定	300	⑭. 債権勘定	400
残高勘定（前受額）	100		
	400		400

(借方)	給料勘定		(貸方)
	M.		M.
⑮. 未払給料勘定	1,000	損 益 勘 定	1,000
	1,000		1,000

(借方)	現金不足勘定		(貸方)
	M.		M.
⑱. 現金勘定	100	損 益 勘 定	100
	100		100

42　第Ⅰ部　簿記理論学説研究

損 益 勘 定

（借方）		M.	（貸方）		M.
商　品　勘　定		12,500	商　品　勘　定		18,000
機　械　勘　定		1,000	賃 貸 借 料 勘 定		300
備　品　勘　定		90	利　息　勘　定		300
不　動　産　勘　定		500			
賃 貸 借 料 勘 定		2,000			
給　料　勘　定		1,000			
修　繕　費　勘　定		100			
現　金　不　足　勘　定		100			
利益残高勘定へ		1,310			
		18,600			18,600

収 支 系 列

（借方）	資本勘定		（貸方）	
		M.		M.
残　高　勘　定		68,200	①．現金勘定	68,200
		68,200		68,200

（借方）	現金勘定		（貸方）	
		M.		M.
①．資本勘定		68,200	②．商品勘定	1,500
⑥．債務勘定		10,000	③．機械勘定	9,000
⑫．機械勘定		100	④．備品勘定	900
			⑤．不動産勘定	34,500
			⑦．債権勘定	5,500
			⑨．債務勘定	10,000
			⑪．機械勘定	1,000
			⑬．賃貸借料勘定	4,000
			⑱．現金不足勘定	100
			残　高　勘　定	11,800
		78,300		78,300

（借方）	抵当権付債務勘定		（貸方）	
		M.		M.
残　高　勘　定		65,000	⑤．不動産勘定	65,000
		65,000		65,000

（借方）	債権（B）勘定		（貸方）	
		M.		M.
⑦．現金勘定		5,500	残　高　勘　定	23,900
⑩．商品勘定		18,000		
⑭．利息勘定		400		
		23,900		23,900

（借方）	債務（C）勘定		（貸方）	
		M.		M.
⑨．現金勘定		10,000	⑥．現金勘定	10,000
残　高　勘　定		20,000	⑧．商品勘定	20,000
		30,000		30,000

計 算 勘 定

（借方）	未払給料勘定		（貸方）
	M.		M.
残 高 勘 定	1,000	⑮. 給与勘定	1,000
	1,000		1,000

（借方）	未払修繕費勘定		（貸方）
	M.		M.
残 高 勘 定	100	⑰. 修繕費勘定	100
	100		100

（借方）	未収賃貸借料勘定		（貸方）
	M.		M.
⑯. 賃借料勘定	300	残 高 勘 定	300
	300		300

残 高 勘 定

収支系列の内容（ただし，相殺後の金額）
戻し計算された支出
追加計算された収入

収支系列の内容（ただし，相殺後の金額）
戻し計算された収入
追加計算された支出

（借方）				（貸方）
		M.		M.
現 金 勘 定	11,800	資 本 勘 定	68,200	
債 権 勘 定	23,900	抵当権付債務勘定	65,000	
商 品 勘 定	9,000	債 務 勘 定	20,000	
機 械 勘 定	8,900	利 息 勘 定	100	
備 品 勘 定	810	未 払 給 与 勘 定	1,000	
不 動 産 勘 定	99,000	未 払 修 繕 費 勘 定	100	
賃 貸 借 料 勘 定	2,000	利 益	1,310	
未収賃貸借料勘定	300			
	155,710		155,710	

（出所：Walb［1926］S.75-78，邦訳61-66頁）

　ワルプは，上記の設例において，複雑な事象においても，残高勘定が損益勘定とならんで損益を決定することは，明らかであるとする。このような計算方法は，給付系列については損益勘定において，収支系列については残高勘定において，それぞれ戻し計算が行われるという条件つきで，基本的には，ワルプの2つの系列における損益計算の特定の事象を除外しないで戻し計算をする場合の商業会計に適していると考えるものと一致する（Walb［1926］S.79，邦訳67頁）。

ワルプは，設例の解説である残高勘定において，各項目が次期に繰り越されて新計算を構築する際の説明では，新期間には，収支系列の数値に基づいて，収入に関し合計36,000M.（収支系列の内容の借方額と追加計算収入額との合計）が役に立つが，他方，新期間は，155,610M.（収支系列の内容の貸方額と追加計算支出額と利益との合計額）の額の支出を引き受けなければならないとする。これらの支出には，戻し計算支出の119,710M.（給付系列の借方額）が，またそれらの収入には戻し計算収入の100M.（給付系列の貸方額）が対応する。したがって，新期間に残留する収支は以下のとおりとなる（笠井［1985b］78頁）。

　さらに，新期間の引き受けるべき収支額は（前期収支系列の内容＋前期追加計算収支の額－前期戻し計算収支の額）として算出されている。この場合，戻し計算支出は，貸方控除項目と解釈される。このような収入説の基礎には，商品の販売という仮定が，他方，支出控除説には商品の返品という仮定があると思われる（笠井［1985b］78頁）。

支出：155,610M.　　　　収入：36,000M.
－）119,710M.　　　　－）　　100M.
　　　35,900M.　　　　　　　35,900M.

（Walb［1926］S.86, 邦訳75頁）

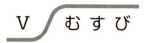

Ⅴ　むすび

　これまでの考察から，ワルプの収支と給付においては，収支間取引および給付間取引が存在する場合には，収支系列（残高勘定）は，理論的には損益を算定していない。また，収支計算をすべきと思われる収支系列（残高勘定）においても，損益計算が支配しており，給付・収支損益計算論は収入支出観の進展と解釈することができる。つまり，ワルプの残高勘定は収支系列の総括表としての性格を有しているが，収支系列から残高勘定を作成するプロセスで，フロー概念からストック概念への性質が生じている。そこでは，損益計算の理論が計算構造に直接的に影響している。

　ここでいう基本的な枠組みは給付系列と収支系列による取引把握がその計算構造であるため，(1)すべての取引が損益取引的交換取引である，(2)収支がすべ

て当期の費用・収益であり，かつ未収入・未支出の当期費用・収益がない，(3)
前期繰越項目がない，以上3つの条件をすべて満たすのであれば，期中の給付
系列と収支系列における記録から，同額の当期損益が，貸借対照表と損益計算
書との関係においてそれぞれ独立に算定されることになる。

　しかし，この条件は非現実的であるのはいうまでもない。さらに，計算対象
は損益作用的な交換経済的事象であるため，給付系列と収支系列とは，常に借
方と貸方との関係，あるいは貸方と借方との関係として把握されるため，それ
らは借方と貸方とを常に連動させる，という着想に繋がっている。これは，収
入支出観および給付・収支損益計算論が会計の体系をフロー概念によって損益
を二面的に計算表示するためである。とりわけ，これはストック概念を混在さ
せており，給付系列の総括表としての損益勘定と収支系列の総括表としての残
高勘定に偏りがあるように思われる。

　最後に，ワルプの給付・収支損益計算論は，損益勘定と残高勘定に傾注して
おり，むしろ給付系列勘定と収支系列勘定を通して会計を統一的観点から理論
構築して説明すべきではなかったのかと思われる。また，企業利益の計算に際
し資産の時価評価を認めているが，それは収支計算によって基礎づけられず，
収支計算の会計構造の限界が見出される。単純な貨幣の収支として把握された
貸借対照表観は，その後における運動貸借対照表の重要性とともに，これと結
合して新たな展開を企画すべく資金動態論観や，いわゆるキャッシュ・フロー
計算書へと繋がっていく道程となった。

【参考文献】

岡本愛次［1961］『ドイツ会計学史』ミネルヴァ書房。

小栗崇資［2012］「複式簿記の計算構造試論―企業資本運動の観点から―」『駒澤大学経済学
　　論集』第44巻第1号，87-91頁。

笠井昭次［1985a］「ワルプの計算構造について（Ⅰ）」『三田商学研究』第28巻第3号，22-
　　41頁。

笠井昭次［1985b］「ワルプの計算構造について（Ⅱ）」『三田商学研究』第28巻第4号，72-
　　97頁。

笠井昭次［1986a］「ワルプの計算構造について（Ⅲ）」『三田商学研究』第28巻第6号，25-
　　42頁。

笠井昭次［1986b］「ワルプの計算構造について（Ⅳ）」『三田商学研究』第29巻第3号，75-91頁。

金子善行［2015］「ドイツ会計学説における成果計算論に関する研究：20世紀前半におけるSchmalenbach の後継を中心として」『一橋大学博士論文』1-154頁。

齋藤真哉［1993］「運動貸借対照表論における表示区分—表示指向型の思考基盤の検討—」『会計学研究』中央経済社。

森川八洲男［1972］「ワルプ資本維持論の一考察」『商学論叢』第54巻第6-7-8号，37-57頁。

吉田寛［1972］「動的会計理論」（飯野利夫・山桝忠恕編集『会計学基礎講座1　企業会計原理』有斐閣）。

Walb, E.［1926］*Die Erfolgsrechnung privater und öffentlicher Betriebe*, Eine Grundlegung Berlin.（戸田博之訳［1982］『ワルプ損益計算論（上巻・下巻）』千倉書房）

（岡部　勝成）

第4章

コジオールの組織的単式簿記

I はじめに

　本章の目的は，コジオール（Kosiol）の1954年『企業会計辞典』第2版に収録されているPagatorische Bilanz（Erfolgsrechnung）において展開されている収支的貸借対照表論（pagatorische Bilanztheorie）の基礎理論である組織的単式簿記（systematische einfache Buchführung）について考察し，コジオール学説の現代的意義について考えることである。

　コジオールは，20世紀におけるシュマーレンバッハ（Schmalenbach），ワルプ（Walb）に続く，動態論者として位置づけられており[1]，シュマーレンバッハ，ワルプの基本的思考に基づいて，体系的で完結した簿記理論，勘定理論，貸借対照表論，評価論として損益計算の包括的な理論を展開している（Kosiol [1970] Sp.279）。コジオールは，貸借対照表を収支的（pagatorisch）と捉え，貸借対照表における期間損益計算を試みている。収支的貸借対照表は，期間損益計算を行う貸借対照表であり，収支的運動貸借対照表（pagatorische Bewegungsbilanz）あるいは貸借対照表的損益計算ともいう。

　コジオールの現実の経済制度に対する認識について，高田［1965］は，「ワルプと同じく財の流れと貨幣の流れとの対流である。財の流れ（reale Güter-

---

1) コジオールの収支的計算理論は，シュマーレンバッハ，ワルプによって基礎づけられた動的貸借対照表把握の敷衍的な発展を示す（Kosiol [1956] Sp.2087，邦訳4頁）。

vorgänge）は企業の価値運動にとっては根本的なものであるが，会計において
はこれをすべて貨幣の流れによって代理させている」（訳者概観 3 頁）2）と指摘
している。また「収支は貨幣の流れをプラスとマイナスの様式で表示したもの
であって，内容的には現金と将来的な債権債務のような本来的収支と損益決定
に必要な収支すなわち計算収支とからなる。企業の価値運動は本来的には全体
期間について収支によって計算されるべきものであるが，人為的な計算期間に
ついて損益を決定する必要があるために計算収支が生じたのである」（高田
[1965] 訳者概観 3 頁）と述べ，計算収支（Verrechnungszahlungen）の発生した
経緯も記している。

　コジオール学説を理解する上で重要となる計算収支は，計算構造の基礎とな
る組織的単式簿記において，前計算と償還計算（Vorverrechnung und Tilgungs-
verrechnung），戻し計算と後計算（Rückverrechnung und Nachverrechnung）と
して説明される。その中で，本来，損益計算書において説明されるべき項目を
収支として捉え，貸借対照表における期間損益計算を展開している。以下にお
いて，組織的単式簿記から複式簿記の生成に至る過程を中心に考察する。

Ⅱ　貸借対照表の概念と種類

　貸借対照表とは，借方と貸方とを形式的に均衡させた対応表示であり，一定
時点，すなわち決算日に存在する価値在高の二面的（複式）一覧表であって，
貸借両側のそれぞれの合計額は等しい（Kosiol [1954] Sp.2085, 邦訳 1 頁）。こ
のような貸借対照表を，在高貸借対照表（Beständebilanz）（Kosiol [1954] Sp.2085,
邦訳 1 頁）という。

　一方，損益計算書は，「費用収益貸借対照表（Aufwands-und Ertragsbilanz），
期間価値の貸借対照表（Bilanz der Periodenwerte），あるいは損益貸借対照表
（Erfolgsbilanz）と特徴づけられる」（Kosiol [1954] Sp.2085, 邦訳 1 頁）とし，損
益計算書における計算構造的役割を，貸借対照表において行う可能性について

　2）　この文献は，エーリッヒ・コジオール著，高田正淳訳 [1965]『財務会計論』森山書店にお
　　　ける「パガトリッシュ（収支的）貸借対照表論概観」を参照している。

示唆している。

コジオールは，実在する在高貸借対照表は種類の上で2つの観点から分類する。

1つは，簿記との組織的な関係をもつ貸借対照表であり，簿記の期間的締切りを全うし，そのことを通じて期間損益計算に役立つ，損益貸借対照表（Erfolgsbilanzen）（Kosiol［1954］Sp.2086，邦訳2頁）である。収支的貸借対照表は，この簿記と組織的な関係をもつ貸借対照表に該当すると見られる。もう1つは，簿記に対して独立的で，ある一定時点の企業の価値状況の表示に役立つ貸借対照表である，状態貸借対照表（Statusbilanzen），また財産貸借対照表（Vermögensbilanzen）（Kosiol［1954］Sp.2086，邦訳2頁）である。このような表現方法によって，貸借対照表における借方貸方在高の評価は損益計算から独立し，それとは無関係に生ずることが強調される（Kosiol［1954］Sp.2086，邦訳2頁）。

Ⅲ　収支的貸借対照表と期間損益計算

コジオールは，収支的貸借対照表論は，資本維持概念と関係をもつ損益概念を基礎として，特に評価の問題が首尾一貫して解明されるが，在高貸借対照表を含む簿記的な損益計算は，収支過程の記録から誘導される（Kosiol［1954］Sp.2087，邦訳4頁）と述べ，収支過程の記帳から，期間損益の算定が始まっている。

コジオールは，期間損益計算について，「当該期間において，相応する現実の財運動が行われることなしに，収入－支出計算の貨幣差額に消極的または積極的に影響するような現金支出ないしは現金収入が生ずるであろう」（Kosiol［1954］Sp.2089，邦訳6頁）と述べ，当該期間に発生した現金の収支の記入だけではなく，1期間における前払いの受領や貸付金のための支出があることを指摘している。そして，現実の財運動あるいは費用・収益・損益の実現と現金収支との関係には，次の3つの可能性があるとしている（Kosiol［1954］Sp.2089，邦訳6頁）。

(1) 費用，収益の実現と現金収支とがともに1期間に生ずる場合

(2) 費用，収益の実現が前の期に生じ，現金収支に先立つ場合

50　第Ⅰ部　簿記理論学説研究

(3)　費用，収益の実現が後の期に生じ，現金収支よりも遅れる場合

　また，積極的および消極的相関収支の時間的関係については，次の2つの可能性がある（Kosiol［1954］S.2089，邦訳6‐7頁）。
(1)　収入と支出とが同一期間に生じ，それによって両者が相殺される場合
(2)　収入と支出が異なった期間に生じる場合

　したがって，期間損益は，「現金収支以外で行われる記帳は，収支的損益が基礎としての実質の財過程に一致するよう，収入と支出の差額を修正することに役立つものであることが説明されることによって」（Kosiol［1954］Sp.2089，邦訳7頁）明らかとなる。また，「損益は，丁度当該会計期間における現金の収入と支出が収益的および費用的な収支として発生したかのように，貨幣的な余剰（Überschuß）として決定される」（Kosiol［1954］Sp.2089，邦訳7頁）と説明される。この純貨幣差額の計算的な修正を行う方法は，期間区分（Periodenabgrenzung）（Kosiol［1954］Sp.2089-2090，邦訳7頁）といい，期間損益計算を表している。

Ⅳ　組織的単式簿記

　コジオールの収支的損益計算の計算構造論は，組織的単式簿記の説明から始まり，その後，複式簿記へと収支的理論を展開させている。
　組織的単式簿記は，在高勘定を把握し，決算整理によって在高貸借対照表上に損益を表明させる簿記システムである（Kosiol［1954］Sp.2090，邦訳7頁）。組織的単式簿記においては，期間損益が損益計算書と無関係に算出されることから，貸借対照表はそれ自体1つの損益計算であることが証明されている（Kosiol［1954］Sp.2090，邦訳7頁）。

1　前計算と償還計算

　前計算と償還計算は，簿記処理における収益・費用の見越を示している。
　コジオール［1954］は，「簿記的損益計算の根幹を形成するものは，期間計

算においてもまた，現金的収益収入と同費用支出である。そこに表現されている現実の財投入と財販売だけでなく，さらにそれを超えて，後の（später）期間にはじめて現金の収支過程に結びつく財過程もまた当期間に生じうる」(Sp.2090，邦訳7‐8頁）と述べ，将来受け取るべき収益や，後に支払う労務費，修繕費の具体例をあげている。そして，「実質過程に相応する収支的損益を決定するためには，この将来現金収支が計算上当該期間計算においてあらかじめ考慮されなければならない」(Kosiol［1954］Sp.2090，邦訳8頁）と述べ，これを前計算と位置づける。

　前計算とは収支の前取りを記帳することであり，前収入（Voreinnahmen）・前支出（Vorausgaben）の記帳を指す（Kosiol［1954］Sp.2090，邦訳8頁）。また，前計算は，簿記上の債権債務の発生を表す（Kosiol［1954］Sp.2091，邦訳8頁）。その手続は，後の期の現金収支がそのような帳簿上のものとして先に計算され，そして事実の発生時点には計上されないということではなく，新しい範疇の収支である，将来的現金収支（zukünftige Barzahlungen）が計上される（Kosiol［1954］Sp.2090，邦訳8頁)[3]。

　このように，コジオールの収支概念は，現金収支とともに，現実の現金収支だけでは把握されない計算収支を包含することによって，収支概念が拡張されているのである（Kosiol［1954］Sp.2090，邦訳8頁)。

　次に，前計算が発生する場合，これら債権債務関係の償却についての経営相互間の相殺は現金収支を通じて行われる。この現金収支を相殺収支（Ausgleichszahlungen）という（Kosiol［1954］Sp.2092，邦訳9頁）。相殺収支には，相殺収入（Ausgleichseinnahmen）と相殺支出（Ausgleichsausgaben）とがあり，「相殺収入は過去の損益作用的前収入または現金債権支出に一致し，相殺支出は過去の損益作用的前支出または現金債務収入に一致する」(Kosiol［1954］Sp.2092，邦訳9-10頁）とある。

　さらに，このままではこれに続く計算処理が施さなければ，その相殺収支は損益作用をもつことになる。その損益作用はすでに先取りされて効を発してい

---

[3]　前計算には，損益作用的な収支の前取り（Zahlungsvorgriffe）だけではなく，期間損益に影響しない，損益非作用的な中性的前収入および前支出も含まれる（Kosiol［1954］Sp.2091，邦訳9頁）。具体的には，貸付金，借入金の債権債務の簿記処理である。

52 第Ⅰ部 簿記理論学説研究

るか，または主として生じてはならないものかのどちらかである（Kosiol［1954］Sp.2092，邦訳10頁）。この損益作用を償却するための手続を償還計算（Tilgungsverrechnung）（Kosiol［1954］Sp.2092，邦訳10頁）という。償還計算には，「現金相殺収入の損益作用を除外し，過去の前収入（現在の債権）を減少する（償却する）償還支出（Tilgungsausgaben）」と「現金相殺支出の損益作用を取り消し，過去の前支出（現存の負債）をそれに見合うように削減する（償却する）ところの償還収入（Tilgungseinnahmen）」（Kosiol［1954］Sp.2092，邦訳10頁）とがある。

償還支出および償還収入は，常にそれに相応する収支の前取りの元の金額において記載される（Kosiol［1954］Sp.2092，邦訳10頁）。そして「将来の相殺収支が元の金額と相違する場合には，償還収支の超過の分は損益作用的である。この場合（例えば債権の貸倒れ，債務免除），その差額の分は償還差額（Tilgungsabweichungen）といわれる」（Kosiol［1954］Sp.2092，邦訳10頁）。この償還差額は，期間損益の一部となると考えられる。

［図表4-1］　前収入→相殺収入→償還支出と前支出→相殺支出→償還収入の仕訳

	（収　入）			（支　出）	
前 収 入	（未収家賃）	×××	（受取家賃，記入されない）		×××
相殺収入	（現金収入）	×××	償還支出	（未収家賃）	×××
	（収　入）			（支　出）	
（給　料，記入されない）		×××	前 支 出	（未払給料）	×××
償還収入	（未払給料）	×××	相殺支出	（現金支出）	×××

（出所：Kosiol［1954］Sp.2090-2094，邦訳7-11頁をもとに筆者が作成）

2　戻し計算と後計算

戻し計算と後計算は，簿記処理における収益・費用項目の繰延べを示している。

まず，前受収益を示す，留保収入（Reservatseinnahmen）について，「この場合には，前受収入，例えば，商品引渡しやなお提供すべき場所または資本の利用に対する前受分が取り扱われる。同額の戻し支出（Rückausgaben）の記帳（貸方記入）を通じて，収入に潜んでいる収益作用が一時的に相殺される」（Kosiol［1954］Sp.2094，邦訳12頁）とある。このように，前受収入は，後の期に対して

留保される収支と捉えられている。さらに，その収入の損益作用は，以前の戻し支出と結びついている後収入（Nacheinnahmen）の記帳によって，後の期に実現される（Kosiol［1954］Sp.2094，邦訳12頁）。

次に，コジオールは，損益実現前の現金収支の時間的先行は費用の面でしばしば生ずる事柄であると述べ，具体例として土地，建物，構築物，機械，あらかじめ支払われた商品仕入，保険料，家賃等に対する現金支出に見られる（Kosiol［1954］Sp.2093，邦訳12頁）。

費用の時間的先行を，貯蔵支出（Vorratsausgaben）という。貯蔵支出は，「信用によって前支出として生ずる場合（例えば機械の信用買い）もあるが，利用と消耗がその会計期間を超えて行われる財と関係している」（Kosiol［1954］Sp.2093，邦訳12頁）と述べ，その支出は後の期間に配分されなければならないと指摘している。

そして「貯蔵支出は，まず同じ金額の戻し収入（Rückeinnahmen）によって損益計算上一時的に中和化され，損益実現の1期（または数期）において計算的な後支出（Nachausgaben）を通じて経過的に費用作用をもち，解消される」（Kosiol［1954］Sp.2093-2094，邦訳12頁）と述べ，貯蔵支出から戻し収入そして後支出という一連の収支の流れが説明される。

［図表4-2］　留保収入→戻し支出→後収入と貯蔵支出→戻し収入→後支出の仕訳

（収　入）			（支　出）		
留保収入	（現　　金）	×××	戻し支出	（前受利息）	×××
後 収 入	（前受利息）	×××	（受取利息，記入されない）		×××
（収　入）			（支　出）		
戻し収入	（機　　械）	×××	貯蔵支出	（現金支出）	×××
（減価償却費，記入されない）		×××	後 支 出	（機　　械）	×××

（出所：Kosiol［1954］Sp.2093-2096，邦訳11-13頁をもとに筆者が作成）

コジオール［1954］は，「戻し収入，戻し支出は，いわゆる経過的計算限界項目をもまた包含する」（Sp.2094，邦訳12頁）と述べ，さらに「貸借対照表において借記される実質財は原則的にすべての経過的項目（貯蔵支出）の性格をもっている」（Sp.2094，邦訳12頁）とし，実質財をも計算収支として認識できることを指摘している。

54　第Ⅰ部　簿記理論学説研究

　このように，戻し計算および後計算も，前項の前計算および償還計算と同様
に計算収支に属し，すべて現金収支に還元して考えることができる（Kosiol
［1954］Sp.2094，邦訳12-13頁）という点が，コジオール学説の特徴の１つとい
える。

　コジオールは，時間的経過に伴い，収益と費用の実現が当該期間と異なる項
目を，計算収支によって，収支を部分的に調整することによって，収支概念の
みで期間損益計算を行っているのである。つまり，「計算収支を用いることに
よって，期間損益計算を収支過程に基づいて，すなわち収支的に構築すること
が可能である。現金収支は，計算収支によって修正され，全収入と全支出の差
額が期間損益となる」（Kosiol［1954］Sp.2095-2096，邦訳13頁）と述べている。

3　収支的運動貸借対照表

　組織的単式簿記における損益の決定では，簿記的な特定の形式（仕訳帳や元
帳など）を前提にしていない。コジオール［1954］は，「しかし，収支的損益計
算の論理に基づく簿記の説明は，すべての簿記形態，簿記形式，簿記手続に適
用しうる」（Sp.2096，邦訳14頁）と述べ，収支的運動貸借対照表の作成を行って
いる。収支的運動貸借対照表は，精算表の合計欄におけるすべての在高勘定の
（前期からの繰越を除いた）内容に一致し，貸借対照表の原形（Kosiol［1954］
Sp.2096，邦訳14頁）と考えられている。

　収支的運動貸借対照表が貸借対照表の原形となる理由について，コジオール
［1954］は「貸借対照表の本来の内容は在高の大きさにあるのではなく，差引
きされない収入と支出そのものにあるからである」（Sp.2096-2097，邦訳14頁）
と述べ，収支による期間損益計算を行うことが，貸借対照表の本来の役割であ
ると指摘する。また，「この事実は，期間継続性の原則に基づいて貸借平均し
ていた繰越しが前年度から引き継がれ，さらにその勘定面の総額が在高貸借対
照表作成のために差引計算されるということによって，（その仕組みが—筆者）
隠蔽される」（Kosiol［1954］Sp.2097，邦訳14頁）と述べる。

　この点について，シュマーレンバッハが，貸借対照表を未解決項目の集合
（Schmalenbach［1956］S.51-56，邦訳46-53頁）と捉え，損益勘定において期間損
益計算を試みた（Schmalenbach［1956］S.61-67，邦訳60-64頁）ことに対し，コ

第4章　コジオールの組織的単式簿記　55

ジオールは貸借対照表において，期間損益計算を試みている点との違い4）の
現れである。

[図表4-3]　収支的運動貸借対照表

収　入	収支的運動貸借対照表（原型）	支　出
Ⅰ　現金収入		Ⅰ　現金支出
Ⅱ　計算収入		Ⅱ　計算支出
a）前 収 入		a）前 支 出
（債権発生）		（債務発生）
b）償還収入		b）償還支出
（債務の償却）		（債権の償却）
c）戻し収入		c）戻し支出
d）後 収 入		d）後 支 出
		残高＝期間損益（利益）

（出所：Kosiol［1954］Sp.2095-2096，邦訳14頁）

　さらに，コジオール［1954］は，「前期からの繰越と，積極消極両要素の同
時的な差引計算によって得られた項目ごとの運動量との合計から，実践で広く
採用されている在高貸借対照表が作成される」（Sp.2097，邦訳15-16頁）と述べ，
会計制度上用いられる貸借対照表も，収支的運動貸借対照表から導かれること
を指摘している。その理由について，「その貸借対照表が収支過程の記録から
生成し，それによって全貸借対照表在高（sämtliche Bilanzbestände）が収支的
性格（pagatorischen Charakter）をおびるから，在高貸借対照表もまた，収支的
貸借対照表と考えられる」（Kosiol［1954］Sp.2097，邦訳16頁）と述べている。
この点から，現行の貸借対照表も収支的に構築されている可能性が考えられ
る。

───────────────

4）　シュマーレンバッハとコジオールの思考の相違点について，山下は，「シュマーレンバッハ
　　は期間損益計算において，収・支計算と損益計算との間に存する喰違いを修正するために，そ
　　の両者の橋渡し，連結する機能を決算貸借対照表に求めたのに対し，コジオールにおいては，
　　収・支計算そのもののうちにその両者の喰違いを内部的に調整しようとしている」（山下［1962］
　　32頁）と述べている。また，谷端は，両者の収支概念の用法が，質的および量的にも異なって
　　いる点を指摘している（谷端［1962］42頁）。

56　第Ⅰ部　簿記理論学説研究

［図表4-4］　収支的在高貸借対照表

借　方　　　　　　収支的在高貸借対照表（基本形式）　　　　　　貸　方

Ⅰ　収入在高	Ⅰ　支出在高
1．現金・預金＝現金在高	1．債務＝支出前取り
2．債権＝収入前取り	Ⅱ　収入対価
Ⅱ　支出対価	2．留　保
3．貯　蔵	残高＝期間損益（利益）

（出所：Kosiol［1954］Sp.2097-2098，邦訳16頁）

Ⅴ　組織的単式簿記の複式簿記への拡張

　コジオール［1954］は，「組織的単式簿記は，財務勘定，在高勘定あるいは貸借対照表勘定と称せられる収支勘定（Zahlungskonten）だけを含む」（Sp.2098，邦訳17頁）と述べ，これまで現金，債権，債務，貯蔵，留保の5つの収支勘定について説明してきた。しかし，実践においては，さらに細分化されうると述べている（Kosiol［1954］Sp.2098，邦訳17頁）。そして，「収支勘定の勘定グループは未だ複式簿記を構成するには至らない」（Kosiol［1954］Sp.2098，邦訳18頁）とし，「実は，複式簿記は組織的な単式簿記から誘導されうるものであり，その意味で，複式簿記は組織的な単式簿記の拡張および完全化を示すものである」（Kosiol［1954］Sp.2098，邦訳18頁）と述べ，組織的単式簿記の完成から複式簿記の成立へと導かれる。

　コジオールは，組織的単式簿記が，期間的な損益計算を行う簿記システムであるが，費用と収益を示し，さらに細分化をする費用収益計算（Aufwands-und Etrangsrechnung）をも提示しないという欠点があると指摘する。そして，「貸借対照表による総括的な損益計算（summarishe Erfolgsrechnung）以外で，個別化された費用収益計算（spezifizierte Aufwands-und Ertragsrechnung）を求めようとする努力によって，複式簿記が必然的に生成する」（Kosiol［1954］Sp.2098-2099，邦訳18頁）と述べ，費用・収益勘定の出現から複式簿記へと導かれる。

　また，「この個別化された費用収益計算は，収支計算における損益作用的な

収支の記帳に対応する対立記帳（Gegenbuchung）を通じて発生する」（Kosiol［1954］Sp.2099，邦訳18頁）とし，対立記帳から費用・収益を認識する過程が導かれ，複式簿記の生成へと続く。すなわち，「諸費用収益の直接的な記帳は，合目的に分類された費用・収益勘定の上で行われる」（Kosiol［1954］Sp.2099，邦訳18頁）と述べ，以下で，収支勘定とともに損益勘定の類型を呈示している。

　そして費用・収益勘定は，損益勘定（Erfolgskonten）の締切りによって，損益計算書が作成され，そのことによって損益も二重に決定されることになる。しかも，貸借対照表と損益計算書における損益の決定は，強制的に結びつけられ，対立記帳の原則に従って両者の決算では相異なった勘定側に現れ，必然的に同一の結果をもたらす（Kosiol［1954］Sp.2099-2100，邦訳18頁）と述べている。このように，複式簿記の生成によって，期間損益は，貸借対照表と損益計算書において，それぞれに決定される成果として位置づけられる。

　この点について，コジオール［1954］は，「両計算の同一の損益残高（Erfolgssalden）は，両勘定系列を共通に意義づけることを無視すれば，お互いに無関係に決定され」（Sp.2100，邦訳18-19頁），さらに「このことは，損益計算書の残高の貸借対照表への振替えを認めたことでなく，また貸借対照表が損益計算書に依存していると結論しうるものでもない」（Sp.2100，邦訳19頁）と述べる。つまりコジオールは貸借対照表と損益計算書において計算される損益は，連携というよりも，むしろ両者の損益は独自に計算されており，かつ，貸借対照表が損益計算書に依存しているのではないと述べている。

［図表4-5］ 収支勘定（在高勘定）の類型

現	金
現 金 収 入	現 金 支 出

債	権	債	務
前 収 入	償 還 支 出	償 還 収 入	前 支 出

貯	蔵	留	保
戻 し 収 入	後 支 出	後 収 入	戻 し 支 出

（出所：Kosiol［1954］Sp.2099-2100，邦訳19頁）

58 第Ⅰ部 簿記理論学説研究

[図表4-6] 損益勘定の類型

費　　用	収　　益
費　　用	収　　益

（出所：Kosiol［1954］Sp.2099-2100，邦訳19頁）

　損益計算書は，(1)差引き計算されない総額計算（eine unsaldierte Bruttorech-nung）と，(2)差引き計算された純額計算（eine daraus ableitbare Nettorechnung）が呈示されている（Kosiol［1954］Sp.2101-2104，邦訳20-22頁）。

　(1)は，収支勘定において貸借の反対側が空欄になっている記帳に対する対立記帳を全面的に取り上げ，したがって，後に修正されねばならない暫定的費用・収益をも包含する損益計算書であり，総原価法（Gesamtkostenverfahren）という（Kosiol［1954］Sp.2100，邦訳19頁）。(2)は，(1)から誘導される差引き計算された純額計算で，究極的な費用，収益だけを表示するもので取引原価法（Umsatzkostenverfahren）という（Kosiol［1954］Sp.2100-2101，邦訳20頁）。

[図表4-7] 差引きされた純額計算

差引き計算された損益計算書（取引計算書）

Ⅰ　費　　用	Ⅰ　収　　益
次のものの対立記帳	次のものの対立記帳
a）現金支出（費用支出）	a）現金収入（収益収入）
b）前支出（費用支出）	b）前収入（収益収入）
c）後支出（費用支出）	c）後収入（収益収入）
d）償還支出（相関的前収入の償還差額＝費用支出）	d）償還収入（相関的前支出の償還差額＝収益収入）
Ⅱ　収益減少	Ⅱ　費用減少
次のものの対立記帳	次のものの対立記帳
a）現金支出（収益収入の減少）	a）現金収入（費用支出の減少）
b）前支出（収益収入の減少）	b）前収入（費用支出の減少）
c）償還支出（収益作用的前収入の償還差額＝収益収入の減少）	c）償還収入（費用作用的前支出の償還差額＝費用支出の減少）
残高＝期間損益（利益）	

（出所：Kosiol［1954］Sp.2103-2104，邦訳22頁）

図表 4 - 7 は(2)の純額計算による損益計算書である。貸借両側の項目Ⅰは主要内容である。Ⅰでは，当該計算期間の経営給付からの収益および中性収益と，給付に関係ある費用ならびに中性費用が取り扱われている（Kosiol［1954］Sp.2101，邦訳22頁）。それらは現金収支ないし計算収支に対する対立記帳として費用・収益勘定の上に現れたものである（Kosiol［1954］Sp.2101-2102，邦訳22頁）。Ⅱは，その期間の損益構成要素でもって差引きされない修正が取り扱われ，表の全貌が損傷しないようにしている（Kosiol［1954］Sp.2105，邦訳26頁）。

コジオールは，簿記的損益計算は，核心に収支的性格をもっており，その収支的計算思考に基づいて，実務上の経営経済的貸借対照表計算・損益計算が構成される（Kosiol［1954］Sp.2105，邦訳26頁）と述べ，「収支的簿記に対する財務簿記という表現は，それによって収支過程ないし財務運動との実質的な関連を思考上想起させる場合にかぎって，理論的にもまた適切である」（Kosiol［1954］Sp.2105，邦訳26頁）とし，損益計算書についても収支的に説明できることを指摘している。

Ⅵ　む す び

これまでの考察から，コジオールの収支的貸借対照表における計算構造論は，組織的単式簿記の議論から始まっている。組織的単式簿記では，収支概念を拡大して捉え，現金収支だけでなく，擬制的な収支である計算収支をも認識することによって，収支的運動貸借対照表において期間損益計算を行っている。また，収支理論を組織的単式簿記から複式簿記へと拡張させることによって，必然的に費用収益項目を直接説明する損益勘定から，損益計算書の出現へと導かれている。さらに，貸借対照表において計算される期間損益と損益計算書において計算される期間損益は，それぞれ無関係に決定されているという点から，貸借対照表と損益計算書の連携については言及されていなかった。むしろ，貸借対照表から損益計算書の生成へと導かれており，導出された利益は独立し，依存関係は見当たらない。これは収支概念による説明により成立することと思われる。

このように，コジオールの期間損益計算は，貸借対照表において完結して行

う姿勢を見出すことができる。つまり，企業会計における認識対象を，収支概念に置き換えて認識することによって，貸借対照表において期間損益計算が可能となることを証明している。現行の会計基準における利益観は，企業における経済状態を表すストック思考の資産負債観が重視され，公正価値測定が導入されている項目もある一方，収益費用観も存在する。コジオールの呈示する「財の流れをすべて貨幣の流れに代理させる」という思考に基づき，すべての項目を収支に置き換え収支差額として利益計算する方法ならば，2つの利益観よりも現行の会計制度を，簿記的整合性に基づき説明できるかもしれない。

　組織的単式簿記は，収支的貸借対照表における基礎概念であり，収支的価値による評価は，基本的に取得原価による評価であり，維持すべき資本については，名目資本維持概念に基づいた動態論的貸借対照表論の一見解と見られる。

【参考文献】

上野清貴［2012］『現代会計の論理と展望―会計理論の探求方法―』創成社。

上野清貴［2018］『収入支出観の会計思考と論理』同文舘出版。

興津裕康［2008］「コジオール簿記論の検討」『会計』第174巻第3号，119-128頁。

齋藤真哉［2008］「コジオール収支的貸借対照表論の検討―運動貸借対照表の観点から―」『横浜経営研究』第29巻，第1・2号，43-50頁。

武田隆二［1962］「パガトリッシュ・ビランツの損益計算機能」『企業会計』第14巻第12号，51-59頁。

谷端長［1962］「パガトリッシュ思考をめぐって」『企業会計』第14巻第12号，41-44頁。

土方久［1986］『近代会計の基礎理論（増補版）』森山書店。

町田耕一［1982］「コジオールの収支的計算理念」『國士舘大學政經論叢』昭和57年第2号，23-46頁。

山下勝治［1962］「コジオール収・支損益計算における中和化構想」『企業会計』第14巻第12号，32-40頁。

Kosiol, E.［1954］Pagatorishe Bilanz（Erfolgsrechnung），in *Lexikon des kaufmännischen Rechnungsweses*, hrsg. v. K. Bott, Stuttgart, Sp.2085-Sp.2120.（高田正淳訳［1965］『財務会計論』森山書店）

Kosiol, E.［1970］Pagatorische Bilanztheorie, in *Handwörterbuch des Rechnungswesens*, hrsg. v. E. Kosiol, Stuttgart, Sp.279-Sp.302.

Schmalenbach, E.［1956］*Dynamische Bilanz*, 12.Auflage, Westdeutscher Verlag.（土岐政蔵訳［1975］『動的貸借対照表論（十二版）』森山書店）

（青柳　薫子）

井尻雄士の因果的複式簿記

I はじめに

　企業の経済活動を計数的に記録・計算・整理する技術を簿記という。簿記は，今日の経済社会において，様々な企業で用いられ，簿記システムを通じて貨幣金額的に導出される財務諸表は，各種利害関係者が企業活動の状態や成果を判断する上で重要な意味をなしている。

　しかし，近年の会計基準の国際化は，従来の簿記処理では考えられることのなかった処理（会計処理）を要請するようになった結果，現在の財務諸表には，当初の簿記では想定されていない処理が反映されるようになっている[1]。このことは，簿記に基づく財務諸表の信頼性を基礎として，これまで維持・発展してきた簿記会計を考慮した場合，検討すべき課題である。そのため，このような認識に従えば，簿記そのものの価値を再考する必要があるのではないだろうか。

　本章は，この問題意識をもとに井尻［1968］の複式簿記に関する見解を検証しようとするものである。具体的には，まず，II節で，井尻が分析・展開した

1）　なお，ここでいう簿記処理と会計処理は，以下のような観点から区分している。
　　簿記処理：法律上の所有権を規準として，企業の支配下にある経済財（財産）の交換のような取引証拠に基づき，その財産の変動を記録する複式簿記
　　会計処理：記帳技術論に立脚する簿記処理に，評価論の観点から，市場価値や期待される将来キャッシュ・フローの割引現在価値とそれらの変動を記録する複式簿記

62　第Ⅰ部　簿記理論学説研究

2つの複式簿記の意義を検討する。次に，Ⅲ節で，因果的複式簿記に立つ場合の会計測定の3公理を比較・検討し，井尻の会計理論の体系を分析する。また，Ⅳ節で，因果的複式簿記の枠組みを検証し，その特徴および問題点を浮き彫りにする。最後に，Ⅴ節で，本章のまとめとして，現行企業会計制度における因果的複式簿記の位置づけについて，筆者の見解を展開することにしたい。

Ⅱ　分類的複式簿記と因果的複式簿記

　井尻［1968］によれば，複式簿記には，「分類的複式簿記（classificational double-entry bookkeeping）と因果的複式簿記（casual double-entry bookkeeping）の2つの根本的に異なったもの」が存在する（140頁）。そして，「通常行われている複式簿記の説明には……分類的な観点と因果的な観点とが混在している」（井尻［1968］144頁）とされている。しかし，「慣習的に用いられてきた複式簿記の構造は因果的複式簿記の観点から説明されるべきである」（井尻［1968］149頁）と主張する。

　ここで，分類的複式簿記は，財の総額を，財の物質的性質（資産分類（asset classification））と財に対する請求権（請求権分類（equity classification））とに分類する簿記である。分類的複式簿記では，資産の総額およびその変動が2つの異なった分類面から見て記録されることから「複式」であるとされるが（井尻［1968］141-142頁），「通常の資産分類および請求権分類に加えて，財の位置による分類とその経過年限（主体がその財を支配下においてからどれだけたったか）による分類」を考えた場合には，「4式簿記」にも展開可能であるとする（井尻［1968］144-145頁）。

　これに対し，因果的複式簿記は，資産分類というただ1つの分類によって成り立つ簿記である。そして，因果的複式簿記が「複式に記入されるゆえんは，増分と減分という2つの異なったものが借方と貸方に配置される」ことに起因する（井尻［1968］142頁）。そのため，因果的複式簿記では，「複式」記入することで，2つの資産の増分と減分との因果関係を示すことが期待されると指摘する（井尻［1968］143頁）。

　それゆえ，「分類的複式簿記においては，(1)資産の総額およびその変動を認

識し，(2)それらを二つの異なった方法で分類する能力がなければならないが，因果的複式簿記においてはこれらのほかに，(3)増分と減分とを因果関係に結びつけるという能力」が求められることになる。したがって，これら2つの複式概念について，井尻は，「分類的複式簿記においては資産総額の増分・減分はおのおの独立に取り扱われ，複式簿記の二元性はそのおのおのの増分・減分を二つの分類方法にかけることによって生まれる。これに反し，因果的複式簿記においては分類は一つの観点からのみなされるが，増分と減分とを因果関係によって結びつけることにより，二元性が生じるのである」（井尻［1968］143-144頁）と総括する。

このことは，棚卸資産の購入取引で代金の決済を支払勘定で行う場合と現金で行う場合とで比較してみるとわかりやすい。すなわち，棚卸資産を購入し，代金を買掛金などの支払勘定で支払うとした場合，財の総額が変動するので，

　　　① （借）　棚卸資産　　××　　　　（貸）　支払勘定　　××

の仕訳は，同一の財を資産分類と請求権分類とにかけたものとして，分類的複式簿記の観点より展開される。これに対し，棚卸資産を購入し，代金を現金で支払うとした場合には，財の総額は変動しないので，

　　　② （借）　棚卸資産　　××　　　　（貸）　現　　金　　××

の仕訳は，同一の資産分類に属する棚卸資産と現金という2つの科目が増減する。そのため，②のような場合の仕訳については，因果的複式簿記で説明されることになる。

同じ棚卸資産の購入取引であった場合でも，決済手段の違いによって財の総額が異なることから，複式簿記の性質が分類的複式簿記と因果的複式簿記とに分かれることには，当時，異論がなかったようにも思われる。しかし，井尻［1968］では，既述のように，因果的複式簿記に基づく複式簿記を主張している。それは，井尻［1968］が，分類的複式簿記を因果的複式簿記の中で把握する解釈を展開していることを根拠とする。

すなわち，分類的複式簿記のいう請求権分類は，「与えられた主体の支配下にある経済財のみを問題とする」（井尻［1968］93頁）のであれば，法律上の所

64 第Ⅰ部 簿記理論学説研究

有権が支配規準（control criteria）になっていると考えられる（井尻［1968］94頁）。しかし，「財に対する現在の支配だけではなく，将来その主体が支配するであろうと予想される財をある条件のもとで主体の財産と認めるという考え方」に立つ場合で（井尻［1968］95頁），「将来支配を失うと予期されるところの財をも含むように拡張され」たときに生まれる消極財産（negative assets）の概念は，資産分類に対する独立の分類ではなく，資産分類の延長と解されることになる（井尻［1968］96頁）。

このとき，①の支払勘定は，「将来主体が現金を引き渡すことが予期される場合，主体の現金に対する消極支配が認められる」（井尻［1968］96頁）ことになるため，請求権分類から変化する。その結果，積極財産を意味する借方の資産分類と，消極財産を意味する貸方の請求権分類とは，同一の財産分類に属する2つの科目が増減することを意味するようになり，貸方は，請求権項目としての仕入先の請求権増分ではなく，企業の将来の現金減分として解釈されることになる。それゆえ，このような場合には，①の仕訳も分類的複式簿記ではなく，因果的複式簿記として把握され，「現在の複式簿記では二つの分類方法がとられているというが，実は一つの分類方法から成り立っている」（井尻［1968］149頁）と解される。

したがって，このような認識にしたがえば，「ほんとうの意味における分類的複式簿記というのは」，「借方は資産形態に基づいて分類され，貸方はその位置に基づいて分類されている場合」のように，「一方の分類が他方の分類の延長であるとはいえない」（井尻［1968］149頁）場合に成立する。そのため，資産分類と請求権分類とに基づいている現行の複式簿記は，分類的複式簿記ではなく，因果的複式簿記によってのみ説明され，「財産の増分と減分との因果関係こそ複式簿記を複式たらしめる根本的なものである」（井尻［1968］140頁）と解される。

Ⅲ 会計測定の3公理

井尻［1968］は，分類的複式簿記を因果的複式簿記の中で把握する前節のような分析をもって，「複式簿記のほんとうの重要性はその構造の美しさにある

のではなく，その構造が財産の変動における原因結果の関係を追求するようわれわれに強制し，われわれのものの考え方に影響を及ぼすという点にある」（140頁）としているが，果たしてそうといえるであろうか。

因果的複式簿記において，「会計はある主体（entity）の経済事象（economic events）を伝達（communicate）するためのシステム」である。そして，「主体の経済事象は伝達に便宜な記号（symbols）を組織的に組み合わせて表現されなければならない」ため，その表現（representation）には，「記号から経済事象が推定されるよう，ある規則に従って」（井尻［1968］1頁）行うことが求められる。そのため，「会計における主体の経済事象の伝達は主として数量化された情報（quantified information）によるものであるから，会計における表現方法を理解するためには，測定一般についてその性格を理解しなければならない」（井尻［1968］25頁）ことになる。

会計の世界で，測定（measurement）とは，「数のシステムにおいてあらかじめ決められている数（number）とその間の関係を利用して，実世界の現象を表現しようとするもの」を意味する。そして，測定にあたっては，(1)単一の物それ自身が対象となって規定されるものではないこと（井尻［1968］37頁），(2)「数の間のどの関係が物の間のどの関係を表現するのに用いられているかを指示しなければ測定の意味がない」（井尻［1968］38頁）こと，(3)「実世界の現象の把握なくして測定システムは成り立たない」（井尻［1968］39頁）こと，に注意しなければならない。そのため，これら3つの注意点を考慮した場合，歴史的原価による評価は，特定物の犠牲値をもとにした事実的因果網に基づく評価であるという点で，「実証性，確定性，実施可能性をもっているという結論」（井尻［1968］86-90頁）を導き出せるということに，異論を挟む余地はない。

また，「もし会計を，その生み出す情報が利害関係の調整のために使われるか否かに従って利害調整会計（equity accounting）と意思決定会計（operational accounting）とに分けた場合」，「意思決定会計……は意思決定者の意思決定に必要な資料を提供することを主たる目的としている」が，「利害調整会計……は会計組織を最も客観的，継続的かつ明瞭に設定し運営しなければならない」とされる。このとき，「富の分配のために必要な利害調整の統制を行うためには，法的制度におけると同様，評価方法の単一性と安定性というものが欠くべから

ざる要件」（井尻［1968］90-91頁）として求められることになる。そのため，井尻［1968］では，「歴史的原価による評価の重要性が認識されるべきなのである」（91頁）との主張がなされる。

　井尻のこの主張により，歴史的原価に基づく会計は，今現在も，会計の基底をなす重要な概念として存在し続けているが，井尻［1968］では，このような主張の根拠として，「会計の目的を達成するに必要な」公理（axioms），すなわち，支配（control），数量（quantities）および交換（exchange）の3公理を規定する（93頁）。この3公理は，「会計において基礎になる判断」であるとされ，「まず数知れない多くの経済財のなかでどれが主体の支配下にあるかを認識し，次に財を分類し各種類ごとに加法性および無差別性をもとにして数量測度を定義して財を測定し，最後にどの財とどの財が交換されたかを認識する」ことで会計測定を実施する。

　そして，(1)「支配を認識する能力によって主体の支配下にある財を識別し，個々の財をリストすることによって表現することが可能になる」支配の公理，(2)「分類と数量測度によって測定する能力がそれに加わると，主体の財産を一組の数字によって表現することが可能になる」数量の公理，(3)「交換を認識する力がこれに加わると，……主体の財産を価値測度によって単一の単位で表現することが可能になる」交換の公理の「能力は根本的にはわれわれの分類する能力からきている」（井尻［1968］118頁）とされる。

　ところで，これら3つの公理のうち，とりわけ会計構造に関連する重要な公理となるのは，支配および交換の公理であろう。

(1)　支配の公理

　井尻［1968］は，まず，支配の公理について，「主体と財との支配関係（control relationship）は会計における基本的な関係を構成するので，まずおのおのの財がその主体の支配下にあるかどうかを判断する『支配規準』（control criteria）というものがなければならない」（94-95頁）とし，法律上の所有権を支配規準として想定する。そして，「主体の支配下にある財の全部または一部をその主体の財産（assets）と」した上で，現時点で主体の支配下にある財を現在財産（present assets），将来時点でのそれを未来財産（future assets）と規定する（井

尻［1968］95頁）。

　このとき，未来財産は，将来の受渡しがある「認識規準」（recognition criteria）で認められたものだけに限定され，将来主体の支配下におかれる積極財産（positive assets）と支配下から出ていく消極財産（negative assets）に分類される。ここで，「財に対する現在の消極的支配というものは存在しない」ことを考えると，会計測定の対象となる財産は，支配規準と認識規準にしたがった，主体の積極財産と消極財産ということに帰結することになる（井尻［1968］95-98頁）。

　その結果，「期間 t_0 から t_1 の間の主体の利益は，時点 t_1 における主体財産から時点 t_0 における主体財産を差し引いたもの」と定義される。この利益概念（income concept）は，「人が週初めと同じ裕福さを週末に維持する条件のもとで，その週間に消費しうる最大の価値」を利益とするヒックスの概念と一貫すると井尻［1968］が主張するものであり，期首に土地を所有していた企業が，期末にその土地に加えて建物を所有していた場合には，建物が当該期間の利益となる（98-99頁）。

　ここで注意すべきは，「この建物を数字でどう表すかは利益の定義とは別個に存在する評価の問題である」としている点である（井尻［1968］98-99頁）。したがって，このような認識にしたがえば，「利益概念は財産概念から派生したものであるということがわかる」ため，「主体の2時点における財産を規定できるときはいつでも，その期間の利益を決定することができる」（井尻［1968］100頁）ことになり，会計的には，財産法に基づく損益計算がこの公理により影響されるものと解される。

(2)　交換の公理

　次に，井尻［1968］は，「得たものと失ったものとの間の因果関係，すなわち交換というものを認識する能力がなければ，経済財そのものを定義することすらできない」とし，「支配と数量の公理と比べて，会計測定の基礎としてまさるとも劣らない」交換の公理を説明する。そして，「主体の経済活動は一連の財の交換から成り立つ」ことから，「ある財を獲得するために他の財を消費・引渡しするという一連の過程」は，「会計においては，たんに主体の支配下にある財の増減を記録するだけではなく，どの財がどの財と交換されたかを識

68　第Ⅰ部　簿記理論学説研究

別・記録する」ために必要であり，「交換を記録するためには得た財（……増
分（increment）……）と失った財（……減分（decrement）……）とを関係づけな
ければならない」（111-112頁）ことを要求する。

　井尻のいうこの主張にしたがえば，この交換の公理こそが因果的複式簿記の
大前提となることをうかがい知ることができる。すなわち，「経営における一
連の事象」で，「ある一群が対内的に従属し，対外的に独立していると判断し
た場合」，それらは「一体として」考えられるようになる。そのため，「もしそ
の一群の事象が主体財産の増分と減分とを生み出すならば，その事象によって
増分と減分とは交換されたと判断」（井尻［1968］114頁）されることになる。

　このとき，われわれが「どうして交換というもの，もっと広くいうと事象の
結びつけというものを問題とするか」（井尻［1968］117頁）を考えた場合，「事
象の統一性に基づくものである」（井尻［1968］115頁）とされる交換は，「財の
単なる増減だけを記録」するのではなく，「増分と減分とを結びつける」こと
を通じて，「その予測に自信がつき，次第にそれを計画の基礎として利用する
ようになる」結果，「過去の規則性が将来にも働くであろうという信念，すな
わち類似仮定」を見出せるようになり，「未来を予測する唯一の基礎」を担保
する。これが，「会計測定における不可欠の要素」であり，「交換の概念，そし
てそれから導き出される原価という概念が会計測定において最も基本をなす要
素」（井尻［1968］117頁）となる。そのため，井尻［1968］は，「この概念を除
いてしまっては，会計測定はその独特の方法論的特質を失ってしまう」（117頁）
と主張する。

　したがって，このような認識にしたがえば，企業の経済活動における経済財
の変動は，財の増分と減分の交換関係として把握されることになる。そして，
ここでいう交換の公理こそが，簿記では，「簿記上の取引」と見なされる根拠
となり，因果関係が把握される結果，簿記処理として処理されているものと解
される。

Ⅳ　因果的複式簿記の枠組み

　井尻［1968］が主張する因果的複式簿記では，これまでの分析の結果，交換

の公理と財産法的損益計算が重要な鍵となることが判明した。そこで，以下では，因果的複式簿記の特徴と問題点を浮き彫りにすることにしたい。

　まず，因果的複式簿記では，期中取引の際，主体の支配下にある財の変動は，「交換の公理」に基づき，財産の増分と財産の減分として把握される。その際，問題とされるのは，負債や資本に該当する貸方項目の位置づけであると考えられるが，井尻［1968］は，資産分類と分類される借方項目とは別個独立の請求権分類に属する貸方項目を負の資産項目，すなわち「消極財産」とし，従来の資産分類を「積極財産」とすることで，交換概念に基づく交換取引を成立させる。

　その結果，分類的複式簿記では，借方項目と貸方項目が資産分類と請求権分類の2つの異なる属性を表すことから，借方総額と貸方総額の金額を加減することができないのに対し，因果的複式簿記では，借方項目と貸方項目が積極財産と消極財産を表し，プラスとマイナスの違いはあるものの，同じ財産を表すことから，統一的に取り扱うことが可能になり，期末時点の貸借差額が純財産額として算出されることになる。そのため，このような認識にしたがえば，期首と期末のそれぞれの時点で純財産額が算出され，それを比較する結果，財産法による損益計算が可能になる。

　ところが，この因果的複式簿記に基づく会計思考には反対意見も存在する。これは，因果的複式簿記が，財の交換に焦点を当てるあまり，交換取引以外の取引，すなわち，損益取引および混合取引に関しては，簿記上の取引が成立しないという批判も免れないことに起因する。この点につき，井尻［1968］は，取引を大きな統一性と小さな統一性を対比する形で分析し，損失を増分が空集合の場合の交換，収益を減分が空集合の場合の交換として説明している（116頁）。

　しかし，例えば，馬場［1975］は，「複式簿記が数量計算をうちに含んだ価値計算の体系として形成されてきた経過」を明らかにし（133頁），「価値計算でありながら数量計算を内に含むというのが企業における記録計算体系である簿記・会計の真の姿」（馬場［1975］133-134頁）であるとする。そして，「今日の会計実務……簿記・会計の理論……はもっぱら価値計算を志向しており，数量計算などはまったく視野の外に，少なくとも最近までは，放棄されてきたと

いってもいいすぎではない」とした上で、「皮肉なことに、もっぱら価値計算を志向しているはずの理論が実は、数量計算的次元で価値計算を処理しており、しかもそのことにはまったく気づかないでいるという事例が乏しくない」と批判する（馬場 [1975] 134頁）。また、「数量計算と価値計算との混同、あるいはむしろ無視は、新しい会計思考を代表する最近の学者にもみられる」とした上で（馬場 [1975] 135頁）、井尻理論を断罪する。

馬場 [1975] は、井尻 [1968] が「いうところの『分類簿記』は取引の因果関係を認識する能力をもたないものであり、この点で、因果関係認識の能力をもつ『因果簿記』とは区別されることになる。しかし、なぜ一方に因果関係の認識能力なく他方にそれがあるのかは全然説明されていない。というより、能力の有無によって二つの簿記の類型が概念のうえでつくられたにすぎないから、能力の有無を『分類簿記』と『因果簿記』の根本的区別の指標とする理由を問うのは同意語反復を求める結果に陥る。……『分類簿記』範疇に属せしめられている複式簿記の考え方と『因果簿記』範疇に組み入れられている複式簿記の考え方の相違点をさらに追求していくと、結局『分類簿記』と『因果簿記』の区別は、前者が二重分類簿記であるのに対し、後者が一重分類簿記である、という点に帰着してくることになる」（馬場 [1975] 139頁）と指摘する。

さらに、「一切の取引をすべて財産の増加または減少として、いわば一重分類としてとらえる」因果簿記では、「資本金勘定および損益勘定の解釈」が問題となり、「将来のマイナス現金とみなされる」資本金勘定の場合、「資本の元入は財産の減少と記録」され、損益勘定の場合、「利益の発生は将来のマイナス現金、損失の発生は将来のプラス現金である」ということになる結果（馬場 [1975] 135頁）、「もはや理解を超えるといわざるをえない」（馬場 [1975] 136頁）ものとなる。

馬場 [1975] は、この点において、「井尻教授の考え方には初めから無理がある。この無理はあるいは資本、負債の段階では表面化しないとしても、結局は、利益の発生が『予期された現金の減分』、損失の発生が『予期された現金の増分』というふうな説明を与えられねばならぬことになって現実から遊離してしまう。損失というものが将来の現金の増分である、という解釈では、理論が現実を把握するのではなくて、理論のために現実が歪められるという破綻に

陥ってしまう」(140頁) と展開する。

　また，笠井 [1974a] は，「井尻教授は，簿記を，分類的簿記と因果的簿記とに分類されているが，……簿記は，それに内在する固有の原理にしたがって，ふたつの簿記に区分されるものではない。簿記のそのような区分を必要にさせたのは，井尻教授の会計上の思考なのである。井尻教授のように，交換概念をもって会計測定の方法論的特質と見る立場よりは，その記録形式としての簿記は，因果的複式簿記的に解釈せざるをえない。その結果，現行の簿記実践において，因果的複式簿記的な解釈に背馳するものが，分類的複式簿記として抽出されることになる。しかしながら，企業会計をもって，企業資本を計数の面から統一的に把握するものと考えるなら，記録形式としての複式簿記は，その名称とか説明の仕方とかに問題はあれ，分類的複式簿記的および因果的複式簿記的な記録を包摂しなければならない。したがって，……そのような思考のもとでは，複式簿記に，因果的複式簿記と分類的複式簿記という二者があるのではなく，要するに（実体としての会計にたいして）記録する容器としての『複式簿記』があるのである。したがって，どういう簿記観をとるかは，けっして簿記固有の原理にのみもとづくのではなく，簿記固有の原理とはなにかという問題も含めて，いかなる会計観を抱いているか，ということと密接に結びついているのである」(44-45頁) とする。そして，「井尻教授においては，とりわけ会計理論と因果的複式簿記論とが実体的内容として一体化しており，簿記固有の記録形式の側面が看過されている」(笠井 [1974a] 45頁) と批判する。

　これらのことは，因果的複式簿記が，「交換概念および財産法的体系と結合しているため，企業の経済活動の全プロセスにわたる記録を含みえず，その機構のなかから自動的に利益を算定しうるような自足的に完結するシステムではない」(笠井 [1974a] 45頁) ことに起因するものと考えられる。しかし，「井尻教授が取扱っているのは，現行の慣習的会計であり，それを，歴史的原価主義の公理的システムにより説明することが，井尻教授の意図」(笠井 [1974a] 45頁) であるとする場合，「慣習的会計における実務に近似するような，歴史的原価主義の公理的システムを作り出す」(井尻 [1968] 119頁) 目的で展開する因果的複式簿記論の主張には，重要な意義があると考えられよう。

72 第Ⅰ部 簿記理論学説研究

Ⅴ むすび

　本章は，井尻 [1968] の複式簿記に関する見解をもとに因果的複式簿記を分析したものである。そして，この分析の結果，次のことを分析・指摘できたものと考える。

　(1)　井尻 [1968] が想定する複式簿記には，分類的複式簿記と因果的複式簿記とがあるが，主体の支配下にある財を積極財産と消極財産と見る因果的複式簿記の観点では，請求権分類が資産分類と実質的に同一視されることから，資産総額の増分と減分とを因果関係によって結びつけることが可能になること

　(2)　井尻 [1968] が主張する因果的複式簿記では，支配の公理，数量の公理，および交換の公理が会計の基礎として想定されるが，会計構造を考慮した場合には，支配の公理から財産法的損益計算の体系が，交換の公理から簿記上の取引に基づく簿記処理の体系が説明される結果，交換の公理こそが因果的複式簿記の方法論的特質の重要な意義をなすこと

　(3)　交換の公理が大前提となる因果的複式簿記では，簿記処理でいうところの交換取引は簿記上の取引として処理できるが，損益取引と混合取引では，積極財産・消極財産の増分・減分の相手となる勘定科目が収益・費用に該当する場合，簿記上の取引が成立しないことになり，研究者の中には，この点において井尻 [1968] を批判的に見る見方があること

　しかし，井尻 [1968] は，「『あるべき』会計測定」に対する「公理的分析」を，「慣習的な歴史的原価主義そのものを公理によって統一的に説明しようとするもの」であるとし，「慣習的会計システムをすでに与えられたものと考えて研究の対象とし，会計システムがいかにあるべきかについての意見を述べることが目的なのではない。前者は純粋の意味での会計理論に属し，後者は会計政策に属するものであって，両者は峻別されるべきである」(122頁) と主張する。
　そして，「この書の目的が現存する会計の基礎をよりよく理解するという点にあって，誰かがこうあるべしと考えている会計を対象としているのではない」

（井尻［1968］序文Ⅴ）とも述べることで，「交換の判断を拡張して，予期された交換あるいは想定された交換をも含むようにする」と，「(1)主体の支配下にある財が認識できること，(2)財が無差別性に基づいて数量化できること，および(3)財の変動が交換という形で区分されること」の「公理的構造は単に歴史的原価主義のみならず，原価主義一般の公理的構造と考えることができる」（井尻［1968］138頁）とし，現行会計を含む会計一般の公理的構造の基礎を提供する。

　また，現行企業会計制度における複式簿記システムを前提とした場合，井尻［1968］の理論では，収益・費用に属する項目の取扱いが問題視され，複式簿記が「簿記上の取引」として成立しないという見解があるが，これは，「財産計算しかなかった単式簿記に，利益計算という別の計算体系を導入するとともに，両体系を等式で結びつけた簿記機構」として見た場合に，収益・費用が，当初の会計構造の中に含まれていないことに起因するものと解される。

　しかし，複式簿記のシステムを簿記の5要素が前提として成立するシステムとしてではなく，資産・負債・資本の3要素が前提としてあり，資本金の直接的増減を表す資本取引以外の取引を資本の部の取引として把握した後，当該取引を資本要素から派生した収益・費用の2要素の中に分類させるとした場合，これまで批判されてきた問題に対する1つの解釈が生まれるのではないだろうか。

　すなわち，井尻［1968］の理論に対するこれまでの批判の多くは，既述のように，当初の会計構造に収益・費用が含まれていないことに起因する向きが強い。これは，企業が，期中に行う活動の多くが，収益・費用の発生に関する損益取引で，財産そのものの変動を扱う交換取引ではないという理解による場合，簿記上の取引が成立しない，相手勘定が空集合となる取引が多数生じ，その取引の段階で損益計算が遂行できないという批判に基づくものである。しかし，収益と費用の差額は，いずれその純額が資本に組み込まれるという現状を考えれば，収益と費用は，正味の増減結果が資本に集約される副次的要素としての分類であることから，資本取引以外の資本のプラス要因とマイナス要因と捉えることも可能であると思われる。

　そして，このような解釈に立ち，収益・費用を，財産計算上は，資本金で示

される勘定科目の内訳項目と見るとする場合には，収益・費用が発生する損益取引・混合取引の場合でも，いったんは資本金勘定（または資本金増分勘定）・資本金勘定（または資本金減分勘定）で処理し，その後，収益・費用それぞれに該当する勘定科目にて再仕訳することが可能となる結果，井尻［1968］がいうような，相手勘定が空集合となる事態はなくなり，複式簿記が成立する可能性も見て取れる。このことは，企業活動の成果として把握される損益が，現行企業会計制度において，最終的に繰越利益剰余金という形で純資産の部に組み込まれるのであれば，より単純化した複式簿記のシステムにおいて，収益は将来の資本金のプラス要因，費用は将来の資本金のマイナス要因と見ることも可能となると考えられる結果，交換取引以外の損益取引・混合取引の場合にも，交換取引が成立することを意味している。

　したがって，このような認識にしたがえば，因果的複式簿記は，会計理論と見る場合には，現行企業会計制度においても，重要な意義があるものと考える。

【参考文献】
井尻雄士［1968］『会計測定の基礎―数学的・経済学的・行動学的探求―』東洋経済新報社。
井尻雄士［1976］『会計測定の理論』東洋経済新報社。
笠井昭次［1974a］「因果的複式簿記の素性（Ⅰ）」『三田商学研究』第17巻第3号，44-60頁。
笠井昭次［1974b］「因果的複式簿記の素性（Ⅱ）」『三田商学研究』第17巻第4号，33-58頁。
同志社大学会計学研究室編［1975］『会計学批判』中央経済社。
馬場克三［1975］『会計理論の基本問題』森山書店。

（髙橋　聡）

井尻雄士の三式簿記

I はじめに

井尻［1984a］『三式簿記の研究 複式簿記の論理的拡張をめざして』は，「複式簿記は完全であり，その内部の論理を破壊することなしに三式簿記への拡張はできないという仮説」（複式簿記の完全仮説）を否定する立場を出発点として複式簿記の論理，時制的三式簿記および微分的三式簿記を記述したものである。

本章は，井尻［1984a］を再検討することにより，その現代的意義を認識することを主眼とするものである。

II 複式簿記の論理

井尻［1984a］は，三式簿記を検討するにあたり，複式簿記を拡張する際の条件を 2 つ述べている。1 つは旧システムの保存性，もう 1 つは新システムの必然性である。旧システムを拡張するには，旧システムを保存するもの（内包するもの）でなければならないということである。また新システムの必然性とは，旧システムに新しく加えられて新システムとなる次元は，旧次元の与えられた解釈のもとで論理的に唯一無二のものとして導出されたものでなければならないというものである（5-6頁）。

これらの条件のうち，新システムの必然性を検討するためには，旧システム

76 第Ⅰ部 簿記理論学説研究

の次元が確定されていなければならない。このことから，複式簿記に現存する二次元を結びつける論理を解釈することから始めている。

　井尻［1984b］は，まず複式簿記の基本等式である貸借対照表等式「資産＝負債＋資本」を示し，負債と資本の和を請求権と規定し，「資産＝請求権」の等式をあげた。しかし，この等式の場合，「受取勘定や支払勘定といったように正負の符号が違うだけで，資産と請求権という別のカテゴリーに入ってしまうものが存在する」（12-13頁）ため，「このままで論理的拡張をやろうとすると，第3の元となるものは当然正負に続く第3の符号をもったものがくることになる」（13頁）と指摘している。

　このことから資本等式である「資産－負債＝資本」を示し，資産と負債の差を財産と規定し，「財産＝資本」の等式をあげた。この等式では，「財産の変動はすべて借方で資本の変動はすべて貸方で仕訳記入するやり方である。こういうふうに記録をやって不都合なところはなにもない。というのは，財産や資本の増減が在来の方法では仕訳の位置によって増分であるか減分であるかを表したが，それがプラスとかマイナスとかの記号に置き換えられたにすぎないからである」（井尻［1984a］18-19頁）とし，「資産＝請求権」の二元性で考えるよりも，仕訳の意味が明確になるという指摘もされている。

　財産も資本もともにある企業のある時点における財政状態を表すものである。財産は企業に存するすべての財の貸借対照表日現在の状態を示していることから，財産が「現在」の財政状態を表すという点には間違いがない。しかし，資本の側においては，「資本が企業の財政状態の現状を表示すると考えるにはいささか無理があることに気づく」（井尻［1984a］21頁）と指摘されている。なぜならば，「資本勘定が一般に無形勘定で，これと指定されえないという点にある。このような無形勘定を指定したり表示したりするためには，その過去の歴史が不可欠なのである。いやむしろ，資本勘定の存在目的が現状を表示するということよりも過去の事象を統括表示することにあると考えるのも不合理ではないようである。もし現在が過去でもれなく釈明（account for）されたならば，与えられた測定構造のもとに過去の累積が現在と一致することになる」（井尻［1984a］21頁）からである。

　このことから，「財産＝資本」を「現在＝過去」と表現することができる。

第6章　井尻雄士の三式簿記　77

これを踏まえて複式簿記を拡張するのであれば，第3の元は「未来」というこ
ととなる。

Ⅲ　時制的三式簿記

　つまり，「未来＝現在＝過去」という三元性を用いた時制的な三式簿記である。
この未来の内容は，「予算」であると指摘されている（井尻［1984a］30頁）。こ
の「未来」勘定は「予算」勘定を統一的に簿記機構に組み入れたものだという
ことになる（井尻［1984b］13頁）。つまり，「予算＝財産＝資本」という等式と
なる。

　「現在＝過去」等式について，過去とは1年を超えた過去の歴史が期首の資
本勘定に含まれていることから，現在は最近の1年間の事象で釈明されている
といえる。このことから「未来＝現在」においても，1年間の事象であるとい
える。

　しかし，現在とは過去によって釈明されたものであり，現在が未来を釈明す
る能力はもたないのである。このことから，「現在が未来によってもれなく釈
明されると考えざるをえない」（井尻［1984a］31頁）。そこで未来における期首
資本勘定に相当するものについて，「来たる1期間に事象が予算に組まれたと
おりに起ったとしたら，その期末に達成しえるであろうという『目標資本』と
いうものに相当すると考えられる」（井尻［1984a］32頁）と指摘している。ま
た現在を釈明するためには，目標資本から期末資本勘定を導き出す形となり，
そこでは「予算利益」を目標資本から差し引くといったものとなる。この場合，
予算収益は負として，予算費用は正として記入されることになる。このことを
示したものが，**図表6-1**である。

　また期中において取引がなされた場合，それらの取引要素によってそれぞれ
財産内取引[1]，資本内取引[2]および財産資本予算取引[3]の3つのカテゴリー

　1）　財産内取引は，財産の純額を変えないで，ある金額を1つの財産勘定から他の財産勘定に振
　　り替えるものであるから，その合計額はいつも0となる（井尻［1984a］34-35頁）。
　2）　資本内取引は，資本の純額を変えないで，ある金額を1つの資本勘定から他の資本勘定に振
　　り替えるものであるから，その合計額はいつも0となる（井尻［1984a］35頁）。

78　第Ⅰ部　簿記理論学説研究

に分類できるとしている（井尻［1984a］34-35頁）。このことを示しているのが**図表6-2**である。

　さらに，これらの取引が行われた期末における試算表では，予算と実績との差を示すこととなる。それを示したのが**図表6-3**である。

［図表6-1］　時制的三式簿記による期首試算表

予　算		財　産		資　本	
目標資本	¥70	現　　金	¥50	資 本 金	¥50
予想収益	−30				
予想費用	10				
予算純額	¥50	財産純額	¥50	資本純額	¥50

（出所：井尻［1984a］38頁）

［図表6-2］　時制的三式簿記による仕訳記入

予　算		財　産		資　本	
1．借　入	−	現　　金	¥40	−	
	−	借 入 金	−40	−	
2．土地購入	−	土　　地	80	−	
	−	現　　金	−80	−	
3．賃貸収入	予想収益 ¥40	現　　金	40	収　　益	¥40
4．費　用	予想費用 −15	現　　金	−15	費　　用	−15

（出所：井尻［1984a］39頁）

［図表6-3］　時制的三式簿記による期末試算表

予　算		財　産		資　本	
目標資本	¥70	現　　金	¥35	資 本 金	¥50
予想収益	10	土　　地	80	収　　益	40
予想費用	−5	借 入 金	−40	費　　用	−15
予算純額	¥75	財産純額	¥75	資本純額	¥75

（出所：井尻［1984a］39頁）

　このような三式簿記の考え方は，「｜現在＝過去（複式）｜＋｜現在＝未来（複式）｜⇒過去＝現在＝未来（三式）」（石川［1984］24頁）ということとなり「具体的に

3）　財産資本予算取引は，「予算＝財産＝資本」の三式記入の等式から，ある取引が財産の純額を増減させるとそれは同時に資本の純額および予算の純額をも同額だけ増減させなければならない（井尻［1984a］35-36頁）。

は，現時点のストック（財産）を媒介にして過去方向と未来方向とのそれぞれのフローが結びつけられて三式になっている」（石川［1984］24頁）のである。

　このことから，この時制的三式簿記は実は三式簿記ではなく，複式簿記を二度適用したにすぎないのではないかということになるのである（井尻［1984a］44頁）。

　このことについて，時制的三式簿記は「残念ながら考え方としてはあくまで平面的で，これまでの複式簿記を鏡をつかって未来に反射させたにすぎないようなところがある」（井尻［1984b］14頁）と指摘されている。

　ただし，「理論的にみて，過去・現在・未来の三元性は，まったく完全なものに思える」としており，また時制的三式簿記の大事な点は「取引の影響を未来，現在，および過去の３つの観点から同時に記録するということである」（井尻［1984b］14頁）と述べており，複式簿記の拡張という観点からは非常に優れたものであるといえよう。

Ⅳ　微分的三式簿記

　時制的三式簿記が「既存の複式簿記を新しい次元に拡張するのではなく，単に現存する次元の中で未開発の他の半面に延長するにすぎない」（井尻［1984a］45頁）のであるならば，本当の三次元を創り出すためにはどのようにすればよいのかという点について，「第１と第２の次元の関係を抽出して，それを第２と第３の次元の関係に当てはめて適用することが必要であろう」（井尻［1984a］45頁）と指摘している。

　現在と過去という点を対比させるのではなく，財産勘定はストックを表し，資本勘定はフローを表しているという点で対比させることであった。つまり「財産＝資本」を「ストック＝フロー」と対比させたのである。

　この考え方によって導き出されたのは，「フロー勘定はストック勘定の２時点での測定値の差を釈明するものとして用いられている。とすると，フロー勘定そのものの２期間の測定値の差を釈明するものがあってもいいのではないか」（井尻［1984b］14頁）ということである。このことから「フローをストックの微分として考えると第３の元として考えられるのはフローの微分（ストックか

80　第Ⅰ部　簿記理論学説研究

らみると2次微分）に当たる考え方である。……利益の測定も単なる測定に満足しないでそれを高次元にもっていき，利益変動をそれをもたらした原因を見つけてそれに帰属させることはできないか」（井尻［1984b］14頁）と指摘している。

　これらの考え方によって，井尻は，利益変動をもたらした原因についてニュートン力学の考え方になぞらえて「利力」と名づけた。これにより三式記入の等式を「財産＝資本＝利力」としている。しかし，井尻はこの等式における資本があまりにも静的で，フローという意味が出てこないとしており，できうるならば「財産＝利益＝利力」と規定したいと述べている（井尻［1984a］56頁）。

　この利力次元を含んだ式を，先のニュートン力学における物体の運動における3対の基礎概念である位置 x を用いて速度 v を計算するのは，次のとおりである。

$$v = dx/dt \tag{1}$$

この速度 v を用いて加速度を計算するのが以下のものである[4]。

$$a = dv/dt \tag{2}$$

また利力については次のように示されている（小口［1984］30頁）。

$$I_{(t)} = W_{(t)} - W_{(t-1)} + D_{(t)} \tag{3}$$
$$F_{(t)} = I_{(t)} - I_{(t-1)} \tag{4}$$

ここで，$W_{(t)}$ は時点 t での財産額，$I_{(t)}$ は期間 t の利益額，$D_{(t)}$ は期間 t に株主に支払われた配当金等，そして $F_{(t)}$ は期間 t の利力を表す。

　このような計算式を前提に利力次元を含む試算表を作成すると，**図表6-4**

4）ここでいう t とは，時間を指している。これらの式を先の「財産＝利益＝利力」および「資本とは財産の微分であり，利力は資本の微分である」（井尻［1984b］57頁）の記述から考えると，財産を x，資本（利益）を v および利力を a と捉えなおすことができよう。これらのことから，「$v_{(t)} = dx_{(t)}/d_{(t)} = (x_{(t)} - x_{(t-1)})/d_{(t)}$」のような形となる。
　この場合の時間 t を会計期間と捉えるならば，微小変位は1会計期間といえる。このことから，$d_{(t)} = 1$ であるといえよう。つまり，「$v_{(t)} = x_{(t)} - x_{(t-1)}$」となる。このことから加速度の計算を行うのであれば，「$a_{(t)} = d(x_{(t)} - x_{(t-1)})/d_{(t)}$」となり，先の資本の微分の際と同様に $d_{(t)} = 1$ とするらば，「$a_{(t)} = d(x_{(t)} - x_{(t-1)}) = x_{(t)} - 2x_{(t-1)} + x_{(t-2)}$」となる。
　つまり，「$a_{(t)} = x_{(t)} - 2x_{(t-1)} + x_{(t-2)}$」である。

のような形となる。

［図表6-4］　利力次元を含む試算表

財　産		資　本		利　力	
現　金	¥120	資　本　金	¥50	設立時残高	¥50
		利益　19X1	25	利力　19X1	50
		利益　19X2	45	利力　19X2	20
計	¥120	計	¥120	計	¥120

（出所：井尻［1984a］58頁）

　この企業は19X2年の終わりに120億円の現金をもっているとし，それは19X0年の終わりに会社が設立された時の50億円と，19X1年中に稼得した利益の25億円と，さらに19X2年中に稼得した利益の45億円の総計からなっている。このほかに取引はなかったものとする。19X0年，19X1年，19X2年の各年末の現金残高が各々50億円，75億円，120億円となる。**図表6-4**において利力勘定は，まず50億円の資本からはじめて，企業は年25億円の利益慣性を初年度に得た。19X1年に設定されたこの慣性は2年間に総額50億円の利益をあげてきたことになる[5]。

　19X2年中には，利益慣性は年25億円から年45億円に伸びた19X2年中に加えられた利力によって，20億円の財産への貢献がなされたことを意味する。

　このように，利力勘定はフロー勘定とその変動を完全に説明している。利力勘定は，価格変動，数量変動，操業度変動などの収益や費用のフローにおよぼす影響を個々に把握し記録するのに用いられる。

　財産勘定は貸借対照表に集約されるが，貸借対照表は，資本勘定を含んでおり，同質性を強調するために貸借対照表から資本勘定を取り除くことにし，微

---

5) これは，利益慣性が一度設定されるとそれが永久に続くと仮定しての話しである（井尻［1984a］58頁）。利力の計算式に当てはめた場合，19X1年の利力は，$I_{(t-1)}$が存在しないため，一度設定された利益慣性が永久に続くという前提に基づけば，19X0年の利益慣性が続いていると考えられる。このことから，**図表6-4**において19X1年の利力は50となっているといえる。仮に19X1年時点の$I_{(t-1)}=0$とするのであれば，$F_{(t)}=25$となり，表内の数字が合わない。また捉え直した計算式に当てはめて計算した場合でも，19X1年の利力は，$x_{(t-2)}$が存在しない。仮に$x_{(t-2)}=0$とするのであれば，19X1年の$a_{(t)}=-25$となり，利力がマイナスという状態となってしまうことから，上記の前提で考えられていると思われる。

82　第 I 部　簿記理論学説研究

分的三式簿記においては，「財産計算書」6) とよばれるものを作成するとされる。つまり，財産計算書はストックを**図表6-5**のようにまとめたものである。

［図表6-5］　財産計算書

資　　　産		
流 動 資 産	￥90	
固 定 資 産	80	￥170
負　　　債		
流 動 負 債	－￥10	
固 定 負 債	－40	－50
財 産 合 計		￥120

（出所：井尻 [1984a] 66頁）

　また，資本勘定は大半が損益計算書に反映されているが，新株発行などの財産の増減のすべてを釈明するのに必要なものが欠けている。このことから，井尻は，留保利益の変動およびその他の資本勘定の変動を付け加えて「資本計算書」といったものを作成するとしている。つまり資本計算書はフローを**図表6-6**のようにまとめたものである。この資本計算書であるが，まず，残高の記入から始める必要がある。この残高は，期首財産の額であるが同時に期首資本の額である。この残高はいわば積分における積分定数を意味し，財産純計と資本純計をいつも等しくするために必要な項目とされる（井尻 [1984a] 68頁）。

［図表6-6］　資本計算書

期　　首　　財　　産		￥75
利　　　　　　　益		
売　　　　　上	￥70	
売 上 原 価	－20	
その他の費用	－5	
純　　利　　益		45
配　　当　　宣　　言		－
新　　株　　発　　行		－
期　　末　　財　　産		￥120

（出所：井尻 [1984a] 67頁）

---

　6)　これは一般的に財産目録とよばれるものであるが，井尻はこれを他の計算書と統一性を保つためにあえて，財産計算書とよんでいる。

利力計算書の検討にあたり，井尻は２つの初期条件を設定しなければならないとしている。第１は資本計算書と同じく，期首財産の残高が必要ということである。第２は期首における利益慣性であり，その時点で存在している単位時間に稼得する利益率を占めている（井尻［1984a］68頁）。このような２つの初期条件を設定し，比較的融通性のある形でその構造を作成することもできるが，損益勘定の今期と前期との差を単にリストにして利力計算書を作成するのはあまり意味がないので，利益の変動を固定部分と変動部分に分けて表示することが考えられる。それが**図表6-7**である。

　図表6-7の示すように，様々な利力概念を導入できることが指摘されている（井尻［1984a］72頁）。

　フロー勘定の２期間における釈明をする利力勘定は，その利益慣性がどの時点のものの影響を受けているのかを，取引との利益慣性の変動を記録することで明確にできる。しかし，これは定期的に評価する仕方に比べると，はるかに難しいといえる。ところが，このように利力勘定を用いることによって，利益変動への影響が何によって行われたのかという，これまでの複式簿記よりも新たな情報を得ることができるようになるのである。

［図表6-7］　利力計算書と差異分析

期　首　財　産		¥75
期　首　利　益　慣　性	¥25	
利　益　慣　性　の　変　動		
売　上　価　格　利　力	20	
変　動　原　価　利　力	−10	
売　上　数　量　利　力	8	
固　定　原　価　利　力	2	
期　末　利　益　慣　性		45
期　末　財　産		¥120

（出所：井尻［1984a］71頁）

84　第Ⅰ部　簿記理論学説研究

Ⅴ　複式簿記の拡張としての三式簿記

　井尻は会計目的に対するアプローチ方法として，意思決定説と会計責任説を
あげ，意思決定説のもとでの三式簿記については「コストと効益とのバランス
からみて必ずしも望ましいものではないかもしれない」（井尻 [1984a] 100頁）
としている。

　しかし，「会計責任説は財務諸表そのものよりも財務諸表の背後にあるシス
テムに重点を」おいており，「客観的・普遍的な情報の必要性」（井尻 [1984a]
102頁）があると述べている。

　複式簿記では「財産＝資本」を「現在＝過去」と表現できるとしており，こ
れを拡張するには，「未来」を第3の元として時制的三式簿記ではあげている。
つまり，「未来＝現在＝過去」であり，過去と未来によって現在を釈明するこ
ととしている（井尻 [1984a] 29-33頁）。また微分的三式簿記では，「財産＝資本」
を「ストック＝フロー」と表現し，「財産のストックが資本のフローでもれな
く釈明される」（井尻 [1984a] 49頁）としており，さらに第3の元として利力
をあげている。これら2つあげられている第3の元によって「本来の計画や予
算も同様に釈明することを要求する時制的三式簿記，利益の変動も同様に釈明
することを要求する微分的三式簿記」はそれぞれ会計責任の向上に対して貢献
すると考えられる。

　「三式簿記が貢献することのできる点の基本となるものは，そういった分析
を組織的に，もれなく，そして在来の会計をも包括して行うという点にある。
もしこれらの分析が三式簿記のもとで行われたならば，それらの分析はこれま
でよりも組織的に行われるようになる。というのは，それが会計の厳密な原則
や基準のもとにおかれるからである。それらの分析は部分的に行われるのでは
なく，一切もらさず完全に行われるようになる。そうでないと三式記入の等式
が保たれないからである。それらはばらばらな分析ではなく，従来の次元，原
則，基準ならびに勘定科目を含む簿記システムの統合されたものとして行われ
るようになるのである」（井尻 [1984a] 99-100頁）としており，簿記システム
内に取り込む重要性を強調している。それは，井尻が簿記システムを通して会

計責任を向上させ，もって「利害が左右されることを知っている人々が測定値を自分の都合のよいように動かそうと争っても，争う余地のない『硬度』な測定が必要であることを強調」（井尻［1984a］103頁）しているからである。

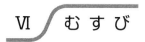
Ⅵ　む　す　び

　これまで，時制的三式簿記および微分的三式簿記を検討してきた。
　時制的三式簿記は，複式簿記の「現在＝過去」の二元性を，「未来＝現在＝過去」へと引き上げ，未来に目を向ける方策をとっている。このことは，過去による現在の釈明のみならず，未来による現在の釈明も内包するものであるといえる。言い換えれば，2点間からの現在への釈明となる。また未来，現在および過去の3点をもれなく記録することができる。
　微分的三式簿記は，経済学における動学的な手法を用いることで，利力という新たな情報を得ることができるようになる。
　このように，それぞれ複式簿記を拡張し，複式簿記の完全仮説を否定し，簿記を三式にすることによって新たな情報を組織的に組み入れる形となっている。例えば，時制的三式簿記においては予算と実績の比較を簿記の計算構造内で行っているし，複式簿記の計算構造外で行われている差異分析を，微分的三式簿記においては利力計算書の中で行っているものである。
　このことは，従来の簿記の計算構造を拡張させることでより強固な簿記システムを構築しようとしているものといえるであろう。これら簿記システムが会計人に要求する圧力は，相当に高いといわざるをえない。時制的三式簿記のシステムのもとでの仕訳において，財産変動は資本勘定で説明するのみならず，予算との関係でも説明されなければならない。このことから未来に対しての圧力がかかる。微分的三式簿記のシステムのもとでの仕訳において，財産変動をもたらす取引がすべて利力勘定をもたなければならない。このことから，利益変動の原因となる利力の判定への圧力がかかる。
　「三式簿記が貢献することのできる点の基本となるものは，そういった分析を組織的に，もれなく，そして在来の会計をも包括して行うという点にある。もしこれらの分析が三式簿記のもとで行われたならば，それらの分析はこれま

でよりも組織的に行われるようになる。というのは，それが会計の厳密な原則や基準のもとにおかれるからである。それらの分析は部分的に行われるのではなく，一切もらさず完全に行われるようになる。そうでないと三式記入の等式が保たれないからである。それらはばらばらな分析ではなく，従来の次元，原則，基準ならびに勘定科目を含む簿記システムの統合されたものとして行われるようになるのである」（井尻［1984a］99-100頁）としており，簿記システム内に取り込む重要性を強調している。それは，井尻が簿記システムを通して会計責任を向上させ，もって「利害が左右されることを知っている人々が測定値を自分の都合のよいように動かそうと争っても，争う余地のない『硬度』な測定が必要であることを強調」（井尻［1984a］103頁）しているからである。

　これらの圧力によって，複式簿記よりも「硬度」な測定が行われ，本来の計画や予算や利益の変動も釈明することを要求することで簿記システムによる会計責任の向上が必要であることを強調しているからである。

　会計不正がたびたび取り上げられる今こそ，簿記システムによる会計責任の向上を議論の俎上に上げる必要があるように思われる。

【参考文献】
井尻雄士［1984a］『三式簿記の研究』中央経済社。
井尻雄士［1984b］「「三式簿記」の論理」『企業会計』第36巻第9号，11-16頁。
石川純治［1984］「三式簿記研究の一視点」『企業会計』第36巻第9号，23-27頁。
小口好昭［1984］「理性への挑戦」『企業会計』第36巻第9号，28-33頁。
山本真樹夫［1984］「三式簿記拡張の基礎にあるもの」『企業会計』第36巻第9号，34-39頁。

（堂野崎　融）

下野直太郎と太田哲三の取引要素説と収支的簿記法

I はじめに

　下野直太郎と太田哲三に共通する代表的な会計理論は，わが国における動態論の確立であろう。黒澤［1967］によれば，前者が収支動態論もしくは素朴動態論の提唱者，そして，後者が素朴動態論の矛盾点を解決して，わが国に費用動態論という古典的動態論を確立した（黒澤［1967］1-10頁)[1]。

　しかしながら，両者の関係は，これだけでなく，取引要素説の形成と収支的簿記[2]についても同様のことがいえる。取引要素説は，吉田良三によって完成されたものである[3]。しかし，太田の取引要素に関する理論展開がなけれ

---

1) 黒澤［1967］は，「シュマーレンバッハの動態論が，ルードルフ・フィッシャーの前駆的な動的会計理論を継承し発展せしめることによって，精彩を発揮しえたように，太田博士の『会計上の資産』と題する一研究が，わが国の動的会計理論の新しい展開に対する礎石となり得たのは，下野博士による収支一元論的会計論が先駆的役割を果たしていたからである」(63頁)と指摘している。
2) 本章は，収支簿記を含む金銭の収支を中心とする簿記法を収支的簿記法としている。また，1920年以前の文献名の旧字体は本文中では常用漢字に変更した。
3) 安藤［2002］では，取引要素説の形成に関する経緯を探っているが，安藤は，1919（大正8)年2月に吉田が「『(最新式）近世商業簿記［改訂17版］』（同文館出版）で，それまでの説明を大幅に変更した」(495頁)と述べている。また，安藤は，取引要素説について吉田が「取引六要素はケスター（Kester）の著書 *Accounting ; Theory and Practice*（New York, 1917年）から採ったことを明らかにした」(安藤［2002］501頁)ことを指摘している。また，安藤が『会計』第8巻第6号（1921（大正10）年3月）に吉田良三の「取引の八要素及十要素説の缺陥論を読みて」の84頁から86頁にケスターの理論が紹介され，「ケスターの所論をオーソリティーとし根拠を之に採りたるものにて」(86頁)と述べていることを指摘している。

88　第Ⅰ部　簿記理論学説研究

ば，完成に至らなかったと思われる。そして，太田の収支的簿記法は，金銭（資金）の収支を中心とする会計理論が展開されている。この理論が「収支日計表」および「標準簡易帳簿と債権債務等記入帳を組み合わせた記帳システム」として現在でも利用されている。「収支日計表」および「標準簡易帳簿と債権債務等記入帳を組み合わせた記帳システム」は，『中小企業簿記要領』がもとになっており，さらにその原案となったのが太田［1935］の「簡易商店簿記試案」である。この試案は，下野の収支簿記の問題点を太田が解決して考案されたものである。

　そこで本章では，下野，太田の取引要素説の展開と収支的簿記法が確立された簿記理論を明らかにしていくこととする。

Ⅱ　下野直太郎の簿記会計理論の展開

　下野の最初の文献は，1895年に出版された『簿記精理』である。そして，『大日本実業学会商科第2期講義　簿記（下野直太郎）』［1896］は，『簿記精理』を詳細に述べたものである。その後，下野は，貸借対照表と財産目録の相違点について論及し，1921年に「収支簿記法」を，1927年には「新日本式収支簿記法」を展開した。

　まず，下野は簿記および会計を下記のとおり述べている。

　　「簿記とは会計帳簿の組立及記入の方法を講するものなり

　　　会計とは有価物件の収支顚末を計算処理することを云ふ。」

（下野［1895］　1頁）

　下野は，会計とは収支顚末を計算することを示し，金銭を計算の本体として，金銭の収支を計算の対象にしていたと思われる。そして，簿記の基本原理である取引要素が『簿記精理』において計算要素として展開されている。『簿記精理』について太田は，簿記理論の常識となった吉田良三の要素説の源泉がこの小冊子で発表されたと述べている（太田［1940］　4頁）[4]。下野の取引要素は，計算

---

[4]　下野の取引要素説は，木戸田［2015］および安藤［2002］において詳細に述べられている。

[図表7-1] 計算要素

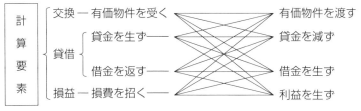

（出所：下野［1895］16頁）

要素として，**図表7-1**のとおり示されている。

　計算要素は，交換，貸借，損益という3つの要素を示している。交換は，有価物の受渡しに関わるもので「財産高に増減なし」（下野［1895］6頁）となるものを示している。貸借は，金銭貸借として，財産高に影響しないことを指摘している（下野［1895］11頁）。損益は，「財産を増減するは損益の特性なり」（下野［1895］11頁）と述べている。ここで注目すべき点は，資本の取扱いである。資本金を負債として見なしていることである。下野［1895］では，取引を例にあげて，「資本主と営業方を区別して資本主をば一の債主と見做す。而して帳簿は営業方の所属となるが故に帳面上資本金は資本主より営業方に借受けたる一種の負債と見做す」（下野［1895］17頁）としていることである。

　そして，結算においては，資産と負債を示す勘定を総称して資産負債勘定であるとしている（下野［1895］43頁）。また，資産負債勘定については「身代の高及び其有様」（下野［1895］44頁）を見ることができる。また，利益と損費を損益勘定に振り替える損益勘定については「損益の高及び其由来」（下野［1895］44頁）を知ることができると指摘している。なお，この文献の大きな特徴は，一般的な簿記法を述べたあとに当店勘定が説明されていることである。その内容が下野［1895］の52頁から55頁に示されており，まとめると**図表7-2**のとおりである。下野は，主客双観的貸借という理論を主張している。この考え方は，「当店に対し貸主たるべきものを当店勘定の借方に，而して当店勘定の貸方には当店に対して借主たるべきものを列挙するに在り」（下野［1896］59頁）としているものである。

90　第Ｉ部　簿記理論学説研究

[図表7-2]　当店勘定を経由した仕訳と省略した仕訳

商品を掛けで仕入れたときに当店勘定を経由した仕訳				当店勘定を省略した仕訳			
(借)　商　　　品　　500	(貸)　当　　　店　　500			(借)　商　　　品　　500	(貸)　甲　　　某　　500		
(借)　当　　　店　　500	(貸)　甲　　　某　　500						
残高勘定を当店経由で仕訳したとき				当店勘定を省略した仕訳			
(借)　現　　　金　　555	(貸)　当　　　店　1,355			(借)　現　　　金　　555	(貸)　資　本　金　1,000		
(借)　営業什器　　100				(借)　営業什器　　100	(貸)　支払手形　　300		
(借)　商　　　品　　400				(借)　商　　　品　　400	(貸)　当期純利益　　55		
(借)　丁　　　某　　300				(借)　丁　　　某　　300			
(借)　当　　　店　1,355							
	(貸)　資　本　金　1,000						
	(貸)　支払手形　　300						
	(貸)　当期純利益　　55						

(出所：下野［1895］52-55頁)

　下野は，残高勘定を当店勘定経由で仕訳したときの仕訳を「決算后新帳簿に引き継ぐの始めに於て第一に起るべき仕訳なり」（下野［1895］54頁）とし，「前述の理に依り当店勘定を立つるときは左の如し之れ即ち結算勘定報告の形式なり」（下野［1895］54頁）として，結算勘定報告（**図表7-3**）を示している。

[図表7-3]　何某商店結算勘定報告書

何某商店結算勘定報告書

借方（負債責任）	明治　　年	月　　日	貸方（資産権利）	
資　本　金	1,000	現　　金		555
支払手形	300	営業什器　原価		100
当期利益金	55	商　　品		400
		丁　　某		300
	1,355			1,355

(出所：下野［1895］55頁)

　そして，この考え方が下野［1896］に引き継がれ，何某商店結算勘定報告書の損益勘定（**図表7-4**）が作成されている。そして，下野は「損益勘定報告には通例貸借を附せずして，只だ損失の部利益の部若くは収入の部支出の部とす

ることを常とす」（下野 [1896] 62頁）としている。

[図表7‐4]　何某商店結算勘定報告書（損益勘定）

何某商店結算勘定報告書

収入	損益勘定		支出
商品売買利益　80	開　業　費		10
	営　業　費		35
	当期純益金		35
80			80
当 期 純 益 金　35	積　立　金		20
	配　当　金		15
35			35

（出所：下野 [1896] 63頁）

　下野は，貸借対照表の表示に関する借方と貸方の相違点を指摘して，日本式の貸借対照表（借方を負債，貸方を資産）と損益勘定（借方を利益，貸方を損費）の提案をしている。

　その後，下野は収支簿記法を展開した。下野の収支簿記法は，要約すると次のとおりである。

　甲勘定の収入については，金銭出納帳の収入側に記入するとともに，元帳の甲勘定の収入側に転記することを述べている（下野 [1921] 400頁）。支出の場合は，その逆となる。そして決算については元帳に損益勘定を作成して収支の残高を集め，他の勘定残高と出納帳の現金残高を集めて貸借対照表を作成する（下野 [1921] 400頁）。損益勘定については収入之部に利益を，支出之部に損失費用を示している。また，貸借対照表については収入之部に諸借金，資本金及び正味利益高を示し，支出之部に諸貸金及び物品を示し，全体の収支差引残高が現金手許在高であるため，支出之部に加算すると収支が平均することを述べている（下野 [1921] 400頁）。また，振替取引については，振替取引を分解すれば入金・出金2つの取引であることを指摘している（下野 [1921] 407頁）。

　下野 [1927] では，下野 [1921] の収支簿記法が日本式収支簿記法として述べられている。現金収支に関する記入方法は，金銭出納帳一冊の帳簿を設けて収入之部（左側）と支出之部（右側）に区分して，入金取引を収入側に，出金

92 第Ⅰ部 簿記理論学説研究

取引を支出側に記入する。振替取引は入金取引と出金取引とに分解して収支双方に記入すれば，金銭出納帳の金額が同額になり，残高に影響することがないとしている（下野［1927］40頁）。そして，下野は貸借対照表を金銭収支残高表であると述べている（下野［1927］44頁）。下野の収支簿記法は，下野［1921］では，大原簿記学校の収支簿記法を理論的に論じたものであり，下野［1927］では，複式簿記が欧米より輸入されたもので，収支簿記がわが国で考案されたため，日本式収支簿記法として，収支簿記法をより詳細に論じたものと見ることもできる。

　以上，下野は『簿記精理』を出版し，当店勘定を用いた主客双観的貸借による報告書を作成するという提案をしていた。その後，下野の研究が金銭に移行し，収支簿記に発展した。その収支簿記の貸借対照表は主観的貸借に基づいて作成されたものであった。

Ⅲ 太田哲三の理論展開

　太田は，動態論と同様，下野の簿記会計理論の問題点を解決して，新たな理論展開をしている。新たな理論として，第1に取引要素説をあげることができる。取引要素説は，吉田良三によるものであるが，安藤によれば，1919（大正8）年に今まで説明されていた下野の計算要素を変更した（安藤［2002］495頁）。しかしながら，太田［1917］において興味深い内容が記述されている。その内容が少なからず影響を与えたと思考される。

　第2に，太田は，収支簿記の会計構造を変換した「簡易商店簿記試案」を考案している。「簡易商店簿記試案」は，収支簿記の問題点を解決したものといえるだろう。よって，下野の簿記会計理論をベースに考案された取引要素と「簡易商店簿記試案」を見ることにする。

1 太田の取引要素に関する理論展開

　太田［1917］の第3章第1節に簿記原理が説明されている。太田は，簿記上の取引を「財産上に生ずる変化」（太田［1917］86頁）と述べ，交換取引が次のように述べられ，財産の増減取引（**図表7-5**）を示している。

「此の種の取引は一方に財産上の増加（即ち資産の増加または負債の減少）あらば他面に財産上の減少（即ち資産の減少または負債の増加）あるものにして事実は一の財産が他の種の財産に変形したるに過ぎず。之れを交換取引と云ふ。」
（太田［1917］86頁）

[図表7-5] 財産の増減取引

（出所：太田［1917］89頁）

そして，下野の理論と異なる内容が資本の取扱いで示されている。下野が資本を負債と見なしていたが，太田は，営業主と営業方を区別して，説明している。その内容が次のとおり示されている。

「営業主は営業の財産全体を所有するものなる事は言を俟たず。故に営業の財産は総括されて資産大なれば大なる丈け営業主の有するものなれば此の資産超過額は営業方より見れば営業主が営業に放資したる資本を示すものなり。営業が開始されるに当りて或る資産を資本として投下せし場合に於て其の資産の入り来りし事即ち財産の増加は資本金（金と云ふは必ずしも貨幣の意にあらず金額の意なり）として入り来りしなり。」
（太田［1917］87-88頁）

さらに，太田は，資本と損益取引との関係を次のとおり示している。

「営業主との関係及び損益取引に就て見るに後者は前者の中に包合せらるべきものなることは已に述べたる所にして之れ等は他方に財産の増減なしに一方のみに増減ある場合なるが已に交換取引に於て増減の双方を平均せるものと倣せし以上これをも同様になす方便利なり。此の為めに凡

94 第Ⅰ部 簿記理論学説研究

て一般財産上の相手方なくして生ずる増減は之れが相手方として資本金
なる勘定を起して相対せしむべき性質を有す。例へば金壱万の現金を以
て営業を開始せば。増加（現金壱万円）減少（資本金壱万円）の如き取引
と解するなり。而して此資本金は或る財産の減少を示すにあらずして其
反対に他の側に於て財産の増加を説明するなり。故に之等のものを凡て
説明財産，名目財産又は仮定財産と称するなり。而して損益の取引に於
ても之れと同様にして例へば利息五十円現金支払と云はゞ増加（資本金
五十円）減少（現金五十円）となるなり。乍併日常起る損益取引を資本
金なる説明財産唯一を以て整理するは(イ)初め元入れしたるものと後営業
の途中にて生ぜし額と分明ならず。(ロ)損益の生ぜし原因を明にするを得
ずの二理由によりて損益取引に対しては其れに応じて利息，割引料，給
料等の仮定財産を作りて一定期に之れを清算するを便利とするなり。要
約すれば(a)簿記の取引は凡て二方面の財産（名目財産を包合）の増減に
して(b)其の価値は平均す。但し(c)名目財産が其相手となる時以外は交換
取引にして，若し之れが相手となる時は損益取引又は資本主との取引な
りとす。」　　　　　　　　　　　　　　　　（太田［1917］89-90頁）[5]

　太田は，取引に関する説明で，資本取引と損益取引において説明財産（説明
勘定），名目財産（名目勘定），仮定財産（仮定勘定）と称して展開している。た
だ，負債と資本金に関する内容では，「資本金に属する負債は之れを対内的負
債と称して外部に対する負債と区別することあり」（太田［1917］94頁）として，
区別することがあると述べている。また，太田は，「資本主に帰属する勘定な
るを以て其結果たる純益は資本金に加ふるも可なり，又は別勘定となし置くも
可なり」（太田［1917］94頁）と述べている。
　以上，吉田［1919］の取引要素の変更は，下野の計算要素を変更し，ケスター
の理論をもとにしたものであった。しかし，太田［1917］は，下野の計算要素

5）　太田［1919］では，太田［1917］で示されていた説明財産，名目財産，仮定財産が，それぞ
れ，説明勘定，名目勘定，仮定勘定に変更されている。説明財産（説明勘定）が資本金を指し，
名目財産（名目勘定）が収益と費用を指し，仮定財産（仮定勘定）が収益と費用の個別勘定を
指していると推察できる。

の問題点を解決しようと試みている。その後，吉田がケスターの理論を展開し，取引要素を変更したのではないかといえる。

2　太田哲三の「簡易商店簿記試案」

　太田の「簡易商店簿記試案」は，『中小企業簿記要領』の原型である。この試案の背景には下野の収支簿記や金銭中心の思考が影響している。この試案が発表される前に，太田［1933］「複式簿記の再吟味」が発表されている。太田は「複式簿記は突合せて計算を吟味する計算形式なりとするときに其範囲は拡大し，却って其意義は明かとなる」（太田［1933］4頁）と述べている。そして，下野が官庁会計に複式簿記を適用するための意見を発表したことが例としてあげられており，突合法が完備されていること（太田［1933］5頁）を指摘している。

　そして，「幼稚な金銭会計を想像する。一商人が毎日の収支を例へば出納帳に記録して，同一項目を拾ひ集め，一期間例へば一ヶ月間の収支の計算書を作ったとする。収支の差額は現金の現在高であって，それは金庫か銭箱か財布の中の在高と一致しなければならない。かやうな実際と帳簿との突合せこそ会計の第一歩であり，……帳簿と実際の在高との突合せはこの場合同時に収支の原因と結果との照合となる」（太田［1933］6頁）と述べている。太田は，現金以外に銀行預金や郵便貯金を持っているとき，さらに債権債務を有する場合も記録しなければならないことを指摘し（太田［1933］8頁），次のとおり述べている。

　　　　「単純に金銭会計であれば，一の収支計算書が現金なる財産の現在高と同
　　　　時に，其の原因をも示すことが出来るが，現金，預金，債権，債務と云
　　　　う如く複雑な内容を持てば，これをも一表に集めなければならない。此
　　　　処で一つの記録では足りないので，一方に原因の勘定と他方に収支する
　　　　もの自体の勘定との二系統が成立する。」　　　　　　（太田［1933］8頁）

　太田は，金銭会計における現金の増減とその原因との対照によって複式簿記が説明される（太田［1933］9頁）と述べている。なお，太田は商人会計を拡

96　第Ⅰ部　簿記理論学説研究

張した金銭会計（太田［1933］9頁）と述べている。この太田の金銭会計の考え方は，下野の計算学における「財産は金銭である」（下野［1922］414頁）からきているといえる。

　次に，太田［1935］の「簡易商店簿記試案」において，この試案を作成するにあたり，4つの事項が次のとおりあげられている。

　　「(1)　記帳の手数を極端に減少させること。
　　(2)　手数省略の方法として転記，総勘定元帳を全く廃すること。
　　(3)　複式簿記法の借方貸方の用語は誤解を生じ易く，且つその本質を解するに困難であるから出来得る限りこれを廃する。但し，計算の突合せ吟味は会計帳簿として絶対に必要である。誤謬脱漏を防ぐためには，複式簿記の精神を取り入れる。ただ，複記せずして複式簿記となる工夫をするべきである。
　　(4)　経営の参考資料たる数字は容易に収集できること。」

（太田［1935］2 - 3頁）

　また，この試案が小売店主要簿の改良であることを述べている（太田［1935］3頁）。太田［1935］において小売商店では現金，仕入，売上が中心であるため，3つの取引を中心に解説している。仕入についての整理法，売上についての整理法が説明されており，現金については2つの方法を示し，現金出納帳を使用する方法と現金取引の多い商店に用いる方法である。現金取引の多い商店に用いる方法については，現金収支日計表（**図表7 - 6**）を示し，現金収支日計表を用いたときは現金収支集計表に月ごとの合計を記入すると便利であると述べている（太田［1935］14頁）。

第7章　下野直太郎と太田哲三の取引要素説と収支的簿記法　97

[図表7-6]　現金収支日計表

現　金　収　支　日　計　表 年　　月　　日					
収　　入		支　　出		備考	
科目	金額	科目	金額		
売上 売掛 何々 何々 合計 繰越		経費 買掛 何々 何々 合計 現在			
天候 日誌		温度			

（出所：太田［1935］15頁）

　そして，現金出納帳を使用する場合については，整理する必要があり，その
整理する表を総括表と名づけた（太田［1935］16頁）。月末収支総括表（**図表7-
7**）については，次のとおり述べている。月末収支総括表は，「複式簿記の精
神が取り入れられ営業の財政及び損益に関する総ての科目の増減が一表に集中
され突合照査される」（太田［1935］16頁）。「左を『支出』右を『収入』とした
のは内容の大部分が収支の相手方，即ち収支の原因結果であるからである」（太
田［1935］16頁）。下段の現金収入計と現金支出計は，貸借一致させる手段であ
る。収入・支出の最初に損益に属する科目をはじめに記入して小計を出すこと
で，これを比較して大体その月間の利益を把握することができる（太田［1935］
16頁）。太田は，総括表がドイツの総合仕訳帳制度と同じであり，分割元帳を
用いる英国の記帳法も仕入，売上についても総合仕訳が行われていることを指
摘している（太田［1935］18頁）。そして，太田は，月末収支総括表を12枚まと
めて決算表を作成して，貸借対照表と損益計算書が作成されるとしている（太
田［1935］18-21頁）。

98 第Ⅰ部 簿記理論学説研究

[図表7-7] 「簡易商店簿記試案」の月末収支総括表

支　出		収　入	
仕　　入　　高	90,600	現 金 売 上 高	26,300
売 上 戻 入 高	2,900	掛　売　上　高	102,000
売 上 値 引 高	1,100	仕 入 戻 出 高	1,700
経　　　　　費	22,785	仕 入 値 引 高	1,500
		雑　　収　　入	295
小計	117,385	小計	131,795
売 掛 金 （増 加）	102,000	売 掛 金 （回 収）	104,000
買 掛 金 （支 払）	79,800	買 掛 金 （増 加）	90,600
主　人　へ　貸	5,660	主 人 ヨ リ 借 入	6,000
借 入 金 （支 払）	40,000	借 入 金 （増 加）	20,000
什　器　買　入	3,950	預　金　（引 出）	154,000
支払手形（支払）	29,000		
預　金　（預 入）	125,000		
再計	502,795	再計	506,395
現 金 収 入 計	354,595	現 金 支 出 計	350,995
	857,390		857,390

（出所：太田［1935］17頁に基づき筆者作成）

Ⅳ　むすび

　本章は，太田と下野の取引要素説と収支的簿記を中心とした簿記会計理論について考察した。太田は，取引に関する説明で，交換取引，資本取引，損益取引について説明している。さらに，資本と利益および損費との関係が述べられている。しかしながら，負債と資本金に関する内容では，明確に区別すべきであると述べていなかった。吉田［1919］は，下野の計算要素を変更したが，ケスターの理論をもとにしたものであった。しかし，太田が下野の計算要素の問題点を解決しようと試みていたため，吉田が取引要素を変更したのではないかといえる。取引要素説は**図表7-8**のような流れになる。

　また，下野は，現金を中心とした流入・流出という現金収支を論じている。現金以外の項目も，現金同様に交換される入・出を重視した記帳がなされてい

［図表 7 - 8 ］　取引要素説の流れ

```
下野直太郎          ケスター
『簿記精理』  →    『Accounting ; Theory and    →   吉田良三
1895年              Practice』1917年                 『(最新式) 近世商業
                                                     簿記 [改訂]17版]』
                    太田哲三                          1919年
                    「簿記原理」
                    『銀行の実務と会計』1917年
```

　る。すなわち，収支簿記は，現金出納帳が当店の帳簿であるため，現金出納帳という収支の記帳を源流としていた。借方と貸方という概念がもともと客観的貸借として位置づけられていたが，収入と支出という異なる名称にして主観的貸借になるよう考案したと思われる。

　収支簿記は現金取引中心の商店を前提としたものであり，太田は，この収支簿記の問題点である借方・貸方を客観的貸借に対応すべく，収支日計表なる帳簿組織と月末収支総括表なる帳簿組織に変更し，現金中心の商店および現金取引と若干の振替取引のある商店に対応できる帳簿組織に変更した。この帳簿組織が『中小企業簿記要領』の原案になった。

　そして，『中小企業簿記要領』の形式が変更されて「収支日計表」および「標準簡易帳簿と債権債務等記入帳を組み合わせた記帳システム」として現在でも使用されている。したがって，収支的簿記法は**図表 7 - 9**のような流れになる。

　以上，取引要素説と収支的簿記法を考察したが，下野の簿記会計理論である計算要素や収支簿記が基礎となっていた。下野の計算要素の問題点を解決するため，太田が下野の計算要素を基礎として取引要素説を構築しようと試みたこ

［図表 7 - 9 ］　収支的簿記法の流れ

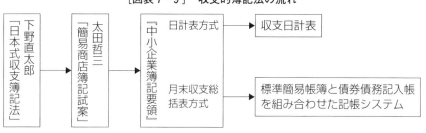

とがうかがえる。取引要素説は，その後，吉田良三によって構築された。また，下野の会計理論の問題点を太田が解決して，商店向けの現金取引の多い商店の簿記法である「簡易商店簿記試案」が考案された。

【参考文献】

安藤英義［2002］「吉田良三「取引要素説」の形成」『一橋論叢』第128巻第5号，487-503頁。

太田哲三［1917］『銀行の実務と会計』進文館。

太田哲三［1919］『銀行の実務と会計　改訂五版発行』奎運堂。

太田哲三［1933］「複式簿記の再吟味」『会計』第33巻第2号，1-13頁。

太田哲三［1935］「簡易商店簿記試案」『会計』第37巻第3号，1-22頁。

太田哲三［1940］「下野会計学の全貌」『会計』第46巻第1号，1-22頁。

木戸田力［2015］「期間損益2重計算の「理念」への道―森田熊太郎と下野直太郎の簿記会計理論―」『産業経理』第75巻第1号，4-13頁。

黒澤清［1967］『体系近代会計学（第8巻）　財務会計』中央経済社。

下野直太郎［1895］『簿記精理』嵐關舍。

下野直太郎［1896］『大日本實業学会商科第2期講義　簿記（下野直太郎）』大日本實業学会。

下野直太郎［1921］「収支簿記法を論ず」『商学研究』第1巻第2号，399-411頁。

下野直太郎［1922］「計算の本體を論ず」『商学研究』第2巻第2号，413-422頁。

下野直太郎［1927］「日本式収支簿記法」『会計』第21巻第3号，39-50頁。

吉田良三［1919］『＜最新式＞近世商業簿記（改訂17版）』同文舘出版。

（鶴見　正史）

岩田巌の財産法と損益法

I　はじめに

　財産法と損益法は利益計算（利潤計算[1]）の原理であり，厳密にいえば貸借複式簿記の記帳原理ではない。一般的にいえば，財産法は貸借対照表における利益計算の構造と原理を示したものであり，損益法は損益計算書での利益計算の構造と原理を示したものである。

　本章で考察する岩田の『利潤計算原理』で展開されている財産法と損益法も同様である。そこでは，財産法と損益法という2つの利潤計算の構造と原理のみが提示され，貸借複記等の貸借複式簿記の原理は明示されていない。

　岩田は，企業会計と簿記が不可分の関係にあることを認めつつも[2]，「会計は簿記の内容であり，簿記は会計の形式である」（岩田［1956］22頁）として，「会計の記録計算手続と簿記の記録形式とは，少なくとも観念的には区別すべき」（岩田［1956］23頁）としている。そして，「会計から観念的に簿記形式を剥ぎ取って……はじめて，損益計算書と貸借対照表との間に秘められた，計算関係を解

　1）　岩田は「利潤計算」の用語を使っているので，本章でも岩田の財産法と損益法に関連して言及する場合は，原則としてこれに従う。
　2）　岩田は，企業会計と簿記との関係について「歴史的にみれば密接に結びついて発生し，たがいに相関連しつつ発達」してきたものであり，「会計のあるところには簿記があり，簿記があるところには会計があって，簿記をはなれて会計を考えることができない。……企業会計と複式簿記の関係は特にそうである」（岩田［1956］22-23頁）とし，両者は不可分の関係であると述べている。

102　第Ⅰ部　簿記理論学説研究

明する鍵が求められる」（岩田［1956］23頁）として，財産法と損益法という利益計算の構造と原理を取り出して見せている。

　貸借複式簿記の形式を脱ぎ去ることで抽出された財産法と損益法という「利潤計算原理」であるが，いうまでもなく，それは再び貸借複式簿記という形式を纏うことができるはずである。

　貸借複式簿記は，単なる記録形式にとどまらず，そこから貸借対照表と損益計算書が導出される母体でもある。貸借対照表における利潤計算原理である財産法からは損益計算書が導出されるし，また損益計算書における利潤計算原理である損益法からも貸借対照表が導出される。そのような貸借対照表と損益計算書との関係こそが，貸借複式簿記の原理の一端を示すものと考えられる。

　本章では，岩田が展開した財産法と損益法という利潤計算の構造と原理を考察しながら，そこにいかに貸借複式簿記が関わっているのかについて考察を行う。

Ⅱ　岩田の財産法

1　財産法の利潤計算

　一般的に財産法とは，計算の対象となる期間の期末純資産と期首純資産を比較することによって，その期間の利益を計算する方法であり，「期末純資産－期首純資産＝当期純利益」として表現できる（上野［2018］45頁）。

　これに対して，岩田が考える財産法（以下，本節では岩田の財産法を財産法と記述する）は，期末の正味財産と期末の元入資本との比較によって利潤を計算する方法であり，「期末正味財産－期末元入資本＝利潤」として表せるものである（岩田［1956］107頁）。

　正味財産とは，財産と負債の差額のことであり，その点において資産と負債の差額である純資産と意味するところはほとんど同じである。しかしながら留意すべきは，財産と負債が帳簿残高ではなく実際在高とされている点である。したがって，期末正味財産は期末財産実際在高と期末負債実際在高の差額ということになる。

他方，期末正味財産から差し引かれる期末元入資本は，期首（または前期末）の正味財産と期中の資本取引の結果を集計したものである（岩田［1956］107頁）。これは期末時点までの出資額のことである。

この期末元入資本を算定するためには，期首の正味財産の記録に加えて期中の資本取引の継続的な記録が必要であり，帳簿による記録が必要である（岩田［1956］107頁）。岩田によれば，この場合の帳簿は必ずしも複式簿記であることを必要としないが，株式会社のような資本取引が複雑な企業が資本取引の記録をもれなく行うには，複式簿記による記帳が必要である（岩田［1956］108頁）。そして岩田の財産法では，複式簿記によって期末に作成される試算表が期末元入資本算定の機能を果たすものとして位置づけられている（岩田［1956］109頁）。

2　財産法の計算構造：財産法における損益計算書の作成まで

⑴　試算表と貸借対照表

財産法の決算表（**図表8-1**）は，財産法により損益表（損益計算書）が作成されるまでの過程を示したものである。岩田の財産法による全体的な計算構造（貸借対照表と損益計算書の導出までの複式簿記の計算構造）は財産法の決算表に表れている。以下，決算表の検討を通して岩田の財産法の計算構造を見ていきたい。

前述したように，岩田の財産法では期末正味財産と期末元入資本との差額として利潤が算定される。決算表は試算表と貸借対照表から始まっており，試算表が期末元入資本を計算したもの，貸借対照表が期末正味財産を計算したものである。

財産法における試算表について，岩田はそれが期末元入資本の算定を行っている計算であると説明しているが，これを要約して示せば次のようなものとなるであろう。

まず試算表の借方と貸方の内容と関係は，それぞれ次の⑴式の左辺と右辺に示したとおりである。

$$財産＋費用＝負債＋資本＋収益 \tag{1}$$

104　第Ⅰ部　簿記理論学説研究

　財産法の計算において試算表は複式簿記の終点（すなわち継続的記録の結果）
である（岩田［1956］108頁）が，そもそも複式簿記自体，本来は無限に連続す
る継続記帳であって，一定の期間に区切って決算を行うことを予定していない
（岩田［1956］110頁）。(1)式の左辺に見られるような財産と費用の区別，および
右辺に見られるような負債と収益の区別は，この連続記帳の状態において意味
をなすものである[3]。

　しかし，複式簿記が財産法の計算の一構成部分となった場合，それは期間決
算（期間計算）となり，その連続記帳に節目をつけるとすれば，費用勘定は必
ずしも費用ではなくなり，収益勘定のすべても収益ではなくなる（岩田［1956］
110頁）。すなわち，決算整理以前においては，試算表における費用勘定のすべ
ては前払費用に類する資産勘定であり，収益勘定のすべては前受勘定に似た負
債勘定であると解釈することができる（岩田［1956］111頁）。そこで，(1)式を
期末時点における要素で示すものとし，費用を前払費用，収益を前受収益とし
て示し，さらに負債と前受収益を左辺に移行すれば，(2)式のようになる。

$$（期末財産＋前払費用）－（期末負債＋前受収益）＝期末元入資本 \qquad (2)$$

　前払費用を期末財産に含め，前受収益を期末負債に含めてしまえば，試算表
における計算は次の(3)式のように見ることが可能である（岩田［1956］111頁）。

$$期末財産－期末負債＝期末元入資本 \qquad\qquad (3)$$

　また(3)式で計算された期末元入資本は，資本勘定残高と照合される。つまり
財産法における試算表は資本計算表であるとともに，2つの資本額を照合して，
記帳の正否を確かめる検算表としての機能を果たしている（岩田［1956］111頁）。
試算表は複式簿記の結果でもあるので，岩田は複式簿記についても，「複式簿
記は，財産法との関連においては，取引の二重記帳により，本来の資本勘定と

3）　これについて岩田は保険料を例に取り，「期の途中で1年分の保険料を支払った場合，これ
　を保険料という勘定に記入するのは，契約期間が経過すれば当然費用となる性質の支出である
　とみているためであり，その途中で決算を行うことは考えていないからである。もし契約期間
　の経過前に決算が行われることを予定するとすれば，保険料支払額の全額を費用として処理す
　ることは誤りであろう」（岩田［1956］110頁）と述べている。

試算表の借方財産勘定および貸方負債勘定の比較との2つの方面から，期末元入資本を二重に算定する記録計算組織である」（岩田［1956］111頁）と位置づけている。

以上，岩田は，試算表が元帳の勘定残高を集計したものであると同時に，そこでは期末元入資本の算定も行われていると見る。この試算表の見方が，岩田の財産法の特徴をなすものである。

次に，決算表の貸借対照表は，帳簿とは無関係な実際調査（いわゆる棚卸法）

[図表8-1] 財産法の決算表

決算表

勘定科目	試算表		貸借対照表		損益計算書		整理記入		修正損益計算書	
現金預金	25,000		25,000							
売掛金	19,000		17,000		2,000			①2,000		
繰越商品	14,000		73,000			59,000	②59,000			
備品造作	50,000		47,000		3,000			③3,000		
仕入	283,000				283,000			②59,000	224,000	
発送費	15,000				15,000				15,000	
給料	10,000				10,000			④2,000	8,000	
支払利息	2,000				2,000		⑤1,000		3,000	
雑費	5,000				5,000				5,000	
買掛金		12,000		12,000						
借入金		40,000		40,000						
売上		268,000				268,000				268,000
雑益		3,000				3,000	⑥1,000			4,000
前払給料			2,000		2,000		④2,000			
未収雑益			1,000		1,000		⑥1,000			
未払利息				1,000	1,000			⑤1,000		
	423,000	323,000	165,000	53,000	321,000	333,000				
資本金		100,000		112,000	12,000					
	423,000	423,000	165,000	165,000	333,000	333,000				
貸倒金							①2,000		2,000	
減価償却費							③3,000		3,000	
									260,000	272,000
利潤									12,000	
							68,000	68,000	272,000	272,000

（出所：岩田［1956］119頁，第八表）

106　第 I 部　簿記理論学説研究

による期末の財産目録を基礎として作成されたものである（岩田 [1956] 112頁）。
したがって，この貸借対照表では，期末正味財産が期末財産実際在高と期末負
債実際在高の差として算定されている。

(2)　損益計算書，整理記入，修正損益計算書

　試算表における財産および負債の帳簿在高と貸借対照表における財産および
負債の実際在高を比較し，その差額を求めて一表にしたものが財産法における
損益計算書である（岩田 [1956] 113頁）。したがって，それは収益と費用の比
較対照という形態で利潤の成立関係を表示しているものの，実質的には財産法
の特徴たる資本計算から派生したものであり，貸借対照表利潤の内訳表である
（岩田 [1956] 113頁）。

　図表 8 - 1 では，損益計算書は試算表と貸借対照表の差額（すなわち「試算表
－貸借対照表」）を示している。これらの関係は，次の式によって理解できる（岩
田 [1956] 114頁）。

$$期末の正味財産 － 期末の元入資本 ＝ 利潤（利益）または欠損（損失) \tag{1}$$

$$\begin{aligned}（財産の実際在高 － 負債の実際在高）－（財産の帳簿残高 \\ － 負債の帳簿残高）＝ 純損益 \end{aligned} \tag{2}$$

$$\begin{aligned}（財産の実際在高 － 財産の帳簿残高）－（負債の実際在高 \\ － 負債の帳簿残高）＝ 純損益 \end{aligned} \tag{3}$$

　財産法の損益計算書における収益費用は直接に把握されたものではない。財
産および負債の実際在高と帳簿残高との差額として把握される。すなわち，「財
産の実際在高 － 財産の帳簿残高」がプラスであれば収益を意味し，マイナスで
あれば費用を意味する。また，「負債の実際在高 － 負債の帳簿残高」がプラス
であれば費用を意味し，マイナスであれば収益を意味する。

　図表 8 - 1 の損益計算書の項目の中で，いくつかのポイントとなる項目のみ
を記すと次のようになる。

　売掛金は，試算表の借方19,000（財産の帳簿残高）と貸借対照表の借方17,000

（財産の実際在高）の差額は−2,000（すなわち17,000−19,000）であり，これは費用2,000を意味する。そこで，損益計算書では借方（費用側）に2,000と記入される。

　繰越商品は，試算表の借方14,000（財産の帳簿残高）と貸借対照表の借方73,000（財産の実際在高）の差額は＋59,000（すなわち73,000−14,000＝＋59,000）であり，これは収益を意味する。そこで，損益計算書では貸方（収益側）に59,000と記入される。仕入は，試算表の借方283,000（財産の帳簿残高）と貸借対照表の借方0（財産の実際在高）との差額は−283,000（すなわち0−283,000＝−283,000）であり，これは費用を意味する。そこで，損益計算書では借方（費用側）に283,000と記入される。

　未払利息は，試算表の貸方0（負債の帳簿残高）と貸借対照表の貸方1,000（負債の実際在高）の差額は＋1,000（すなわち1,000−0＝＋1,000）であり，これは費用を意味する。そこで，損益計算書では借方（費用側）に1,000と記入される。

　そして，資本金は試算表の貸方100,000（資本の帳簿残高＝期末元入資本）と貸借対照表の貸方112,000（資本の実際在高＝期末正味財産）の差額は＋12,000（すなわち112,000−100,000＝＋12,000）であり，これは利潤を意味する。そこで，損益計算書では借方（利潤額記入側）に12,000と記入される。これはまた，損益計算書の収益と費用の差額に一致する。

　損益計算書の作成後，損益計算書における①売掛金のマイナス額，②繰越商品のプラス額，③備品造作のマイナス額，④前払給料のプラス額，⑤未払利息のマイナス額，⑥未収雑益のプラス額をそれぞれ適切な収益費用項目に振り替えて整理する[4]。これが整理記入であり，整理後を示したものが修正損益計算書である。

　以上，財産法の計算構造を見てきた。岩田の財産法に見られる特徴として，利潤計算を「2時点間の純資産の比較ではなく，期末純資産と期末元入資本の比較として捉える点」（森田［2000］9頁）があげられる。期末元入資本は試算表において算定される。そして，試算表は複式簿記による財産変動の継続的記

　4）　繰越商品のプラス額59,000について補足説明しておくと，繰越商品59,000は商品の増加，そして仕入−283,000は商品の減少を意味することから59,000−283,000＝−224,000として整理され，最終的には仕入項目で224,000の費用として整理されている。

録の結果としてもたらされるものである。したがって，岩田の財産法において，複式簿記の計算構造は「期末財産－期末負債＝期末元入資本」として捉えられていることになる。

1 損益法の利潤計算

損益法は，「収益－費用＝利潤（損益）」とする利潤（損益）計算方式である。岩田は，この利潤計算方式（損益法）について，利潤発生の原因を直接に把握することによって行われる計算であり5)，それら利潤発生の原因額を収入支出（以下，収支）の中に求めるため，収入支出計算（以下，収支計算）を基礎とする計算である6)と述べている。

[図表8-2] 損益法の計算構造

	①収支計算			拡張部分
		②利潤計算		
			③期間利潤計算	
収支計算の要素等	収入支出			※④
利潤計算の要素等	絶対的中性収支	収益費用		
期間利潤計算の要素等		相対的中性収支	期間収益期間費用	附加収益附加費用
試算表	収入支出			
損益表（損益計算書）			期間収益期間費用	附加収益附加費用
対照表（貸借対照表）	絶対的中性収支	相対的中性収支		※④

※④附加収益費用の計上に伴って認識される将来の収入支出
(出所：岩田［1956］131-144頁より筆者作成)

---

5) 岩田は，損益法について「利潤を構成する積極要素（収益―筆者）と消極要素（費用―筆者）を，その発生の都度個別的に補足し，これを集計比較して利潤を算定する方法である。……財産変動の結果から間接的に利潤を決定しようとするのではなくて，財産変動の原因を分析して直接的にこれ（利潤）を計算する」（岩田［1956］131頁）と述べている。

そして，収支計算と利潤計算との関係について，「貨幣の収支計算が……利潤算定に適合するように組替えられたもの」（岩田［1956］135頁）と述べているが，岩田の損益法において展開されている収支計算と利潤計算との関係（損益法の計算構造）の全体像は（**図表8-2**）のように示すことができる。

まず損益法全体は，①現金有高の計算を目的とする収支計算と，②利潤（利益）を計算の目的とする利潤計算との2層構造となっている。さらに，②利潤計算は計算期間の範囲を限定しない全体的な利潤計算であり，その中に③計算期間の範囲を一定期間に限定した期間利潤計算がある（**図表8-2**上段部分）。したがって，損益法は収支計算，全体的な利潤計算，期間利潤計算という3つの層の計算から構成されている。

また，①収支計算は後に期間利潤計算に伴ってその範囲が拡張される（④がその拡張される部分を示す）ので，④の部分を含めて収支計算ということができ，②利潤計算，③期間利潤計算はいずれも収支計算の枠組みに収まることになる。

(1) 収支計算，収入支出，利潤計算，収益費用，中性収支

岩田の損益法では，①収支計算，②利潤計算，③期間損益計算の各計算の要素として，収入支出，給付費消，収益費用，期間収益期間費用等の概念が設定されている（**図表8-2**中段部分）。

収入は貨幣の流入のことであり，支出は貨幣の流出のことである。収支計算は，企業活動におけるすべての収入支出により行うものであり，収入と支出の差額が現金現在高を示すことになる（岩田［1956］136頁）。

収入支出が貨幣動態（貨幣の流れ）を示す概念であるのに対して，給付費消は財貨[7]動態（財貨の流れ）を示す概念である（岩田［1956］132頁）。給付とは財貨の費消によって新たなる財貨を生産し販売することであり，費消とは流入

6） これについて岩田は「そもそも貨幣経済の下では，結局において費用は金銭の支出をともない，収益は収入をもたらすものである。損益法はこの事実にしたがって，収入支出の記録から費用たる支出と収益たる収入を選択集計して利潤を決定する。すなわち損益法は根底において収入−支出＝現金という収支計算を基礎とする」（岩田［1956］47頁）とも述べている。

7） ここでの「財貨」とはモノ・サービスのことである。

110　第Ｉ部　簿記理論学説研究

した財貨が給付のために消費され犠牲に供せられることである（岩田［1956］
133頁）。

収益は給付の対価たる収入のことであり，費用は財産の費消された部分に対
する支出のことである（岩田［1956］133頁）。このことについて岩田は，収益
費用は，財貨動態が貨幣動態に投影して成立した概念であると述べている（岩
田［1956］133頁）。すなわち，収益・費用は，収入支出と給付費消の両方の概
念より導き出されたものであり，給付費消という経済的実質を収入支出という
形式によって表現したものといえる。

収益費用が収支計算と利潤計算を繋ぐものになっていることに注意を要す
る。給付費消は本来的には収入支出とは無関係であり，収益費用により利潤計
算が収支計算の枠組みの中に収められるようになっている 8)。

他方，収入支出のうち，収益費用は給付費消に関連した部分のみに限定され
ることから，全体的な収入支出のうち，利潤計算すなわち収益費用とは関わり
のない収入支出部分が存在することになる。岩田はこれを中性収支とよんでい
る（岩田［1956］136頁）。

(2)　期間利潤計算，期間収益期間費用，相対的中性収支，絶対的中性収支

期間利潤計算は，計算の対象となる期間を設定して行う利潤計算である。収
益費用のうち，計算の対象となる期間の利潤の成立に関わる部分，すなわち期
間収益と期間費用により行うものである。

岩田によれば，収益費用ではあっても期間収益期間費用にならなかった部分
も中性収支であり，これは相対的中性収支とよばれている（岩田［1956］138頁）。
相対的中性収支は収益費用であるが，期間利潤計算において当期収益，当期費
用に含められない部分（収入・未収益，支出・未費用）である。これらは収益費
用の繰延べ部分に相当する。これに対して，中性収支のうち，そもそも収益費
用とはならないものは絶対的中性収支（支出・未収入，収入・未支出）とよばれ
ている（岩田［1956］138頁）。

---

8)　なお，岩田［1956］では損益法の利潤計算には収益費用計算と給付費消計算という２つが紹
　介してあるが，損益法の考察はもっぱら収益費用計算でなされている。本章でも収益費用計算
　について考察する。

期間利潤計算において期間収益期間費用を認識・測定する場合，未払いの費用や未収の収益部分も認識する必要がある。当然のことながら，これらは期間利潤計算が行われるまでは収支として認識されていない。岩田は，これらを附加収益，附加費用とよんでいる（岩田［1956］146頁）。附加収益および附加費用の認識は，いわゆる収益と費用の見越に相当するものである。附加収益附加費用の認識に伴って，それに対応する将来の収入（収益・未収入）ならびに将来の支出（費用・未支出）が認識計上されることになり，収支はさらに拡張されることになる。

(3) 損益表の作成（期間収益期間費用の決定）と貸借対照表の項目

　以上を踏まえて，期間収益ならびに期間費用を決定することにより期間利潤計算が行われ，その結果，損益表が作成されることになるが，そこでは①現金および絶対的中性収支の除外（排除），②相対的中性収支の除外（収益費用の繰延べ），③附加収益ならびに附加費用の認識（収益費用の見越）が段階的に行われ，利潤（期間利潤）が算定される。

　上記で除外された項目は貸借対照表に収容され，その貸借の差額もまた期間利潤を意味する。借方ならびに貸方の項目は**図表8-3**のように示すことができる。

[図表8-3]　貸借対照表の項目

借方項目	内　　容	貸方項目	内　　容
支出・未費用	相対的中性収支（繰延費用）	収入・未収益	相対的中性収支（繰延収益）
支出・未収入	絶対的中性収支	費用・未支出	附加費用（見越費用）
収益・未収入	附加収益（見越収益）	収入・未支出	絶対的中性収支
現金		利潤	

（出所：岩田［1956］155頁（第九表）に基づき筆者作成）

2　損益法の計算構造：損益法における貸借対照表の作成まで

　図表8-4（損益法の決算表）は，収支計算，期間利潤計算を経て，貸借対照表の作成する過程を具体的に示したものである。この決算表は，前述した収支

112　第Ⅰ部　簿記理論学説研究

［図表 8 - 4］　損益法の決算表

決　算　表

科目	試算表		損益表		対照表		整理記入		修正対照表	
売 掛 金	19,000				19,000			①2,000	17,000	
繰 越 商 品	14,000				14,000		②61,900		75,900	
備 品 造 作	50,000				50,000			③4,000	46,000	
仕 入	283,000		221,100		61,900			②61,900		
発 送 費	15,000		15,000							
給 料	10,000		8,000		2,000			④2,000		
支 払 利 息	2,000		3,000			1,000	⑤1,000			
雑 費	5,000		5,000							
買 掛 金		12,000				12,000				12,000
借 入 金		40,000				40,000				40,000
資 本 金		100,000				100,000				100,000
売 上		268,000		268,000						
雑 収 益		3,000		4,000	1,000			⑥1,000		
貸 倒 金			2,000			2,000	①2,000			
減価償却費			4,000			4,000	③4,000			
利 潤			13,900			13,900				13,900
	398,000	423,000								
現 金 預 金	25,000				25,000				25,000	
	423,000	423,000	272,000	272,000	172,900	172,900				
前 払 給 料							④2,000		2,000	
未 払 利 息								⑤1,000		1,000
未 収 収 益							⑥1,000		1,000	
							71,900	71,900	166,900	166,900

（出所：岩田［1956］157頁，第十表）

に基づく利潤計算構造および貸借複式簿記の構造を示している。また，決算表の中の試算表，損益表，対照表（および修正対照表）において収容されている各計算要素は**図表 8 - 2**下段部分のように示すことができる。

(1)　試算表と損益表

　損益法の決算表も試算表から開始される。損益法における試算表は借方が支出，貸方が収入を表し，収支計算を示している。損益法の試算表における収支は，過去の収支ばかりではなく，掛取引および手形取引による将来の収支まで

含んだ「拡張された収支」である[9]。ただし、附加収益と附加費用相当部分の収支については、期間収益と期間費用の認識・測定に伴って計上されることから、この段階では試算表には含められていない。

試算表は、複式簿記による取引記録の結果を期末に集計し集合させたものであることから、拡張された収支計算は具体的には複式簿記の形式によって行われる財産変動の記録計算のことである（岩田［1956］146頁）。

次に損益表についてであるが、損益表では借方に期間費用、貸方に期間収益が計上され、そこでは期間利潤計算が行われている。これらの期間費用、期間収益の額は、給付費消の物量基準にしたがって、帳簿上の収支記録から期間収益と期間費用にあたる部分を決定して選択区分されたものである。

加えて、未だ試算表において収支として記録されてはいないが、給付費消の事実に基づき認識測定された支払利息、雑収益、貸倒金、減価償却費といった「附加費用」と「附加収益」も計上されている。例えば、雑収益は試算表では収入3,000として記録されているが、当期に期間収益として認識されたのは4,000である。したがって1,000が附加収益として認識されることになる。この附加収益1,000は対照表で収益未収入となり、整理記入を経て未収収益として修正対照表に計上される。

(2) 対照表、整理記入、修正対照表

対照表は、試算表（収支表）と損益表（期間利潤の計算表）との間における差額を項目ごとに集計したものである。そこにて集計されている項目は、具体的には前掲**図表8-3**の項目である。

整理記入では、**図表8-4**の対照表に計上されている項目のうち、①貸倒金、②仕入、③減価償却費、④給料、⑤支払利息、⑥雑収益の項目については、収益費用の項目であるので、しかるべき項目への振替えによる修正が行われる。例えば、対照表における給料の行の借方2,000は当期費用に含められず繰り延べられた額である。したがって、これを整理記入によって前払給料という支出

9）　岩田は「損益法の基礎となる収支計算は単純な過去の収支記録の集計ではなく、将来の収支を含めるところの拡張された収支計算でなければならない」（岩田［1956］146頁）と述べている。

114 第 I 部 簿記理論学説研究

未費用の項目に振り替えるのである。こうした振替えにより修正された対照表が修正対照表である。

　以上で見た損益法は貨幣収支の原因分析を基礎とした利潤計算であり，収入支出から期間収益期間費用を抽出するという構造を有していた。財産法との対比でいえば，損益法では試算表を「収入－支出＝期末現金」の計算表として捉えていることが特徴であり，またそれが複式簿記の計算構造を示すものと考えられる。

IV　むすび

　岩田の財産法と損益法は，米国の FASB（Financial Accounting Standards Board）が1976年に公表した『FASB 討議資料，財務会計および財務報告のための概念フレームワークに関する論点の分析：財務諸表の構成要素とその測定[10]』にて示された資産負債観（asset and liability view）と収益費用観（revenue and expense view）と対比され，年代的にそれよりも早く 2 つの利益計算構造を提示し，両構造における複式簿記の位置づけを明らかにしていることで評価されている（森田［2000］3 頁，万代［2017］31頁）。

　これまで見てきたように，財産法と損益法のどちらにおいても貸借複式簿記は財産変動を記録して最終的に試算表に至るものとして位置づけられている。試算表は，財産法においては期末元入資本計算（期末財産－期末負債＝期末元入資本）を示すものであり，損益法においては収支計算（収入－支出＝期末現金）を示すものであった。つまり，そこでは捉え方の異なる 2 通りの試算表が提示されている。

　このことは，複式簿記による財産変動の記録内容がその解釈次第で変わっていくのか，それとも記録内容自体がそもそも異質なものであるのか，というさらなる課題を与えている。前者であれば，その記録内容が期末元入資本計算と収支計算という異なる内容に解釈可能である理由と同時に，貸借複記性をもつ

---

10)　原題は *"FASB Discussion Memorandum, An Analysis of Issues Related to Conceptual Framework for Financial Accounting and Reporting : Elements of Financial Statements and Their Measurement"*.

記録内容の本質が問われることになる。後者であれば，複式簿記が収支計算に由来するものと期末元入資本計算に由来するものの2つの系統のものがあるということになり，貸借複記性についても異なる考え方ができるということになる。

【参考文献】

岩田巌［1956］『利潤計算原理』同文舘出版。

上野清貴［2018］『財務会計の基礎（第5版）』中央経済社。

万代信勝［2017］「戦後会計史9の軌跡　会計の可能性に挑んだ巨匠たち：岩田巌先生―岩田学説を貫く記録と事実の照合―」『企業会計』第69巻第1号，27-31頁。

森田哲彌［2000］「資産・負債アプローチと簿記―資産・負債アプローチにおける複式簿記記録の位置付け―」（森田哲彌（編）『簿記と企業会計の新展開』中央経済社，3-16頁）。

（奥薗　幸彦）

116　第Ⅰ部　簿記理論学説研究

第9章

田中茂次の会計深層構造論

Ⅰ　はじめに

　会計が事業の言語であるという見方は，伝統的に広く受け入れられているところであるが，田中は，複式簿記の構造を会計言語の一体系として捉え，そこに言語分析の手法を適用して，その基本構造の解明を行ってきた。その中でも，「通常，われわれが目にしている複式簿記なるものは，実は，その深層構造から種々の変形を経て生成されたものであって，いわば，その表層構造を示しているにすぎない」（田中［1999］はじめに）という視点に立った研究を展開してきた。

　会計構造についてのこのような視点は，端的には，「会計上の仕訳によって表現される会計取引の中で，最も基本的な取引は，便益関連取引（または収益関連取引）と，犠牲関連取引（または費用関連取引）であって，通常の取引は，ただ，これら2つの種類の組み合わせによって生成されるものであるという見方を基礎にしている」（田中［2004］1頁）ということであるとしている。

　本章では，田中が一貫して展開してきた会計深層構造論について，まず上記の基礎的な見方とはどのようなものであるかについて検討することから始め，それが複式簿記の構造の分析にどのように関わるのか，さらにこれを用いることでどのようなことが可能となり，さらにはこのような研究は，どのような意義を有するのかについて考察するものである。

Ⅱ 深層構造の意義と複式簿記の基本構造

1 言語学上の深層構造と表層構造の意義

そもそも深層構造とは，チョムスキー（Chomsky）によって導入された変形生成文法理論の基本概念の１つであり，『広辞苑（第６版）』（岩波書店，2008年）によると，「発話者の意識の深層にあり，具体的な表現の基礎となる抽象的な統語構造。語句相互の論理関係・意味関係が比較的直接的に表され，移動・削除などの変形操作により表層構造に関係づけられる」とされる。

田中は，「会計言語の構造を説明するために有効な概念的枠組みとして，深層構造，表層構造，変形規則といったいくつかの概念を導入するであろう」（田中［1995］16頁）として，この変形生成文法理論の手法を用いている。

そしてまず，深層構造と表層構造の区別の必要性を次のように明らかにする（田中［1995］16-17頁）。例えば，「Help the man.（その男を助けよ）」という命令文は，観察可能な形態では主語をもたないが，この命令文の基底には，もともと「You help the man.（あなたはその男を助ける）」という平叙文で示されるような構造があって，その命令文はこの文の主語名詞句である「you（あなた）」という句を消去するような変形規則の適用によって生成されたと見ることができる。

このことから，一般に命令文は主語をもち，しかもそれは「you」であると結論することができる。命令文の表層構造に現実的には「you」という主語は現れないけれども，その基底の深層構造に現実的には「you」という主語を有しており，その表層構造はその主語「you」へ消去変形規則を適用した結果として生成されたものと推論することができるのである。

深層構造と表層構造との間のこのような区別について田中は，「会計言語を適切に分析する場合にも重要な示唆を与えてくれるように思われる。……観察可能な会計仕訳がわれわれの目の前に与えられたとき，その基底にある構造が必ずしもそこに明示的に現れないということは，十分にありうることのように思われる。もしそうであるならば，観察可能な会計仕訳の基底に存在しながら，表面に常に現れるとは限らない潜在的な構造に対して会計言語の深層構造とい

う用語を与え，それらの会計仕訳が現実に現れるところの目に見える構造に対して会計言語の表層構造という用語を与えることができるであろう。そうすると，それらの会計仕訳ないし会計言語の表層構造はその深層構造から種々の変形規則の適用を経て生成されたものとして説明することができる」（田中［1995］17頁）としている。

このような理解から，会計の観察可能な表層構造がどのようにしてその深層構造から生成されるかについて，以下で見ていくこととする。

2　会計言語の基礎概念

田中は，会計言語の基礎概念のうち，すべての勘定が分類機構として機能するときに指定されなければならない3つの観点として，二元性，複式性および多項性をあげている。本項では，これらの概念に関する考え方を紹介しながら，会計言語の深層構造と表層構造について掘り下げていくこととする。

(1)　二 元 性

田中は，複式簿記の最も普遍的な分類構造は，借方と貸方との間の分類，すなわち借方・対・貸方という対立的分類である二元性であるとしている。

ところで，会計取引の最も基本的な単位は，「与える/受け取る」，「貸す/借りる」，「買う/売る」などの対をなす日常の用語に見ることができ，このような対立する2つの極の間の関係を，逆関係（converse relation, converseness）とよんでいる。

勘定のもつ「借方・対・貸方」という二元的構造は，「与える/受け取る」のような2つの極を結ぶ1つの逆関係を設定するだけで，十分に説明可能であるとしている。

例えば，A社がB社から商品を現金100円で仕入れたという取引を例にあげれば，「与える/受け取る」という対は，A社の現金の出とB社の現金の入りとの間で成立しているのであって，現金と商品との間で成立しているのではない。これは**図表9-1**の線R_1で結ばれた関係であり，特定の財の流れ，または特定の経済的または法的関係に正確に対応するものであるから，基本的逆関係（客観的逆関係）とよぶ。

[図表9-1] 基本的逆関係と派生的逆関係

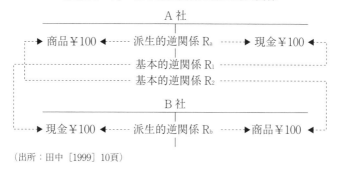

(出所：田中［1999］10頁)

　これに対して，**図表9-1**の線R_aやR_bで結ばれた関係は，会計が本来もっている実体中心的な表現形式を通じて，基本的逆関係から派生的に誘導されたところの派生的逆関係（主観的逆関係）という。これは経験的あるいは偶然的な関係で，現金の流出が必ずしも商品の流入と結びつくわけではないこともありうる。

(2) 複式性

　諸勘定の全体は，現金などの貸借対照表勘定の集合と，売上などの損益計算書勘定との2つの種類の勘定集合から成り立っているとすることが複式性である。

　ところで，複式簿記の認識対象を構成する個々の取引は，例えば，現金を支払うという犠牲的行為によって，将来便益をもたらすと期待される商品を取得するといった，「便益を得るために犠牲を払うという一連の行為の連鎖から成り立っている」(田中［1999］3頁)とする。

　これを踏まえて，複式簿記の仕訳では，「必ず，借方と貸方とが同じ価値を伴った勘定記入によって埋められなければならない」(田中［1999］15頁)として，A社がB社から利息100円を現金で受け取った場合を取り上げている。**図表9-1**に複式性の構造を付け加えると，**図表9-2**のように貸借反対の「空」の場所は損益勘定で埋められる。なお，損益勘定の記入は，括弧［……］で囲んでいる。

　すなわち，A社の仕訳では，現金の受取りに対応して「受取利息」が貸方

120　第 I 部　簿記理論学説研究

[図表 9 - 2]　複式性と便益犠牲

A 社

現　金	¥100	[受取利息	¥100]
		(便益関連取引)	

B 社

[支払利息	¥100]	現　金	¥100
		(犠牲関連取引)	

（出所：田中［1999］15頁）

に現れているが，これを便益関連取引（収益関連取引）とよぶ。また B 社の仕訳では，借方に「支払利息」が現れているが，これを犠牲関連取引（費用関連取引）とよぶ（田中［1999］16頁）。

　ところで，上記のように貸借反対の「空」の場所を損益勘定で埋める方法で行う仕訳を分解仕訳といい，通常の伝統的な仕訳方法によるものを通常仕訳とよぶ（田中［1999］17頁）。例えば，**図表 9 - 1** に関する A 社の分解仕訳と通常仕訳は次のようになる。

A 社の仕訳：

分解仕訳……	（借）	［費　　用	100］	（貸）	現　　金	100
	（借）	商　　品	100	（貸）	［収　　益	100］
通常仕訳……	（借）	商　　品	100	（貸）	現　　金	100

　分解仕訳では，「その便益関連取引の極は，ある貸借対照表勘定の借記とある損益計算書勘定の貸記とによって二重に表現されている。また，その犠牲関連取引の極は，ある貸借対照表勘定の貸記とある損益計算書勘定の借記とによって二重に表現されている」（田中［1999］18頁）こととなる。したがって，「すべての通常仕訳は，分解仕訳を通じて，便益関連取引と犠牲関連取引の記帳とに分解可能であると考えられる」（田中［1999］18頁）とし，さらに，「分解仕訳の深層構造は，収益と費用とを相殺する変形規則の適用によって，通常仕訳の表層構造に転換される」（田中［1999］18-19頁）としている。

　ちなみに，伝統的には「交換」という概念が会計理論の基礎に置かれてきた

が，「通常の意味での交換（exchange）も 2 つの基本的逆関係の結合であって，派生的なものにすぎない」（田中［1999］16頁）として，田中は会計の基本的取引は「交換」ではないということも強調している。

田中は，「分解仕訳は実務では存在しない」（田中［1999］19頁）と前置きしながらも，A 社の仕訳からわかるように，会計仕訳の深層構造に変形規則（ここでは収益と費用の相殺）を適用することで，表層構造である通常仕訳が生成されることがわかる。

ここで，二元性と複式性について改めて整理すると，それぞれの取引は，深層構造において便益関連取引か犠牲関連取引に分解されるわけだが，これらは貸借対照表勘定と損益計算書勘定の一対一の対応関係に分解されるという複式性に基づいていると同時に，深層構造における仕訳は，借方・対・貸方という二元性による対立的分類が行われているということである。

(3) 多 項 性

貸借対照表勘定と損益計算書勘定という 2 つの勘定集合の各々が，何らかの性質にしたがって，さらに任意の数の下位勘定に分類される場合，このような分類の仕方を多項的分類または多項性とよぶ。この特徴は，「その分類の仕方が分類基準として選択された性質や関係に依存しつつ大きく変動するという点にある」（田中［1999］29頁）としている[1]。

Ⅲ　原型財務諸表の意義とその展開

1　原型財務諸表の原理

田中は，前節で見てきた分解仕訳の借方と貸方の各々を原単位仕訳とよび，「会計上のすべての財務諸表は，このような原単位仕訳の集合から構成されている」（田中［1999］36頁）とし，また分解仕訳の集合から作成される財務諸表

1）　これは例えば，資産を流動資産と固定資産とに分類したり，貨幣性資産と非貨幣性資産とに分類できたりすることである。

122　第Ⅰ部　簿記理論学説研究

を原型財務諸表とよぶが，この原型財務諸表から，一般に作成される種々の財務諸表をすべて導き出すことができるとしている。このことを，以下の設例で検討する（田中［1999］36-37頁）。

（設例） 次の期首貸借対照表と期中取引とを仮定する。

期首貸借対照表

資産	期首残高貸借対照表		負債・資本	
現　　金	¥40	借 入 金		¥20
売 掛 金	10	資 本 金		60
商　　品	30			
	¥80			¥80

● **期中取引の分解仕訳**

1．資本金30円を現金で受け入れた。

　　① （借）　現　　金　30　　（貸）［現金増　30］
　　　 （借）［資本金増　30］　（貸）　資 本 金　30

2．借入金10円を現金で返済した。

　　② （借）　借 入 金　10　　（貸）［借入金減　10］
　　　 （借）［現 金 減　10］　（貸）　現　　金　10

3．商品60円を現金支払いで購入した。

　　③ （借）　商　　品　60　　（貸）［商品増　60］
　　　 （借）［現 金 減　60］　（貸）　現　　金　60

4．商品を70円で販売した。売上原価は45円である。現金50円を受け取り，残額は掛けとした。

　　④ （借）　現　　金　50　　（貸）［現 金 増　50］
　　　 　　　　　　　　　　　　　　　　（売　上）
　　　 （借）　売 掛 金　20　　（貸）［売掛金増　20］
　　　 　　　　　　　　　　　　　　　　（売　上）
　　　 　　　［商 品 減　45］　　　　　商　　品　45
　　　 　　　（売上原価）

5．支払利息5円を現金で支払った。

　　⑤ （借）［現 金 減　5］　（貸）　現　　金　5
　　　 　　　（支払利息）

　設例の中で，分解仕訳が必要なのは，従来の複式簿記理論で「交換取引」お

および「混合取引」として分類されてきた取引であり，分解仕訳④は三分法を用いた場合は，通常仕訳と等しくなり，また分解仕訳⑤は，通常仕訳と等しいことがわかる。

設例の仕訳の中から，貸借対照表勘定の記帳単位だけを一表に集めると原型貸借対照表を，また，損益計算書勘定に属する，すなわち括弧［　　］で囲まれた記帳単位だけを一表に集めると原型損益計算書をそれぞれ作成することができる（**図表9-3**）。そして，「原型貸借対照表の諸勘定の記帳単位と原型損益計算書の諸勘定の記帳単位との間には，貸借を反対にして，相互に一対一の対応関係がある」（田中［1999］39頁）。なお，原型貸借対照表は，通常，運動貸借対照表または変動貸借対照表とよばれているものである。

[図表9-3]　原型財務諸表

原型貸借対照表
（運動貸借対照表）

便益（＋）		犠牲（－）	
①現金	¥30	①資本金	¥30
②借入金	10	②現金	10
③商品	60	③現金	60
④現金	50	④商品	45
④売掛金	20	⑤現金	5
		純利益	20
	¥170		¥170

原型損益計算書

犠牲（－）		便益（＋）	
①資本金増	¥30	①現金増	¥30
②現金減	10	②借入金減	10
③現金減	60	③商品増	60
④商品減（売上原価）	45	④現金増（売上）	50
⑤現金減（支払利息）	5	④売掛金増（売上）	20
純利益	20		
	¥170		¥170

（出所：田中［1999］38頁）

深層構造とは，前述のとおり分解仕訳の集合から構成されている複式簿記の基底的な構造のことだが，「原型貸借対照表と原型損益計算書は，このような

124　第Ⅰ部　簿記理論学説研究

深層構造をそのまま集合的に表現している」（田中［1999］39頁）ということになる。

　なお，原型財務諸表（運動貸借対照表）の各勘定について，その貸借を相殺することにより運動差額貸借対照表を作成することができ，さらに期首貸借対照表に運動差額貸借対照表を加算することで通常の残高貸借対照表を導き出すことができる。他方，原型損益計算書から，貸借同額の記帳単位を相殺消去することで通常の損益計算書も導き出すことができる（**図表9-4**参照）。

[図表9-4]　**運動差額貸借対照表と通常財務諸表**

便益（＋）	運動差額貸借対照表		犠牲（－）
現金純増加	￥5	資本金純増加	￥30
借入金純減少	10	純利益	20
売掛金純増加	20		
商品純増加	15		
	￥50		￥50

資産	期末残高貸借対照表		負債・資本
現　金	￥45	借入金	￥10
売掛金	30	資本金	90
商　品	45	繰越利益（純利益）	20
	￥120		￥120

費用	通常損益計算書		収益
売上原価	￥45	売　　上	￥70
支払利息	5		
純利益	20		
	￥70		￥70

（出所：田中［1999］38-39頁）

　このことから，通常仕訳の世界である会計の表層構造は，「深層構造上の分解仕訳で構成された原型財務諸表から，相殺という変形規則を適用することによって生成されることが明らかであろう」（田中［1999］40頁）として，財務諸表の作成においても深層構造に変形規則を適用することで，表層構造となるということが貫かれているのである。

第9章　田中茂次の会計深層構造論　125

2　原型財務諸表行列簿記の原理

　田中は，会計の深層構造をそのまま行列簿記で表現したものを原型財務諸表行列簿記と名づけており，「原型財務諸表行列簿記を用いれば，一表のもとに，多様な財務諸表を任意に導き出すことができる」(田中 [1999] 73頁) としている。そこで，原型財務諸表行列簿記の原理を見ていくこととする。

　原型財務諸表行列簿記を作成するにあたって，貸借対照表勘定の借方記帳と損益計算書勘定の貸方記帳は便益関連取引を表すからプラスの記号を付け，貸借対照表勘定の貸方記帳と損益計算書勘定の借方記帳は犠牲関連取引を表すからマイナスの記号を付ける。

　例えば，前出の期中取引の1と5の分解仕訳から，行列簿記の記帳単位をまとめると**図表9-5**のとおりである。

[図表9-5]　行列簿記の記帳単位

分　解　仕　訳						行列簿記の記帳単位
1. 資本金30円を現金で受け入れた。						
①	(借)	現　金　　30	(貸)	[現 金 増　30]		+30
	(借)	[資本金増　30]	(貸)	資 本 金　　30		-30
5. 支払利息5円を現金で支払った。						
⑤	(借)	[現 金 減　　5] (支払利息)	(貸)	現　　金　　5		-5

(出所：(田中 [1999] 74頁) をもとに筆者が作成)

[図表9-6] 原型財務諸表行列簿記

損益計算書分類 ＼ 貸借対照表分類	資産			負債・資本			原型損益計算書		通常損益計算書	
	現金	売掛金	商品	借入金	資本金	繰越利益				
期首残高貸借対照表	+40	+10	+30	-20	-60	0				
—交換取引—										
①現金増	+30									*+30
資本金増					-30		*-30			
②借入金減				+10						*+10
現金減	-10						*-10			
③商品増			+60							*+60
現金減	-60						*-60			
—損益取引—										
①現金増（売上）	+50							+50		+50
売掛金増（売上）		+20						+20		+20
商品減（売上原価）			-45				-45		-45	
⑤現金減（支払利息）	-5						-5		-5	
純利益						-20	-20		-20	
（小計）運動差額貸借対照表	+5	+20	+15	+10	-30	-20				
期末残高貸借対照表	+45	+30	+45	-10	-90	-20	-170	+170	-70	+70

（注）　印（＊）のついた項目は通常損益計算書で相殺消去される項目である。
（出所：田中［1999］75頁）

　このことをもとに前出の期中取引1～5により，実際に原型財務諸表行列簿記を作成すると，**図表9-6**のようになる。まず期首残高貸借対照表欄の資産勘定は，便益関連取引の残高であるから数値にプラス記号を付し，負債および資本勘定は犠牲関連取引の残高であるから，その数値にマイナス記号を付す。そして，交換取引の例として，**図表9-5**の①の仕訳は，列に配置された「現金」と行に配置された損益取引の中の「現金増」との交差点に「＋30」という数値を，一度だけ記入する。また損益取引の例として，**図表9-5**の⑤の仕訳は，列に配置された「現金」と行に配置された損益取引の中の「現金減」との交差点に「－5」という数値を，一度だけ記入する[2]。

　2）　**図表9-6**は，前掲の取引例の1～5のすべてが記帳されている。

これまで見てきたように，分解仕訳によって，すべての取引は便益関連取引と犠牲関連取引とに分解されたが，原型財務諸表行列簿記で特徴的なことは，「分解後のそれぞれの各仕訳について一個の記帳だけで十分ということである。ただ，その際，便益関連取引にはプラスの記号を付け，犠牲関連取引にはマイナスの記号を付ける」（田中［1999］76頁）ということである。

そして，列の貸借対照表勘定と行の損益計算書勘定とによって囲まれた行列簿記に位置づけられた記帳単位の集合は，そのまま原型貸借対照表と原型損益計算書の両方を構成することになる。さらに，**図表9-6**を見ると，「小計」として運動差額貸借対照表が示され，期首貸借対照表にこれを加算すると期末残高貸借対照表が作成され，右側には原型損益計算書が作成され，＊印を相殺消去することで，通常損益計算書が作成されることとなる。

原型財務諸表行列簿記は，前掲の深層構造上の原型財務諸表を，そのまま行列簿記の形式に移し換えたものであるといえる。

以上，田中の会計深層構造論によると深層構造である分解仕訳をもとにすれば，これが通常仕訳に変形され，一方，分解仕訳は原型財務諸表へまとめられ，ここから通常の貸借対照表や損益計算書が導き出せるということである[3]。また，行列簿記を用いると，このようなことがさらに単純化されることがわかった。

Ⅳ 　交換取引の分析に見る会計深層構造論の一貫性

田中は，「通常の意味での交換（exchange）も2つの一元的取引の結合であって，派生的なものにすぎない」（田中［1995］48-49頁）として，会計学において交換という概念が伝統的に理論構成の基礎に置かれてきたことを批判しており，交換取引の位置づけが会計深層構造論において特徴的な論点となっている。そこでここでは交換取引に焦点を当て，田中の会計深層構造論をさらに分析することとする。

3）　杉本は「原型財務諸表」から残高貸借対照表や損益計算書などを誘導的に導き出す試みは，深層構造からのアプローチの具体的成果であるとしている（杉本［2002］55頁）。

128 第Ⅰ部 簿記理論学説研究

　田中は，交換取引という用語は，会計学でも曖昧に用いられることが多いと
しながら，「交換取引とよばれている取引をこのように（便益関連取引と犠牲関
連取引に―筆者）分解しなければならないという理論的な必然性は，日常言語
との関係でも明らかにすることができる」（田中 [1991] 54頁）として，次のよ
うに説明する。

　いま，仮に「X 会社は Y 会社を相手に現金と商品とを交換した」という文
が与えられても，誰もこれをそのまま仕訳に翻訳することはできない。少なく
とも，X 会社が何を与え何を受け取ったかについて明確な情報が与えられない
限り，これを仕訳で表現することはできない。この意味で「交換」という語は，
それだけでは，特定の財の受領および提供に関しては何らの情報も与えず，あ
る交換がその当事者の経済状態に対してどのような影響を与えたかについて何
ら指示するところがないとしている（田中 [1991] 54頁）。

　しかし，(S$_1$)「X 会社は Y 会社に現金を与え，Y 会社から商品を受け取った」
という文が与えられて初めて，人はこの文を仕訳で表すことができるが，この
文 (S$_1$) は，(S$_2$)「X 会社は Y 会社に現金を与えた」と (S$_3$)「X 会社は Y 会
社から商品を受け取った」という文に分解できる。すなわち，表層構造で観察
可能な文 (S$_1$) は，深層構造での 2 つの単文 (S$_2$) と (S$_3$) とを接続詞「そして」
で結びつけるところの接続変形（conjunction transformation）の適用によって生
成されたものである。このような「与える」と「受け取る」という逆関係の 2
つの極を表現することができるためには，少なくとも 2 つの異なった動詞また
は単一文が与えられなければならない。したがって，交換を表す日常文 S$_1$ が
1 つの文ではなく 2 つの文 S$_2$ と S$_3$ との結合であるのと同じように，交換取引
を表す通常仕訳 (T$_1$) も，1 つの仕訳ではなく，次のような 2 つの仕訳 (T$_2$)
と (T$_3$) の結合であると見なければならないと説明している（田中 [1991] 54-
55頁）。

(T$_2$)	（借）	[費　　用　¥100]		（貸）	現　　　金　¥100
(T$_3$)	（借）	商　　品　　100		（貸）	[収　　益　　100]
∴(T$_1$)	（借）	商　　品　　100		（貸）	現　　　金　　100

このように日常言語のレベルにおいても,「交換」というものは単一文では表現できないため,深層構造において異なる2つの単一文が与えられなければならない。すなわち,田中の,交換取引が便益関連取引と犠牲関連取引の結合によるものという見解は一貫して言語分析と整合しており,またすべての取引を分解仕訳する際に逆関係の両極を捉え,それが必ず便益関連取引と犠牲関連取引に分解されるという一元論[4]も貫かれているのである。

これについて田中は,「明らかに,交換取引のすべてを一元的取引の集合に還元するわれわれの試みは,日常言語の分析に見られる言語学的接近法に全く対応している」(田中［1991］55頁）と述べている。そして,伝統的勘定学説は深層構造にまで踏み込まず,表層構造に現れるものをそのまま一般化するにとどまってしまい,これが無用な神話[5]を産んでしまうとも指摘している。

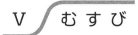

Ⅴ　むすび

会計深層構造論は,いわゆる取引を個別の企業のものとして捉えるのではなく,企業間の基本的逆関係の中で捉えるものであるとするところに1つの特徴がある。そして,このようなすべての取引は,便益関連取引か犠牲関連取引の分解仕訳に分類されるという一元論が一貫している。すなわち,複式簿記の借方・対・貸方という二元性も,一元論の両極を捉えたものであるということになり,さらには通常の交換取引さえも取引の基本ではなく,便益関連取引と犠牲関連取引に分類されると捉えることができることとなるのである。

田中は,「会計深層構造論はすべての会計取引を一元的に還元したレベルから出発するので,企業間取引のほか企業内取引をも含めて,会計の全領域にわたって統合的な会計基礎理論をうち立てることが可能となる」(田中［2004］7頁）とも述べている[6]。

---

4)　一元論とは,貸借対照表勘定については,その借方記帳をすべて便益関連取引とし,その貸方記帳を犠牲関連取引として説明するものである（田中［1991］151頁）。
5)　田中は,交換取引がすべての会計取引の基礎であるとされることや,貸借対照表上の資産の側がプラスであれば持分の側も当然にプラスでなければならないこと等を,長い年月を経て,確固とした信念をもって培われ伝承されてきた神話であるとしている。これらは会計制度上の変革とともに崩壊の運命にあるように見えるとしている（田中［2004］7頁）。

130 第Ⅰ部　簿記理論学説研究

　もちろん本章では，そのような統合的な会計基礎理論の構築に関する考察まで取り扱うことはできなかった。しかし，前述のように，分解仕訳は実務では存在しないと断りながらも，会計深層構造論は言語学のアプローチを援用し，一元論という概念に一貫して基づいた上で，論理的な考察が行われているということは，十分に理解されるところである。

　会計数値はビジネス社会の共通言語である旨の表現をしばしば目にするが，言語学上の深層構造論を会計構造の研究に援用した結果，会計における深層構造である分解仕訳に変形を加えることで，表層構造である通常仕訳や各種財務諸表が導かれる過程を確認することができ，改めて会計と言語の親近性についても認識させられるのである。

　田中は，「会計議論の場では常に会計構造論に立ち返れということである。会計の基礎理論では，用いられる基礎概念については，明晰さが要求される。会計構造論を経過しない議論は様々な無用な神話を産みやすい」（田中［2004］19頁）と言及しているが，会計深層構造論は，会計学研究における会計構造論の観点からの考察の重要性が再認識される，精緻な研究成果といえよう。

【参考文献】
上野清貴［2001］「統合会計の深層構造」『商学論纂』第42巻第4号，19-48頁。
杉本徳栄［2002］「簿記理論とキャッシュ・フロー計算書」『経営学論集』第42巻第3号，39-66頁。
田中茂次［1976］『現代会計の構造』中央経済社。
田中茂次［1991］『会計と構造（増補版）』税務経理協会。
田中茂次［1995］『会計言語の構造』森山書店。
田中茂次［1999］『会計深層構造論』中央大学出版部。
田中茂次［2004］「会計，その神話の崩壊─会計構造論から見た会計ビッグバン─」『経理研究』第47号，1-20頁。

（高橋　和幸）

　6）　田中は，原型財務諸表行列簿記からキャッシュ・フロー計算書が作成されることも示している（田中［1999］107-119頁）。

第 2 部
現代会計の簿記計算構造論

132　第 2 部　現代会計の簿記計算構造論

第10章

物価変動会計と簿記の計算構造

I　はじめに

　物価変動会計とは，企業を取り巻く経済環境の変化を，積極的に会計数値に反映させようとする会計手法の 1 つである。それは，現在，会計公準といわれる 3 つの会計慣行（conventions）のうち，貨幣的評価（valuation）の前提が失われるとき[1]，「計算尺度単一性の原則の要請にしたがって貨幣価値の変動から生ずる計算貨幣の尺度多元化を匡正するために特定の安定価値基準をもって名目貨幣数値を修正し，もって単一計算尺度に統一した数値による会計計算を行うこと」を意味しており（片野［1959］9 頁），スウィーニー（Sweeney［1936］）が「安定価値会計」（stabilized accounting）と名づけたものである。

　貨幣的評価のいう「計算貨幣の尺度単一性は，貨幣を計算単位とする一切の経済計算が合理的に成立するための根本条件をなす」ことから，この場合の会計は，その一切の計算分野にわたり，計算貨幣の尺度単一性を前提として成立していると考えるのが妥当である（片野［1959］3 頁）。一般に，この会計慣行に関連して説明される歴史的原価主義は，「めまぐるしく変転するこの社会で，

1）　ギルマン（Gilman）は，会計慣行を「一般的な承認に基づいている」会計や「程度の差はあるが任意に確立されている」会計，「共通に認識されている」会計などの意味で用いており（Gilman［1939］p.184），貨幣の経済的価値評価とは無関係な企業実体と資本主との間の受託責任の設定と解除の関係を反映する様々な取引を貨幣によって記号化する便宜的方法として貨幣的評価を想定している（Gilman［1939］p.55）。

……会計方法の基本としての地位をこれまで守ってきた」だけではなく，相当大幅に変化してきた会計実務においても，取引の圧倒的多数が「歴史的原価主義に基づいて記録され報告されている」ことをかんがみると，今もなお取得原価会計の論理として息づいている点が驚嘆に値する（井尻［1976］127頁）。

　しかし，「歴史的原価主義に対する批判も，学界から実務界に至るまで，あらゆる方面から提出されてきた」のも事実である。井尻［1976］は，この点についても認識しており，「現行の市場条件を反映する評価方法という考え方が出てきたのは，半世紀も以前にさかのぼる。キャニングCanning［1929］やスイーニーSweeney［1936］を参照」と注記する。そして，「歴史的原価主義を支持しているのは，もはや頑固な少数の伝統派だけ」であり，「歴史的原価は経済的意思決定に役立たないという説得力ある議論を聞いて，多くの会計人は歴史的原価主義の陣営から遠ざかってしまった」（127頁）と指摘する。

　このときの会計情報の中心条件は，「意思決定のために役立つこと」であり，「意思決定に役立たないということが歴史的原価の最も致命的な弱点である」と考えた人々は，「その当然の帰結として会計データを経済的意思決定のために役立つように改善しようとする試み」を行い，「会計評価論の焦点も，再調達原価，正味実現価値，割引現金収入法，これらのいくつかを統合した評価方法など」，個別価格水準の変動に対処するために取得原価を現在原価に変更する方法が模索されるようになっていた（井尻［1976］127-128頁）。

　ところが，井尻［1976］は，「このような事情にもかかわらず，歴史的原価が理論的実務の長所をもたないと考えるのは誤りであり，歴史的原価がなお実務で支配的なのはまったく伝統の力のみによるものであると考えるのもまちがいである」と主張する。そして，「歴史的原価主義による財務諸表には過去の実際の取引がすべて記録されているという暗黙の保証がある」が，「歴史的原価以外の評価方法によって作成された場合には，そのような保証がない」ことを根拠に，「その他の代替的評価データは，会計責任を評価する際の基礎として」使える可能性は認めても，「主体の過去の活動を記録することは，現代の経済社会の基礎たる会計責任が適切に機能するために不可欠である」ことをかんがみると，「歴史的原価のデータがないと，経営者は，株主から委託されている財を適切に運用したということを証明するのが非常にむずかしくなる」ため，

134 第2部 現代会計の簿記計算構造論

「会計責任が会計の中心機能として残るかぎり，歴史的原価主義は他の評価方法によって補足されることはあっても，置き換えられるということは考えられない」(128-130頁) と指摘する。

また，「会計責任の面からみた会計システムの最も重要な機能は，主体の経済的業績を測定することにある」とした場合，他の評価方法が「特定の意思決定のために収集されたデータ」として「有用であるからといって，必ずしもそのようなデータが定期的に記録され報告されるべきだということにはならない」とし，「特別にあつらえたデータが特定の意思決定のために役立ったからといって，同じ種類のデータが必ずしも意思決定全般に役立つことを意味しない」こと，「個々の財にかんするそのようなデータが有用だからといって，企業財産全体を同じ方法で評価したデータも有用だということにはならない」ことを述べている。そして，「かりに歴史的原価主義を受け入れようとしない基本的な理由が貨幣の購買力が変化するという点にあるならば，歴史的原価主義による業績測定値を一般物価指数によって修正した，いわゆる修正歴史的原価主義を取り入れればよいのである」(井尻 [1976] 130-131頁) と主張している。

会計システムによって作成されたデータの経済的意思決定一般に関する有用性についても，(1)特定の経済主体が，ある事柄について，意思決定をなす場合，その意思決定は，「つねに現在または過去に観察することができた事象に基づいて予測を正当化している」ことから，「歴史的原価は，意思決定ルールの評価と選択に影響を与える」こと，(2)「完全な確実性のもとでは，意思決定にあたって最適化を目指さないのは明らかに不合理である」が，「不確実性に直面した人間がその目標の最適化を求めず」，「その期待水準 (aspiration level) より良い結果をもたらす代替案を発見するまで，新しい代替案を追求してゆく」，すなわち，「満足化を追求しようとするのは，まったく合理的な行動なのである」ことを考えると，「歴史的原価は，『満足化モデル』(satisficing model) にたいするインプットを提供する」こと，(3)「意思決定をとりまく環境が財の分配基準として硬度の高い数字を要求する場合」には，「歴史的原価をもとにした目標に向かって意思決定をすることを要求する」ことが，通常，考えられるため，「歴史的原価が意思決定と無関係だとする議論は近視眼的」だといわざるをえないことをかんがみると，「われわれは歴史的原価主義に基づく会計システム

第10章 物価変動会計と簿記の計算構造　135

を廃棄するのではなく，それを修正するとともに……，その他の評価方法によって，それを補うという努力をすべき」（井尻［1976］131-136頁）ことになる。

　そこで，本章では，上記の物価変動会計のうち，修正歴史的原価主義を取り扱い，その計算構造を検討することを目的とする。具体的には，まず，Ⅱ節で，修正歴史的原価主義を概観し，その意義・特徴を明らかにする。次に，Ⅲ節で，修正歴史的原価主義と個別価格の関係を分析する。また，Ⅳ節で，修正歴史的原価主義の計算構造を考えることで，修正歴史的原価主義の理解を深めることにする。最後に，Ⅴ節で，本章のまとめとして，修正歴史的原価主義について，筆者の見解を展開することにしたい。

Ⅱ　修正歴史的原価主義

　歴史的原価主義とは，企業のすべての取引を実際の取引価額でもれなく，適切に記録・分類することで，会計責任を遂行するシステムである。そして，それは，企業が所有するすべての資産および資産に関係する費用の測定基礎を当該資産の貨幣支出額（歴史的取引価格）に求めることを意味している。そのため，歴史的原価主義は，原価—実現を基軸とする伝統的な会計理論において，曖昧さのない客観的な測定値に基づく適正な期間損益計算を遂行しうるという点で，今現在でも重要な役割を担っている。

　歴史的原価主義が成立するには，その前提条件として，貨幣価値が比較的安定しているということが必要となる。それゆえ，仮に，「貨幣価値不動の仮定のうえに打ち立てられている」会計理論の「計算単位が尺度能力を喪失」するような場合，すなわち，貨幣価値変動期には，「とりもなおさず，会計の機能が崩壊する」おそれを生じる。この場合，「貨幣価値の変動という現象は，会計理論がよってたつところの計算貨幣の尺度単一性という基本的前提が失われる事態を意味」（片野［1959］3頁）し，実質的計算尺度の動揺を引き起こす[2]。

　法的形式を重視すれば，取引価格はいつまでもそのままであり，その購買力が考慮されることはない。ゆえに，歴史的原価主義に基づく会計では，財務諸表の維持という見当違いの理由から，財務諸表に計上される会計数値の変更は行われないままであった。ところが，長期契約に基づき，当該企業とたずさわ

136　第２部　現代会計の簿記計算構造論

る利害関係集団にとって，購買力の変化は，長年，当事者間の実質的な公平性
に影響を与えるものとなっている。そのため，この場合の当事者は，消費者物
価指数や一般指数を用いた調整を行うことで，それぞれの立場を保護すること
に努めてきたとされている。

　それは，ひとえに会計数値が取引当時のまま維持継続される不合理に対し，
一般購買力がこれまでどのように変化しているかを検証した結果，一般物価ま
たは個別価格の物価変動（価格変動）が，損益にどのような影響を及ぼすのか，
また，実現または未実現の貨幣価値が損益に与える影響はどのようなものかを
分析した結果，より経済的実質を反映した財務諸表を作成する方法として導出
されたものと考えられる。この点につき，スウィーニーは，歴史的原価主義の
問題を，簡潔な財務諸表の中で例示して，次に示す，(1)目的適合性，(2)会計数
値の比較可能性，(3)理解可能性の３つの観点から，理論的かつ実務的に批判す
る（Sweeney［1936］pp.1-23）[3]。

2）　片野［1959］は，この点につき，「貨幣価値変動期において名目貨幣計算がもたらす一切の
　　経済的矛盾は，程度の差こそあれ，計算単位の尺度異質性に基づく計算混乱にその原因がある。
　　この矛盾は，貨幣価値の変動が微弱である場合は容易に企業者に意識されないが，貨幣価値の
　　変動がそうとう急激になってくると，会計記録と経営実態とがはなはだしく矛盾してくる」と
　　分析する。そして，貨幣価値変動が会計と経営に破壊的矛盾をもたらす例として，インフレー
　　ションに焦点を当て，次の５項目を矛盾点として例示する（3－4頁）。
　　　(1)　損益計算上今期は前期よりも著しく利益が増大したのに経営を前と同じ水準で続ける
　　　　には資金が足りなくなる。
　　　(2)　貸借対照表計算の上で，いつの間にか固定資産と流動資産とが極端に不均衡になって
　　　　いる。
　　　(3)　設立の新しい企業と古い企業では，経営の規模が同じでも，資本金の大きさが非常に
　　　　違う。
　　　(4)　原価計算上原価の構成が非常に変わってきて，前月の原価と今月の原価とを比較して
　　　　も生産能率の善し悪しを判定できなくなる。また，この原価は販売価格を決める基礎と
　　　　して役に立たなくなる。
　　　(5)　経営分析を行う場合，各種の会計比率を前期と今期と比較しても適当な経営判断がで
　　　　きなくなる。
3）　本章では，安定価値会計と修正歴史的原価主義は同義として用いるが，Sweeney［1936］に
　　関しては，その用語を尊重して，安定価値会計とする。

第10章 物価変動会計と簿記の計算構造 **137**

(1) 目的適合性

財務諸表上の数値は，帳簿記入の主要な目的とは適合的ではないため，財務諸表上の大半の勘定は，企業活動の目的に合致した基準に基づいて表現されていない，または測定されていない。人は通常，自身が望む財またはサービス（「消費財」）を直接的に用い，楽しむ，すなわち「消費」することを可能にするため，様々な形で自活する。人は貨幣のために働き，消費財のために働かないように見えるのは確かである。しかし，貨幣を望むのは，それが望ましい財またはサービスを購入する能力を表すからである。そのため，会計データは，理想的には，より多くの消費財もしくはそれらに対するより大きな支配力を獲得する際，なされる進展に基づいて測定されるべきである（Sweeney［1936］pp.3-4）。

(2) 会計数値の比較可能性

貸借対照表および損益計算書に記載されている諸数値には，過去の様々な時点の数値が含まれる。

例えば，現金は，受領時の価値がいかなるものであったかにかかわらず，現在の価値を常に示すが，決算時点で過去の特定の日との間に一般物価水準の上昇が認められる場合，または，会計期間にわたって一般物価水準の上昇が認められる場合には，過去の取引で購入した財またはサービスの価値が上昇する，または現在の貨幣価値が過去よりも下落する。

諸資産は，それぞれが取得された時点の貨幣価値を反映した支出額で帳簿記入され，費用も，原則としてその支出額をもって表される。ここで，注意すべきは，減価償却費であるが，減価償却費は，費用性資産（消費財）購入時の貨幣価値を反映した支出額（歴史的原価）に基づき，自動的に費用額が表されることになる。一方，総利益は，会計期間を通じて均等に生じる仮定に基づき，会計期間の平均値で表される。そのため，純利益は，会計期間の貨幣価値の平均値でも，過去の特定の日の貨幣価値でもない混合値であり，貸借対照表における総資産および純資産の諸数値も混合値である（Sweeney［1936］pp.7-8）。

したがって，このような認識に立つ場合，損益計算の面では，費用性資産の歴史的原価を基礎とする費用額の測定・計上がなされる点で総額としての期間

138　第2部　現代会計の簿記計算構造論

費用の同質性が失われるため，利益数値の期間比較性は失われること，貸借対照表の面では，資産の貸借対照表計上額が異時点の数値の総和でしかないため，期間比較性が損なわれていることを指摘できることになり，「このような状況は，数学的論理の観点から，歪曲された状況である」とされている（Sweeney [1936] p.8）。

(3)　理解可能性

　帳簿および財務諸表に計上される数値には，容易に含めることができる有益な情報のすべてを含めることができていない。そのような情報に，貨幣価値の変動によって生じる利得および損失がある。この利得および損失には，物価水準の変動から見た貨幣価値損益と「実現」の観点から見た貨幣価値損益の2つの側面が存在する。そのため，このような認識に立つ場合，貨幣価値損益には，一般物価水準の変動による貨幣価値損益と個別価格水準の変動による貨幣価値損益のほか，実現した貨幣価値損益と未実現の貨幣価値損益が存在することになるが，歴史的原価主義では，これらの情報が提供されていないため，不完全であるということになる（Sweeney [1936] pp.15-23）。

　これら3つの批判に対し，スウィーニーは，(1)歴史的原価主義のような「通常の会計では，それがなすべき目的適合的な情報を生み出さない。通常の会計は，投資された一般購買力がどの程度維持され，追加的な一般購買力がどの程度獲得されたかについて何もいわない」が，「安定価値会計は，選択された，いくつかの種類の取引を一般購買力と同価値の数値に変換することで，この批判を克服する」（Sweeney [1936] p.40）こと，(2)通常の会計では，貸借対照表および損益計算書の諸数値が様々な時点の異なる数値で構成され，測定単位が同質的ではないことから，加法性に関する数学の基本的公理を犯しているが，「安定価値会計は，すべての数値を期末の物価水準で表すことで」，諸数値が，正しく加算され，比較されるために問題となる，測定単位の異質性を調整するため，「この批判を克服する」（Sweeney [1936] pp.42-43）こと，(3)「貨幣価値の変動による利得および損失のすべてを認識し，それを含めることができない」ため，通常の会計は不完全であるが，「安定価値会計は，……第1に，貨幣価

値損益を貨幣の一般価値変動による損益と貨幣の個別価値変動による損益とに分離すること……，第2に，貨幣価値損益が実現されたか，未実現のままであるかにしたがって分類すること」（Sweeney［1936］p.43）から，このような批判も克服することを主張して，安定価値会計を提唱している。

Ⅲ 修正歴史的原価主義と個別価格

　1969年6月，米国公認会計士協会（American Institute of Certified Pubic Accountants（AICPA））は，会計原則審議会報告書第3号（Statement of the Accounting Principles Board No. 3）「一般物価水準の変動を反映した財務諸表（*Financial Statements Restated for General Price-Level Changes*）」を公表した。本報告書は，修正歴史的原価主義に関する基準書のはじまりであり，その後に続く研究や公開草案等の嚆矢となったものである。

　会計原則審議会報告書第3号において，「一般物価水準財務諸表は，貨幣の一般購買力の変動を反省させるもの」（AICPA［1969］para.3）である。そのため，「……歴史的原価で示される金額は，……一般購買力の変動分だけ修正された歴史的原価で示される」ことになるが，このとき，修正された歴史的原価の「金額は，修正を受けたものであるとはいえ，依然として原価を示しているのであって，現在の価値を表しているものではない」（AICPA［1969］para.5）ことから，財の測定単位をその現在市場価値によって評価することを，その基本目的とはしていない。このため，「消費財をまったく取り扱わない企業が消費者物価指数を用いて修正したり，特殊製品しか取り扱わない企業が国民総生産（gross national products ─ GNP）を総合した価格指数である GNP デフレーターを用いて修正したりすることが理論的に正当化される」（井尻［1976］170頁）ことになる。

　ここで問題とされるのは，「ある資産の価格が，一般物価指数より早く上昇する場合，貨幣がこの特定品目に関して有している価値は，財およびサービス一般に関して有している価値より下落する」ことや，「ある資産の価格が一般物価指数よりも遅く下落する場合」，貨幣がこの特定品目に関して有している価値は，財およびサービス一般に関して有している価値より上昇することが生

140 第2部 現代会計の簿記計算構造論

じるときの増価（appreciation）の取扱いと「ある資産の価格が，一般物価指数
よりも遅くに上昇する，もしくは，早くに下落する場合」に生じる損失の取扱
いとなるが（Sweeney［1936］pp.18-19.）[4]，井尻［1976］は，「一般価格指数に
よる修正が個別価格による修正と無関係だと考えるのは誤りである」（170頁）
と主張する。

　すなわち，「個別価格による財務諸表の修正を強調する人々も，財の価格変
動がほぼ同率であることが期待できるならば，一般物価水準による修正財務諸
表が有用なことに異論をはさまないであろう」とし，「貨幣以外にはただ1種
類の商品しかない経済社会を仮定」する。このときは「個別価格による修正も
一般物価水準による修正も当然に同じもの」となるが，現実には，「経済社会
がもつ非貨幣財の種類が増えるにつれ，ただ1種類の財の価格変動によって価
格指数が影響される割合は小さくなる」結果，「価格指数は，様々の商品の価
格変化を統合して作成される」ようになる。それゆえ，「個別的にその価格を
決定するのが不可能なほど，たくさんの種類の財を保有している」企業が，「財
の現在市場価額を決定したい場合にも，価格指数を利用せざるをえない実務上
の要請があること」を考えると，「特定の会計目的のために個別価格による修
正が必要な場合でも，一般物価水準による修正値をその写体として利用するこ
とはできる」ことになり，「一般物価水準による修正と個別価格による修正の
相違は，単に1つの価格指数を用いるか，多くの指数を用いるかの違いにすぎ
ない」と考えられることになる（井尻［1976］170-171頁）。

　また，「個別価格による修正を要求する利用者にとって，一般物価水準によ
る修正が有用な数値を生み出すか否かは，写体統合がどれほど正しく本体統合
を表現しているか」にかかっており，「写体統合……が，本体統合……の優れ
た写体であるかどうかは，過去の経済的データを分析し，……統合係数を用い
て評価して，価格変動がどれほど密接に関連づけられているかを見出すことに
よって分析されなければならない」とされるが，「写体統合を用いることによっ
て，各項目の現在市場価値を識別し検証する必要がなくなる」ことを考慮した

4）　なお，スウィーニーは，増価を「商品売買の結果，資産の価値が増加したことで生じる一般
　に認められた利益と同様，経済力における利得を表している」として，資本利得と考えている
　（Sweeney［1936］）。

第10章　物価変動会計と簿記の計算構造　141

　場合，一般物価水準による修正は，個別価格による修正に対しコストと効用の
２つの面で優位性があるとも考えられよう（井尻［1976］171-173頁）5）。
　ところで，一般物価水準による修正については，「歴史的原価を基礎として
通常の会計原則と会計手続によって作成された財務諸表から出発する」と，「ま
ず，利益剰余金以外のすべての項目が貨幣財と非貨幣財のいずれかに分類さ
れ」，「各項目に取得年次を基準とする物価指数を適用することによって，貨幣
の購買力の修正が行われる」ことになる。このとき，「すべての項目は，過去
のある基準年の通貨の購買力に基づくのではなく，現在の通貨の購買力を基準
に表示される」ため（井尻［1976］173-174頁），価格修正後の利益は，歴史的
原価に基づく利益に，(1)期首の貨幣残高（＝貨幣資産－貨幣負債）の物価水準
損益，(2)非貨幣項目の処分に伴う実現名目利得または損失（realized nominal
gain or loss）の効果，(3)非貨幣項目の取得に伴う未実現名目利得または損失の
影響，(4)配当金の支払いその他，利益剰余金の正味減少額に対する名目利得
（負ならば損失），の４項を加減した合計となる（井尻［1976］175-182頁）。そして，
(3)および(4)が，期中の貨幣資産を直接的に減少させるものであることから，(1)
および(2)に対する修正効果を有すると考えると，価格修正後の利益は，歴史的
原価に基づく利益に，「期中に貨幣資産を保有したための損失」（price level
losses from holding monetary assets）と，「非貨幣資産の処分から得た実現名目
利得」（realized nominal gains from disposals of nonmonetary assets）を控除した額
（または，期中に貨幣負債を保有したための利得と，非貨幣負債の処分から得た実現
名目損失を加算した額）で計算されることになる（井尻［1976］182-183頁）。
　しかし，このような方法による場合，「物価水準データが，正確には，何を
意味するのかという問題」について，多くの不満が会計関係者から生じてきて
いる（Ijiri［1976］p.228）。
　そもそも，一般物価水準による修正財務諸表が，従来の財務諸表と同一の会

---

　5)　なお，ここでいう「本体統合」（principle aggregation）とは，会計データの利用者が本体と
　　して必要としているもの，すなわち個別価格による修正数値の統合を，「写体統合」（surrogate
　　aggregation）とは，個別価格よりは好ましくない価格，すなわち一般物価水準による修正数
　　値の統合を意図している。そして，統合係数は，本体統合と写体統合を比較することによって，
　　年ごとの指数が評価される。

計原則を基礎に，異なる測定単位で作成されていることについては，望ましいと考えられる。しかし，測定単位がまったく異なる修正財務諸表を取り扱うためには，修正財務諸表が，修正歴史的原価主義に基づく財務諸表としてしっかりと確立するまで，すなわち，修正財務諸表が，従来の財務諸表とは別の，新たな財務諸表として，財務諸表利用者に受け入れられるまで，従来の財務諸表と修正財務諸表とのあいだの橋渡しをすることが適切である。そして，このような認識にしたがえば，従来の財務諸表と同じ測定単位で表されている修正財務諸表は，従来から用いられてきた会計原則とは異なる会計原則のもとで作成されるという解釈ができるかもしれないという観点から，次の2つの会計原則の変更が必要になるとする（Ijiri［1976］pp.227-228，pp.237-238)[6]。

(1) 非貨幣資産と非貨幣負債に関して，物価水準保有利得・損失（price level holding gains or losses）を利益計算要素として認識する。

(2) 自己資本の購買力を維持するため，利益に物価水準資本費用（price-level capital charges）を賦課する。

Ⅳ　修正歴史的原価主義の計算構造

これまでに見てきたように，「『物価水準』は，保有利得（または損失），資本費用の金額が，関係する個別項目の市場価値ではなく，一般物価指数の変動によって測定されることを強調するために用いられている」用語である（Ijiri［1976］pp.237-238）。また，物価水準に関する多くの論文では，通常，すべての非貨幣資産と非貨幣負債は，一般物価指数に比例して，その価値を増加させると仮定した上で展開されることが多いようである。そこで，以下では，井尻の主張する修正歴史的原価主義を計算構造の観点から見てみたい（Ijiri［1976］pp.231-235）。

いま，従来の会計原則に基づき評価された，期首の貨幣資産と貨幣負債の差額を M，非貨幣資産と非貨幣負債の差額を N，そして，自己資本（株主資本）

---

6) なお，Ijiri［1976］では，「すべての非貨幣資産と非貨幣負債は，一般価格指数に比例して，その価値を増加させると仮定」している（p.230）。

第10章　物価変動会計と簿記の計算構造　143

を S とする。この数値に一般物価水準による修正を行う際，上付き文字 b を期首の金額に対する一般物価水準による修正を示す変数として用いると，次の恒等式が成立する。

$$M + N^b \equiv S^b \tag{1}$$

また，f^b を期首の GNP デフレーター，f^e を期末のそれと表すと，一般価格指数の比 p は，f^e/f^b となる。

ここで，すべての取引が期末に行われたとすると，期首残高はすべて期末まで持ち越され，貨幣資産・負債の物価水準保有利得 Q は，$-(p-1)M$ となる。そして，これは，貨幣資産が貨幣負債を超えているとき（$M>0$），物価水準損失（$Q<0$）を，貨幣負債が貨幣資産を超えているとき（$M<0$），物価水準利得（$Q>0$）をもたらす。

しかし，(1)式から，Q は次のようにも表せる。

$$Q = -(p-1)M = (p-1)N^b - (p-1)S^b \tag{2}$$

$pN^b = N^e$ であることを考えると，$(p-1)N^b = N^e - N^b$ は，会計期間中に認識された物価水準保有利得である。同様に，$(p-1)S^b = S^e - S^b$ は，株主資本の購買力を維持するため，期中に適用される物価水準資本費用を意味している。ゆえに，貨幣項目の物価水準利得 Q は，物価水準保有利得 $(p-1)N^b$ から，物価水準資本費用 $(p-1)S^b$ を控除した金額と同値となる。

貨幣項目の物価水準利得 Q をより簡便化するため，物価水準保有利得 $H = (p-1)N^b$，物価水準資本費用 $I = (p-1)S^b$ とすると，$Q = H - I$ となる。そして，H には，非貨幣資産・負債に関するもののほか，損益項目に関するものが含まれる。

以上から，一般物価水準による修正財務諸表の書式を示すと，**図表10-1** のような表になる。

144　第 2 部　現代会計の簿記計算構造論

［図表10-1］　修正財務諸表

修正貸借対照表

貨　幣　資　産	MA	貨　幣　負　債	ML
非 貨 幣 資 産	NA	非 貨 幣 負 債	NL
		自　己　資　本	S

修正損益計算書

費　　　　　用	E	収　　　　　益	R
貨幣項目保有損失	L	貨幣項目保有利得	G

　この修正財務諸表は，従来の財務諸表に，一般物価水準による修正を加えることで作成されるため，一般物価水準による修正数値は，**図表10-2** に示す貨幣価値修正勘定で処理されることになる。

［図表10-2］　一般物価水準による修正

貨幣価値修正

非 貨 幣 負 債	$\underline{NL}$	非 貨 幣 資 産	$\underline{NA}$
自　己　資　本	$\underline{S}$	貨幣項目保有損失	$\underline{L}$
貨幣項目保有利得	$\underline{G}$	費　　　　　用	$\underline{E}$
収　　　　　益	$\underline{R}$		

　このとき，上記の貨幣価値修正勘定からは，次の等式が導き出せる。

$$(\underline{G}+\underline{R})-(\underline{L}+\underline{E})=\underline{NA}-\underline{NL}-\underline{S} \tag{3}$$

　この等式の左辺は損益計算書関連項目，右辺は貸借対照表関連項目を示している。そのため，従来の財務諸表で示される当期純利益を P，一般物価水準による修正財務諸表で示される当期純利益を RE とすれば，次の等式が成立する。

$$RE=P+(\underline{G}+\underline{R})-(\underline{L}+\underline{E}) \tag{4}$$

　また，(3)式から，貨幣項目保有利得・損失を左辺に，その他を右辺に移項すると，

$$\underline{G}-\underline{L}=\underline{NA}-\underline{NL}-\underline{S}-\underline{R}+\underline{E}$$

となることから，これを(4)式に代入すると，次の等式が成立する。

$$RE = P + \{(\underline{NA} + \underline{E}) - \underline{E}\} - \{(\underline{NL} + \underline{R}) - \underline{R}\} - \underline{S}$$

このとき，$\underline{NA} + \underline{E}$ は認識された物価水準保有利得，$\underline{E}$ は実現された物価水準保有利得を示している。また，$\underline{NL} + \underline{R}$ は認識された物価水準保有損失，$\underline{R}$ は実現された物価水準保有損失を示している。そして，$\underline{S}$ は，物価水準資本費用となっている。

ところで，上記に示す書式に関し，物価水準修正展開表（spread sheet for the price-level restatement）を用いて，修正財務諸表を想起させた井尻によれば，修正歴史的原価主義は，財産法計算による利益修正を示していると考えられるため，株主資本の欄に収益－費用の欄はあるものの，損益計算書の修正はなされない（Ijiri［1976］p.234）。また，認識された物価水準保有利得・損失 H には，自己資本以外の貸借対照表項目の修正差額のほか，損益計算書に関連する収益・費用項目の修正差額が含まれるので，同額（$R \cdot E$）を，実現された物価水準保有利得・損失として控除することになる（Ijiri［1976］p.235）[7]。

したがって，このような認識にしたがえば，この方法を用いれば，財産法計算による利益修正の中で，損益法による修正計算をも部分的に含んでいる。それゆえ，歴史的原価主義と修正歴史的原価主義との間に会計原則の変化を認め，測定単位はそのままとする，このような認識にしたがえば，従来の財務諸表と一般物価水準による修正財務諸表とが，共通の測定単位で作成されることになる結果，会計数値の比較可能性は促進されることになるであろう（Ijiri［1976］p.238）。

---

[7]　なお，この点について，井尻は，販売費及び一般管理費や売上高を例にとり，期中になされる費用・収益の実際の取引を期末になされたものと仮定し，期末にサービスの費消と財・サービスの引渡しが行われるとすると，非貨幣資産・負債は，期末までの間に簿価の上昇が見られることになるため，物価水準保有利得・損失は認識され，実現したと見なされるとしている（Ijiri［1976］p.235）。

V むすび

修正歴史的原価主義は，企業が保有する貨幣資産・負債に関する貨幣項目保有利得・損失を適時に認識し，それを，実現された物価水準保有利得・損失と未実現の物価水準保有利得・損失とに分類することに意義がある。そして，貨幣項目保有利得・損失を実現した部分と未実現の部分とに区分したとしても，修正歴史的原価主義の実現原則に基づく利益概念では，その利益額は変化せず，計算構造の観点からは，実質利益の一部を形成することになる。それゆえ，修正歴史的原価主義は，実質利益をまず確定した上で，実質利益を実現利益と未実現利益とに分類する方法であるということもできる。

したがって，このような認識にしたがうと，修正歴史的原価主義は，(1)貨幣の一般購買力に焦点を当てた会計で，その維持を図ろうとしていること，(2)測定単位を貨幣の一般購買力とし，すべての会計数値を物価水準で修正・表示することで，同質の測定単位による統一的な会計測定を可能にするとともに，会計数値の比較可能性を確保しようとしていること，(3)企業が保有する貨幣資産・負債に関する貨幣項目保有利得・損失を適時に認識し，その内訳を理解することができることで，歴史的原価主義が抱える問題点を克服しようとしている点で特徴的な会計方法であるといえる。

【参考文献】

井尻雄士［1968］『会計測定の基礎―数学的・経済学的・行動学的探求―』東洋経済新報社。

井尻雄士［1976］『会計測定の理論』東洋経済新報社。

片野一郎［1959］『インフレーション会計の焦点』国元書房。

AICPA［1969］Statement of the Accounting Principles Board No. 3, *Financial Statements Restated for General Price-Level Changes*, AICPA.

Gilman, S.［1939］*Accounting Concepts of Profit*, Ronald Press.

Ijiri, Y.［1976］Price-Level Restatement and Its Dual Interpretation, *Accounting Review*, Vol. 51 No. 2, pp. 227-243.

Sweeney, H.W.［1936］*Stabilized Accounting*, Harper & Brothers Publishers.

（髙橋　聡）

購入時価会計と簿記の計算構造

I はじめに

　本章の目的は，1961年に出版されたエドワーズ＝ベル（Edwards and Bell）の共著『企業利益の理論と測定』（*The Theory and Measurement of Business Income*）において展開されている購入時価会計の簿記の計算構造と経営利益概念について検討し，購入時価会計の現代的意義について考察することである。

　購入時価会計は，評価基準に購入時価，資本概念として貨幣資本概念を適用する会計システムである。購入時価会計の特徴は，「1期間の販売されるアウトプットの売価が，それに関連するインプットの購入時価を超過した部分」（Edwards and Bell（以下，Edwards & Bell とする）［1961］p.115）である当期営業利益（current operating profit）と，「企業によって保有されている期間に資産の購入時価が上昇した部分」（Edwards & Bell［1961］p.115）である実現可能原価節約（realizable cost savings）という2つの利益が測定されることである。この2つの利益を合わせた利益概念を経営利益（business profit）という。

　経営利益の測定について，エドワーズ＝ベル［1961］は，「これらの原則が勘定に適用されるとき，基本的な会計等式は，取得原価基準から購入時価基準に修正される。そこに経営利益が計算される」（pp.119-120）と説明しているが，彼らは取得原価を購入時価に修正することで，「……取得原価資料を補うために収集された妥当な資料によって年度末の調整を含むいくつかの技法を示す」（p.26）と述べ，取得原価会計の会計情報を補おうとした[1]。

148　第2部　現代会計の簿記計算構造論

　彼らの見解が，その後の会計実務に大きな影響を与えたことは周知の事実である[2]。現行の会計実務は，1976年米国財務会計基準審議会（FASB）の『討議資料』において提起された，1期間の純資産の変動を認識する資産負債観を中心に展開されつつも，収益費用観と資産負債観という2つの利益観が存在し，国際会計基準審議会（IASB），FASB等の会計基準の中にも見受けられる。彼らの見解がどのように継承され，今日の現行実務へと影響を与えたのかを考察する。

Ⅱ　購入時価会計と経営利益概念

1　経営意思決定と会計資料

　購入時価会計を展開したエドワーズ＝ベルの問題提起は，原価―実現主義会計をもとに計算された「会計利益の欠陥」（Edwards & Bell [1961] p.222）を補う新たな利益概念の探求にある。彼らは，会計利益の主な欠陥について，(1)実現可能原価節約の無視，(2)営業利益と実現原価節約の混同（Edwards & Bell [1961] p.222）等をあげている。彼らが提案した購入時価による資料は，企業経営者の意思決定とその評価のためのものであったが，より広い範囲に拡大されるべきもの（Edwards & Bell [1961] p.220）と述べ，外部報告会計の領域にも影響を及ぼしたと考えられる。

　エドワーズ＝ベルは，経営者の意思決定の観点から，「会計資料が必要とされるのは，経営意思決定の評価をするためである」と述べ，さらに「経営者の意思決定の過程を改善するためには，過去の意思決定を検討する必要があり，もちろん，より重要なことは過去の意思決定の結果は会計資料の中に示されるからである」（Edwards & Bell [1961] p.3）と述べている。

1）　エドワーズ＝ベルは，経済学上の所得概念と会計利益との乖離に焦点を当てた議論を展開している（Edwards & Bell [1961] pp.24-25）。

2）　エドワーズ＝ベルの見解は，1966年米国会計学会（AAA）の基礎的会計理論報告書作成委員会により作成された『基礎的会計理論』（ASOBAT）の公表へと継承されていく。そして，会計利益は，利害調整機能の重視から情報提供機能の重視へと展開されていくことになる。

第11章　購入時価会計と簿記の計算構造　149

　そして，経営者の職能に役立つという意味で「……重要なことは，会計資料が経営者の意思決定を評価する手段として役立てられ，それによって，(1)当期の生産過程を統制し，(2)未来の意思決定をより良いものにし，(3)意思決定の過程それ自体を改善することに貢献すること」(Edwards & Bell [1961] p.4) と述べ，会計の意思決定の促進に役立つ資料を作成することの必要性を指摘している。

　エドワーズ＝ベルは，企業の利益獲得を目指した活動は，便宜上2つに分けることができる (Edwards & Bell [1961] p.36) とし，意思決定と利益の区分に関係する次の企業活動をあげている。

　(1)　生産諸要素を結合あるいは移動させることにより，要素価値を超える販
　　　売価値の生産物にすることによって，利益を生み出す活動

　(2)　資産や負債の，その資産の価格が上昇，あるいは負債の価格が下落する
　　　間の保有活動によって利益を生む活動

　(1)は，生産要素を使用することによって得られる利益であり，当期営業利益を指す。(2)は生産要素あるいは生産物を保有することによって生じる (Edwards & Bell [1961] p.36) 利益であり，原価節約 (cost savings) を指している。原価節約は，「生産や販売のために資産を使用することを通じて実現される。生産や販売に使われた資産の購入時価がその取得原価を超過する場合は，企業はある利得を実現したのである。なぜならば，その資産はその時一般に成立している原価よりも低い原価で購入されたからである」(Edwards & Bell [1961] p.112) と説明し，保有中の価格上昇分を利益（利得）と位置づけている。

　また，エドワーズ＝ベル [1961] は「これら2種の活動の性格とそれぞれに対する意思決定は，関連はあるものの，非常に違うものであるから，意思決定の評価のためには両者を分けることが極めて重要である」(p.36) と述べ，当期営業利益と原価節約とを厳格に分けることを強調している。

2　経営利益概念

　経営利益とその構成要素について，エドワーズ＝ベル [1961] は，「われわれは，実現基準 (realization criterion) を企業の縦の流れ，すなわち生産の流れだけに関連させて定義し，横の流れ，すなわち保有の流れに関連させた定義は

150　第2部　現代会計の簿記計算構造論

しなかった。……しかし，実現原則について書かれてきた事柄の多くは，生産と時間の側面をはっきりさせるならば，より明瞭になるだろう。われわれが最後の販売が行われるまでは評価の基準として購入時価を用いる場合，生産の種々の段階で資産評価に用いる価格は，インプットの購入市場で一般に成立している価格から導くべきである」（pp.88-89）と述べている。

　すなわち，彼らは入口価値である購入時価による評価を主張し，生産の側面と，資産を保有している時間の側面の双方から獲得される利益を認識する必要性を述べている。また「実現主義を定義し直すことによって時の流れを強調することもできる」（Edwards & Bell［1961］p.89）とし，実現基準と実現可能基準（realizable principle）という2つの認識規準をあげる。

　そして，エドワーズ＝ベル［1961］は，「経営利益概念は，生産に実現基準を適用し，時間には実現可能基準を適用することを基礎に展開される。手持資産を評価する基準として入口価値が用いられ，……つまり，資産はすべて購入時価によって記入されるが，生産から得られる利得は最終販売まで認識されないのである」（p.90）と述べ，当期営業利益については購入時価で測定するが，損益の認識は実現基準に基づいて行われると述べている。よって，製品が販売されるまで当期営業利益は認識されない。

　他方，資産を保有することで発生する購入価格の変動は，決算において実現可能原価節約として認識される。これは，資産の保有活動について1期間の購入時価の変動を認識することを示唆しており，実現可能基準に基づく利益の認識が行われていることを指している。その後，実際に利得が実現した場合は，実現可能から実現へと利益の振替えを行うことになる。この点から，購入時価会計では，営業以外の活動から生じる利得を認識することになる。

　エドワーズ＝ベルは，貨幣利益（money profit）の構成要素として，(1)当期営業利益，(2)実現可能原価節約，(3)実現資本利得，(4)実現原価節約の4つの利益を定義している（Edwards & Bell［1961］p.115）。この中で経営利益は(1)と(2)から構成される。

　(3)は，「資産の不定期な売却または廃棄した場合に，（償却した）取得原価を超過する部分」（Edwards & Bell［1961］p.115）であり，資産の売却時に発生する利益で，例えば固定資産の売却によって獲得される利得が想定されている

（Edwards & Bell［1961］p.116）。

(4)は，「販売されたアウトプットを生産するのに使用されたインプットの購入時価が，取得原価を超過した部分」(Edwards & Bell［1961］p.115) である。よって，(4)は，会計原則のもとで計算される当期営業利益の中にすでに含まれている（Edwards & Bell［1961］p.115)。エドワーズ＝ベルは会計上の営業利益には，(1)と(4)に活動を分ける点を指摘している（Edwards & Bell［1961］p.115)。

また，(3)と(4)は，当期営業利益と，使用および販売を通じて実現される利得を合わせたものとしての実現利益を表示することが可能になる（Edwards & Bell［1961］p.121) とあり，これらはそれぞれ独立の要素ではなく，(3)と(4)は，資本利得（もしくは原価節約）を測定する方法として(2)と代替的なもの（Edwards & Bell［1961］p.115) と説明される。

すなわち，実現利益は，いずれも一度は必ず実現可能利得となるということである。

このように，経営利益概念では，当期営業損益を認識する過程において，すでに(4)は(1)に含まれていることになる。また(3)は生産に使用される資産を売却した場合に発生する利得であり，このような不定期な資産の売却によって資本利得として実現する（Edwards & Bell［1961］p.114)。よって，会計利益と経営利益との違いは，実現可能原価節約を利益として認識するか否かということができる。

彼らは，経営利益を展開するための会計原則について，「経営利益を測定しようとする場合，原価の個々の変動を，そのつど記録しなければならない」（Edwards & Bell［1961］p.119) と述べ，毎期における購入時価による測定を提起している。そして，会計原則を適用するにあたって次の３原則を示している（Edwards & Bell［1961］pp.119-120)。

(1) 価格の変動によって，ある資産の価値が増加した場合，実現可能原価節約を記録すべきである。これは，経営利益の中の資本利得の要素になる。同様に，価格の変動によってある資産の価値が減少した場合，実現可能資本損失（realizable capital losses）を記録すべきである。

(2) ある資産もしくはサービスが，生産に使われた場合は，営業利益を確定するためには，その資産の購入時価を，アウトプットの購入時価から差し

引くべきである。そしてこれらの原則が勘定に適用される場合には，基本
的な会計等式は，取得原価基準から購入時価基準に修正される。そこで経
営利益が計算される。

(3) 生産に使用された資産ないしサービスの，購入時価と取得原価との差額
もまた，実現可能利益だったものが実現利益に転換したことを示している。
この金額は，未実現原価節約勘定から実現原価節約勘定へ振り替えられる
べきである。

このように，生産に使用された資産ないしサービスにおいて発生する実現原
価節約は，未実現から実現へと利益の振替え（リサイクル）がなされることに
より，彼らは「3の原則を1の原則と一緒に勘定に適用すると，実現利益の資
料となる」（Edwards & Bell［1961］p.120）と述べる。

弾力的な勘定記録としての経営利益の利点について，エドワーズ＝ベルは次
の2点をあげている。第1点は，「期待値の経営的評価は，ある期の利得がそ
の期に記録され，保有活動からの利得がその期の営業利益とを区別すること
によって容易になる。貸借対照表上で購入時価を報告するためのデータが利用で
きるようになり，それによって，この報告は，金融アナリスト，株主，その他
の利害関係者によって，より重要な意味のある報告となる」。さらに，「必要な
資料の収集は，別の利益概念を再結合（recombination）させることによって，
容易に行えるようになるであろうし，したがって，現行の会計資料に欠けてい
る弾力性がもたらされる」（Edwards & Bell［1961］pp.120-121）と説明し，会計
利益，経営利益という異なる利益概念を組み合わせることによって，多様な会
計資料が作成できることを説明している。

そして，単一の概念があらゆる目的に役立つということはなく，経営利益は
経営管理目的に理想的であり，徴税目的における税金の算定には実現可能利益，
税金の支払いには会計利益を関連させるべきであろうと述べている（Edwards
& Bell［1961］pp.121-122）。

第2点は，営業活動からの利益獲得を目的とする経営者の意思決定と投機的
利得を目的とする意思決定とは，本質的に異なるものであり，これらの利益要
素を分けることは，経営者の視点から望ましいものであるだけでなく，課税目

第11章　購入時価会計と簿記の計算構造　153

的にも望ましい（Edwards & Bell［1961］p.122）と述べる。

Ⅲ　購入時価会計の計算構造

　エドワーズ＝ベルの利益計算の方法は，精巧で新しい会計記録を設定するのではなく，また基本的な現行の会計手続を変更せず，生産に使用されたインプットの購入時価と取得原価双方とも把握できるようなシステムを導き出すことである（Edwards & Bell［1961］p.136）。彼らは，「われわれの考えたシステムでは，実現利益と会計利益とが同一であり，したがって，後者の報告書を直接作成することもできることを立証しなければならない。そのシステムはまた，購入時価を基礎にした貸借対照表と同様に取得原価に基づくそれのための資料をも提供するものでなければならない」（Edward & Bell［1961］p.136）とする。

[図表11- 1]　期首貸借対照表（評価基準：購入時価）

貸借対照表

（XYZ社）　　　　　　1959年12月31日　　　　（単位：千ドル）

現 金 及 び 受 取	600	流 動 負 債	500
有 価 証 券	272	固 定 負 債	600
棚 卸 資 産	515	株 式 資 本 金	600
固 定 資 産	1,650	資 本 剰 余 金	700
		未実現剰余金	637
	3,037		3,037

（出所：Edwards & Bell［1961］p.208, p.221）

● **期中取引**[3]（Edwards & Bell［1961］p.141, p.154, p.202）　　（以下，単位：千ドル）

(1)　当期中に＄4,000の売上が発生した。

　　（借）現 金 及 び 受 取　　4,000　　　　（貸）売　　　　上　　　　4,000

(2)　当期中の棚卸材料の購入は以下のようであった。

　　2月15日　@＄5.25×60単位＝＄315　　　5月1日　@＄5.40×140単位＝＄756

　　9月1日　@＄5.60×110単位＝＄616　　11月20日　@＄5.70×90単位＝＄513

3）　この事例は，上野［2005］47-52頁を参照している。

154　第2部　現代会計の簿記計算構造論

（借）	仕　　　　　　入	2,200	（貸）	現 金 及 び 受 取	2,200

(3)　賃金と雑費＄1,536を支払った。

（借）	賃 金 及 び 雑 費	1,536	（貸）	現 金 及 び 受 取	1,536

(4)　原価＄18の有価証券を期中に＄30で売却した。

（借）	現 金 及 び 受 取	30	（貸）	有 価 証 券	18
				資 本 利 得	12

(5)　固定負債の利息＄24を支払った。

（借）	支 払 利 息	24	（貸）	現 金 及 び 受 取	24

(6)　流動負債＄50を返済した[4]）。

（借）	流 動 負 債	50	（貸）	現 金 及 び 受 取	50

(7)　連邦所得税＄170，配当金＄74を支払った。

（借）	連 邦 所 得 税	170	（貸）	現 金 及 び 受 取	244
	配　　当　　金	74			

● **決算修正仕訳**（Edwards & Bell［1961］pp.209-212）

(1)　期中に保有していた有価証券の価値増加および原価節約の認識

（借）	有価証券評価修正	6	（貸）	実現可能原価節約	6

(2)　期中に保有されていた棚卸資産の価値の増加と原価節約の認識

（借）	棚 卸 評 価 修 正	65	（貸）	実現可能原価節約	65

(3)　固定資産の価値の修正と原価節約の認識

（借）	固定資産評価修正	210	（貸）	実現可能原価節約	210

(4)　社債と当期の支払利息の価値の減少と原価節約の認識

（借）	社 債 評 価 修 正	6	（貸）	実現可能原価節約	6

(5)　棚卸資産処理［期首取得原価＄500，期末取得原価＄681（期首有高100単位，期末在高120単位）。FIFO により期首と期末残高を期中平均値＄5.5へ修正。仕入を年平均価格で振替え］

（借）	費 消 材 料 原 価	550	（貸）	棚 卸 材 料	500
				棚 卸 評 価 修 正	50

4）　計算例において，期首貸借対照表では貨幣債権について現金・受取勘定と流動負債とが別の項目で示されているが，計算の過程においては現金・受取勘定と流動負債勘定を相殺した正味貨幣債権勘定を用いている。そして期末財務諸表では現金・受取と流動負債へと戻し計上している。期末修正における正味貨幣債権勘定では，この取引は貸借が同じ勘定科目となるため相殺されることになる。

第11章　購入時価会計と簿記の計算構造　155

(借)	費消材料原価	2,200		(貸)	仕　　　　　入	2,200
(借)	棚　卸　材　料	681		(貸)	費消材料原価	681
	費消材料原価	21			棚卸評価修正	21

(6)　減価償却（固定資産を年平均単価に修正）１年間の減価償却費＄100

(借)	減価償却費	160	(貸)	減価償却累計額	100
				固定資産評価修正	60

(7)　利息を購入時価に修正し，これに対応する評価修正の削除

(借)	支払利息	3	(貸)	社債評価修正	3

(8)　決算振替仕訳

(借)	売　　　　上	4,000	(貸)	当期営業利益	4,000
(借)	当期営業利益	3,813	(貸)	費消材料原価	2,090
				賃金及び雑費	1,536
				減価償却費	160
				支払利息	27

(9)　経営利益の資料の完成

(借)	当期営業利益	187	(貸)	経営利益	474
	実現可能原価節約	287			

(10)　経営利益から当期営業利益と未実現剰余金へ振替え

(借)	経営利益	474	(貸)	実現利益	187
				未実現剰余金	287

(11)　本年度に発生した実現原価節約と実現資本利得を未実現剰余金へ振替え，相殺

(借)	未実現剰余金	146	(貸)	実現原価節約	134
				有価証券評価修正	12

(12)　(11)を会計利益（実現利益）に振替え

(借)	実現原価節約	134	(貸)	実現利益	146
	実現資本利得	12			

(13)　会計利益を利益処分勘定へ振替え

(借)	実現利益	333	(貸)	実現利益処分	333

(14)　会計利益の処分

(借)	実現利益処分	333	(貸)	未払税金	170
				未払配当金	74
				実現剰余金	89

156　第2部　現代会計の簿記計算構造論

⒂　税金支払い

（借）　未 払 税 金	170	（貸）　正味貨幣債権	244
未 払 配 当 金	74		

[図表11-2]　**主要な勘定**　（単位：千ドル）

当期営業利益

材 料 原 価	2,090	売　　上　　高	4,000
賃　　　　金	1,536		
減 価 償 却 費	160		
支 払 利 息	27		
経 営 利 益	187		
	4,000		4,000

実現可能原価節約

経 営 利 益	287	有 価 証 券	6
		棚 卸 資 産	65
		固 定 資 産	210
		社　　　　債	6
	287		287

実現資本利得

実 現 利 益	12		12

実現原価節約

実 現 利 益	134	材 料 原 価	71
		減 価 償 却	60
		利　　　息	3
	134		134

経営利益

実 現 利 益	187	当期営業利益	187
未実現原価剰余金	287	実現可能原価節約	287
	474		474

実現利益

実現利益処分	333	当期営業利益	187
		実現原価節約	134
		実現資本利得	12
	333		333

実現利益処分

税　　　　金	170	実 現 利 益	333
配　　　　当	74		
実 現 剰 余 金	89		
	333		333

正味貨幣債権

期 首 有 高	100	賃 金 等	1,536
売　 上　 高	4,000	支 払 利 息	24
売却有価証券	30	仕　　　　入	2,200
		税 金 ・ 配 当	244
		有　　　　高	126
	4,130		4,130

棚卸材料

期 首 棚 卸	500	材 料 原 価	500

第11章　購入時価会計と簿記の計算構造　157

費消材料原価				棚卸評価修正			
期首棚卸原価	500	期末棚卸原価	681	期首棚卸高	15	期首原価	50
平均単価へ修正	50	当期営業利益	2,090	年度中の増加	65	期末原価	21
仕　　　入	2,200					有　　高	9
平均単価へ修正	21				80		80
	2,771		2,771				

（出所：Edwards & Bell［1961］pp.212-215）

［図表11-3］　期末財務諸表

損益計算書

（XYZ社）1960年度　（単位：千ドル）

売　上　高		4,000
費消材料原価	2,090	
賃金及び雑費	1,536	
減価償却費	160	
支払利息	27	3,813
営業利益		187
実現可能原価節約		287
経営利益		474

貸借対照表

（XYZ社）　　　　　1960年12月31日　（単位：千ドル）

現金及び受取	576	流動負債	450
有価証券	248	固定負債	597
棚卸資産	690	株式資本金	600
固定資産	1,700	資本剰余金	789
		未実現剰余金	778
	3,214		3,214

利益の処分

連邦所得税・配当金	244
利益剰余金	89
実現利益	333
未実現剰余金	141
経営利益	474

（出所：Edwards & Bell［1961］p.218, p.221をもとに作成）

　上例は，XYZ株式会社（図表中，XYZ社と称する）における購入時価会計における経営利益算出までの過程を示している。経営利益は営業利益＄187と実現可能原価節約＄287を合計し，＄474となる。今期の未実現剰余金は実現可能原価節約＄287から実現原価節約＄134と実現資本利得＄12とを減じ，＄141となり，期首有高＄637と合計すると＄778となる。実現原価節約も実現資本利得も，いったんは実現可能原価節約勘定に集計され，その後実現または未実現に分類されている。

158 第2部 現代会計の簿記計算構造論

　また資産勘定は，評価修正勘定を通じて取得原価から購入時価への評価替え
がなされている。そのため購入時価会計では取得原価会計には見られない購入
時価への評価替えの仕訳が数多く見られる。購入時価会計における簿記の計算
構造は，企業利益を計算する役割があると同時に，簿記の勘定を通じて取得原
価から購入時価への評価の変換機能も果たしている。

Ⅳ 経営利益と貨幣利益概念

　前節の例示では，購入時価会計の計算の過程において当期営業利益，実現可
能原価節約，実現原価節約，実現資本利得の4つの利益の勘定が記されている。
これらの利益を組み合わせることによって，損益計算書では当期営業利益と実
現可能原価節約との合計から経営利益が，利益処分の欄では実現利益である会
計利益と経営利益との双方が記されている。エドワーズ＝ベル［1961］は，「会
計資料の外部利用者は，会社相互の比較に大いに依存しており，その点で統一
的な報告制度が大いに役立つ。しかし，購入時価資料の多大な影響は，（経営
者の）意思決定と評価を越えて拡大されるべきである。競争が是認される場合，
購入時価を用いることによって意思決定が改善されるならば，経済全体は企業
内部と企業相互間に，改善された資源の配分と使用を通して，またアウトプッ
トを増し，景気変動を少なくすることを通じて，よりよく機能するはずである」
（p.220）と述べ，購入時価会計情報を外部報告会計までに拡大することを述べ
ている。

　しかし，現代の会計システムでは，経営環境が変化する中，購入した資産を
期末に購入時価で再評価した数値に置き換えても，意思決定有用性を促進する
には不十分かもしれない。その理由について，上野［2005］は，「購入時価は，
あくまでも未所有資産の購入または非購入の意思決定のみに使用すべきであ
り，所有資産の評価基準として使用すべきではない。というのは，購入時価は
所有資産に関係しないからである」（65頁）と述べている。よって，購入時価
は臨時的な評価基準であり，現行の会計制度において主要な評価基準として採
用される可能性は低いことが予想される。

　購入時価会計の特徴は，入口価値による測定と実現可能基準の採用により，

営業活動によってもたらされる当期営業利益と保有活動から発生する実現可能原価節約という2種類の性質の異なる利益が測定されることである。これらの2つの利益を包括する経営利益は，簿記上の勘定において計算され，財務諸表では明確に分けて計上されている。

また，松下［2013］は，「一般に，資産および負債の保有中の価格変動である実現可能原価節約は，資産および負債の価値の増減であると考えられる。しかし，Edwards and Bell は，これらに対しても資産および負債の保有中に発生した貨幣フローとして説明を行う」（39頁）と述べ，保有利得である実現可能原価節約を「貨幣フロー」と捉えている。このように，エドワーズ＝ベルは，保有利得の認識という，キャッシュ・フロー情報を財務諸表上に認識した点も，現代の会計制度において影響を与えたと考えられる。

Ⅴ むすび

以上の考察から，エドワーズ＝ベルは，取得原価会計である収益費用観を基本としつつも，経営者の意思決定を促進する観点から購入時価会計を会計資料の一形態として提起していることがわかった。彼らの提唱する購入時価会計では，従来の会計システムでは認識されてこなかった実現可能原価節約を認識し，当期営業利益，実現可能原価節約，実現資本利得，実現原価節約という4つの利益概念を組み合わせることで，利用者に適合した会計情報を提供することが可能であることを説明した。また，購入時価会計の利益概念である経営利益は，複式簿記システムの一連の流れの中で，当期営業利益と実現可能原価節約という2つの異なる性質を含む利益概念として，簿記の勘定において計算されている。

購入時価の有用性は，「未所有の資産の購入または非購入の意思決定のみに使用すべきであり，所有資産には使用すべきではないことである」（上野［2017］49頁）という点が指摘される。エドワーズ＝ベルは，会計利益は過去の数値に基づくということを冒頭で述べ，経営者の意思決定有用性を重視するために購入時価による測定を行ったが，購入時価が，現行の財務諸表に求められているような，将来予測情報を提供できるかという点については，その役割を果たす

ことは困難かもしれない。

現代における財務諸表の役割には，期間損益を行う機能を維持しながらも，資産負債観に基づく会計システムが主流といわれており，企業の経済状態をいかに反映できるかという点が重要視されている。よって，取得原価によって算出された数値を購入時価に再評価することで経営者の意思決定を促進するには有効であると思われるが，現代の主要な情報利用者である投資家に有用な会計情報を提供できるかという点には課題がある。その理由として，購入時価には，実際の市場での取引価格は反映されないという点が考えられる。

しかし，彼らが多様な情報利用者への有用性を考慮し，実現基準から実現可能基準へと認識規準を広げ，貨幣利益概念を組み合わせ，多欄的な情報開示を試みた点と，保有活動を営業活動と同じく重視した会計資料の作成を提起した点は，現代の会計システムに大きな影響を与え，貢献したといえる。

【参考文献】

青柳薫子［2006］「購入時価会計」『会計利益計算の構造と論理』創成社，41-54頁。

上野清貴［2005］『公正価値会計と評価・測定—FCF 会計，EVA 会計，リアル・オプション会計の特質と機能の究明—』中央経済社。

上野清貴［2014］『会計測定の思想史と論理』中央経済社。

上野清貴［2017］『会計理論研究の方法と基本思考』中央経済社。

遠藤久夫［1966］「会計理論の発展的分化—エドワーズとベルの構想とチェンバースの構想を対比させながら—」『横浜市立大学論叢』第18巻社会科学系列第 1 号，110-145頁。

藤井秀樹［1997］『現代企業会計論』森山書店。

松下真也［2013］「Edwards and Bell 学説におけるカレント・コスト会計の意義—貨幣フロー反映志向と経営損益—」『松山大学論集』第25巻第 5 号，31-44頁。

Edwards, E. O. and P. W. Bell［1961］*The Theory and Measurement of Business Income*, Unversity of California Press.

FASB［1976］FASB Discussion Memorandum, *An Analysis of Issues Related to Conceptual Framework for Financial Accounting and Reporting ; Elements of Financial Statements and Their Measurement.*

（青柳　薫子）

売却時価会計と簿記の計算構造

I はじめに

　売却時価会計は，資産および負債を売却時価で評価する会計である。この売却時価会計を主張した代表的な会計学者はチェンバース (Chambers) とスターリング (Sterling) である。両者は売却時価会計を展開しているが，チェンバースは簿記の計算構造と財務諸表との関係についても論じている。

　そこで，本章の目的は，売却時価会計の提唱者であるチェンバースの *Accounting, Evaluation and Economic Behavior* において展開されている売却時価会計の概念等と簿記の計算構造について検討し，売却時価会計の現代的意義を考察するものである。

　国際財務報告基準 (IFRS) の「財務報告に関する概念フレームワーク」における公正価値概念は，財務諸表の構成要素の測定および資本維持の概念等に示されている。また，国際財務報告基準第13号（以下，IFRS13号と略す）において「公正価値測定」が公表されている。この公正価値概念は，売却時価に関する概念が内包されている。したがって，チェンバースの売却時価会計の解明がIFRSの公正価値概念についての一助となるであろう。

　よって，本章は，Chambers [1966] を中心に売却時価会計の概要と売却時価会計における簿記の計算構造について考察し，現代的意義を明らかにする。

162 第2部 現代会計の簿記計算構造論

Ⅱ 売却時価会計の概要と論拠

　チェンバースは，売却時価会計に至った背景に価格による重要性を指摘している。価格については，過去の価格，現在の価格および将来の価格に分けて説明がなされている。

　現在という時点から見れば，過去の価格は，すべてが単に過ぎ去った過去のものにすぎない。現在の価格だけが，行動の選択に対して何らかの関わりをもっている。ある財の10年前の価格は，今から20年後について仮説される価格と同じように，この問題にとっては何の関わりももたない。貨幣の一般購買力が変動しない間でも個々の財の価格は変動するだろうし，逆に，いずれかの財の個別価格に変動はなくても，貨幣の一般購買力の方は変動することもあろう。したがって，有用で，市場において現在の適応力について必然的な関わりをもつ結論は，過去の価格からは何も引き出せない（Chambers［1966］p.91）。

　そして，現在の価格についてチェンバースは，貨幣等価格を測定することのできる価格は購入価格と売却価格があることを述べている。購入価格は，現在の保有額を基礎として，現在の状況に適応する目的で市場に現金を携えて参加する能力を示すものではない。これに対して，売却価格の方はそれを示すのである。ある時点において，市場でのすべての将来可能と思われる行動にとって，統一的に適合性をもつ唯一の財務的属性は，保有下にある財のいずれかを問わず，そのすべてのものの市場売却価格または実現可能価格であると主張している。この実現可能価格は現在現金等価額といってよい（Chambers［1966］p.92）[1]。

　したがって，チェンバースは過去の価格からは何も引き出せないことを指摘し，現在の価格が行動の選択に対して関わりをもち，有用であることを指摘している。さらに現在の価格については，売却価格，すなわち，市場売却価格または実現可能価格であると述べている。また，新たな装置を購入する場合の例をあげ，所有している資産の取得原価と売却可能価格とを比較しても必要な価

1）　現在現金等価額は current cash equivalents を訳したものである。現在では，cash equiva-
lents は現金同等物と訳されている。

格が売却可能価格であること，取得原価が代替案としての価格ではないことが指摘されている。

さらに，チェンバースは，価格の変動について一般物価水準と相対価格を述べている。物価水準が同じ割合で上昇している場合には，当該実体にとって，従前と比べて財に対する一般的支配は少しも大きくなっていないのであり，この実体は，市場との関わりでは少しも豊かにはなっていないのである（Chambers［1966］p.115）。そして，相対的な価格の変動はこれとまったく違った影響を及ぼす。ここで，ある期間内に一般的な物価水準には何の変動もないが所有下にある１つの財の価格は上昇したと想定してみよう。価格の上昇のおかげで，この実体は期末においては期首よりも豊かになっている。一般的にいって，いずれの相対的な価格の変動であれ，それによって資本の残余持分の大きさが変動する（Chambers［1966］p.116）。

これらのことから，チェンバースは，売却時価会計について，現在の価格の重要性を説き，売却価格の方が目的に適合する能力をもっているとし，さらに，売却価格について市場売却価格または実現可能価格が統一的な適合性をもつ財務的属性であると述べている。また，価格の変動における実体の豊かさについても，チェンバースは，物価水準と相対価格によって豊かさが変わることを指摘している。

Ⅲ　売却時価会計の計算構造

1　貨幣性資産と非貨幣性資産に区分した場合の期間的測定

チェンバースは，貸借対照表の資産と資産の測定値とを区別することが重要であると指摘している。その理由としてチェンバースは，資産が対象または対象に対する諸権利その他の諸権利であり，資産の測定値がそれら資産の現在現金等価額である（Chambers［1966］p.104）と述べている。また，この現在現金等価額については，現在の市場において成立するからにほかならない（Chambers［1966］p.104）と述べている。

そして，チェンバースは，静態的な価格状況下および価格変動の状況下での

164 第2部 現代会計の簿記計算構造論

期間的測定を述べている。まず，静態的な価格状況下における期間的測定として，資産を貨幣性資産と非貨幣性資産に分けて，期間的測定がなされている（Chambers［1966］pp.221-223）。計算式で用いられる記号は，下記のとおりである。

M（monetary assets）　　　　貨幣性資産

N（non- monetary assets）　　非貨幣性資産

R（residual equity）　　　　残余持分

MRI（monetary receipts short term inventories）

　　　　　　　　　　　　短期的な在庫品の売却による貨幣受取額

MRD（monetary receipts durables inventories）

　　　　　　　　　　　　耐久的な在庫品の売却による貨幣受取額

MPI（monetary payments short term inventories）

　　　　　　　　　　　　短期的な在庫品の購入による貨幣支払額

MPD（monetary payments durables inventories）

　　　　　　　　　　　　耐久的な在庫品の購入による貨幣支払額

I（short term inventories）　　短期的な在庫品

D（durables inventories）　　耐久的な在庫品

Q（market resale prices）　　市場再売却価格

　　　　t_1は期末を示す。t_0は期首を示す。

t_0時点の財政状態は(1)式で示すことができる。期首の貨幣性資産 M_0 と期首の非貨幣性資産 N_0 で期首の残余持分 R_0 が示される。

$$M_0 + N_0 = R_0 \tag{1}$$

次に，期末 t_1 時点の財政状態も同様であり，利益は期首と期末の残余持分の差額であるから，(2)式のとおり表すことができる。

$$(M_1 - M_0) + (N_1 - N_0) = (R_1 - R_0) \tag{2}$$

期首と期末の貨幣性資産の残高は，売却による貨幣受取額（MRI，MRD）から購入による貨幣支払額（MPI，MPD）を控除した額と等しくなるため，(3)式

のとおり表すことができる。

$$(M_1 - M_0) = MRI + MRD - MPI - MPD \qquad (3)$$

期首と期末の非貨幣性資産の残高は，短期的な在庫品 I と耐久的な在庫品 D の期首と期末の市場再売却価格 Q の差額によって求められるため，(4)式のとおりとなる。

$$(N_1 - N_0) = I_1 Q_1 - I_0 Q_0 + D_1 Q_1 - D_0 Q_0 \qquad (4)$$

したがって，期首と期末の残余持分の差額である利益は，(5)式のとおり表すことができる。

$$(R_1 - R_0) = (MRI - MPI + I_1 Q_1 - I_0 Q_0) + (MRD - MPD + D_1 Q_1 - D_0 Q_0) \qquad (5)$$

ここで明らかなことは，短期的な在庫品と耐久的な在庫品の市場再売却価格の変動が利益に影響することである。

次に価格変動の状況下での期間測定については，一般物価水準（一般購買力）の変動と相対価格の変動および両方変動した場合を説明している（Chambers [1966] pp.223-227）。

まず，一般物価水準の変動について示すことにする。p が一般物価水準を表すとすると，t_1 を p_1 とし，t_0 を p_0 として，t_1 と t_0 の間に $(p_1 - p_0)/p_0$ の割合が物価水準の変動を示すことになる。算式を変形すると p_0 から $p_0 (1+p)$ へ物価水準の変動が表される。

t_0 時点の財政状態である(1)式は(6)式で示される。

$$M + N = R \qquad (6)$$

これに物価水準の変動分を当てはめると，(7)式が示される。

$$M(1+p) + N(1+p) = R(1+p) \qquad (7)$$

(7)式を展開すると，(8)式のとおり表すことができる。

166　第2部　現代会計の簿記計算構造論

$$M + N(1 + p) = R(1 + p) - Mp \tag{8}$$

　次に相対価格について，物価水準が静態的な状態のときに相対価格の変動額 q に相当する変動があった場合には，(9)式のとおりとなる。

　相対価格の変動による資産は，非貨幣性資産の価格が変動することによって，非貨幣性資産の新しい現在現金等価額 $N(1 + q)$ となる。そして，持分も企業の購買力の増分 Nq が増加することになる。

$$M + N(1 + q) = R + Nq \tag{9}$$

　q は，同一の尺度で測定された増分（Chambers［1966］p.225）で p と違うことも指摘している。一般物価指数と相対価格の両方が変動した場合については，p と q の影響分の差だけが相対価格の変動による影響分と考えられることになる（Chambers［1966］p.226）と述べ，(10)式のとおりとなる。

$$M + N[(1 + p) + (q - p)] = R(1 + p) - Mp + N(q - p) \text{2)} \tag{10}$$

　さらにこれを簡単にすると，(11)式となる。

$$M + N(1 + q) = R + Rp + N(q - p) - Mp \tag{11}$$

　財政状態が上記のとおりとなるので，期末の残余持分は，(12)式のとおりとなる。

$$R_1 = R + Rp + N(q - p) - Mp \tag{12}$$

　以上が一般物価水準と相対価格の両方が変化したときの財政状態における等式である。

　次に，この計算式をもとにチェンバースは貨幣性資産と非貨幣性資産である短期性の在庫品の例（**図表12-1**）を用いているので，参照したい。

---

　2)　チェンバースが1つの物価指数の変動と2つの相対価格の変動について示しているため，1つの物価指数の変動と1つの相対価格の変動という式に変更している。

第12章　売却時価会計と簿記の計算構造　167

[図表12-1]　短期性の在庫品に係る取引

価格のデータ				正味貨幣資産	在庫品		残余持分
時点	物価水準	価格の変動	財政状態	貨幣単位数	数量×価格	貨幣単位数	貨幣単位数
0	$p_0=100$	$q_0=20$	財政状態 t_0	1,500	60×20	1,200	2,700
1	$p_1=105$	$q_1=24$	在庫品の再評価		60× 4	240	240
2	$p_1=105$	$q_1=24$	財政状態 t_1	1,500	60×24	1,440	2,940
3			購入	(720)	30×24	720	
4	$p_2=110$	$q_2=24$	財政状態 t_2	780	90×24	2,160	2,940
5			販売	1,400	40×24	(960)	440
6	$p_3=110$	$q_3=24$	財政状態 t_3	2,180	50×24	1,200	3,380
4	$p_4=108$	$q_4=24$	財政状態 t_4	2,180		1,200	3,380
5	$p_5=117$	$q_5=30$	在庫品の再評価		50× 6	300	300
6	$p_5=117$	$q_5=30$	財政状態 t_5	2,180		1,500	3,680

(出所：Chambers [1966] p.233)

　短期性の在庫品を売買したときに利益が算定されるため，(12)式に加え，必要な記号を示す。

　　　RS（Realized Surpluses）　　　実現した剰余金

　資産である貨幣性資産と非貨幣性資産が変動することになるから，期末の残余持分は，(13)式のとおり変更することができる。

$$R_1 = R + Rp + RS + N(q-p) - Mp \qquad (13)$$

168　第2部　現代会計の簿記計算構造論

[図表12-2]　期間（t_0, t_5）中の残余持分の変動

期末時点		t_1	t_2	t_3	t_4	t_5
1	期首の持分，R	2,700	2,835	2,970	2,970	2,916
2	Rp	135	135	―	(54)	243
3	$R(1+p)$	2,835	2,970	2,970	2,916	3,159
4	期首の留保利益，S	―	105	(30)	410	464
5	Sp	―	5	―	(7)	39
6	$S(1+p)$	―	110	(30)	403	503
7	$N(q-p)$	180	(69)	―	21	200
8	$\langle-(Mp)\rangle$	(75)	(71)	―	40	(182)
9	実現した剰余金			440		
10	利益，s	105	(140)	440	61	18
11	期末の持分　3＋6＋10	2,940	2,940	3,380	3,380	3,680

（出所：Chambers［1966］p.234）

　図表12-1をもとにした短期性の在庫品にかかる取引における残余持分の変動が**図表12-2**のとおり示されている。

　t_1時点の期末持分の変動額がどのように計算されているか見ていくことにする。

$$t_1 \text{の期末の持分}= \quad R \quad +Rp+N(q-p)-Mp$$
$$2,940 \quad =2,700+135+ \quad 180 \quad -75$$

　Rpの135は残余持分に対する物価水準の変動であり，下記の算式で求められる。

$$Rp=R(p_1-p_0)/p_0=2,700(105-100)/100=135$$

　$N(q-p)$の180は非貨幣性資産の価格および物価水準の変動によって生じた測定値で下記の算式で求められる。

$$N=t_0\text{時点の非貨幣性資産（短期性の在庫品）の貨幣単位}1,200$$
$$q=(q_1-q_0)/q_0=(24-20)/20=0.2$$

$$p = (p_1 - p_0)/p_0 = (105 - 100)/100 = 0.05$$

よって，

$$N(q - p) = 1,200(0.2 - 0.05) = 180$$

Mp は，貨幣性資産に対する物価水準の変動であり，下記の算式で求められる。

$$Mp = M(p_1 - p_0)/p_0 = 1,500(105 - 100)/100 = 75$$

次に t_2 時点の期末持分の変動額がどのように計算されているかを見ていくことにする。

$$t_2 の期末の持分 = \quad R \quad + Rp + (S + Sp) + N(q - p) - Mp$$
$$2,940 \quad = 2,835 + 135 + (105 + 5) + (-69) \quad -71$$

Rp の135は残余持分に対する物価水準の変動であり，下記の算式で求められる。

$$Rp = R(p_2 - p_1)/p_1 = 2,835(110 - 105)/105 = 135$$

S の105は前期の留保利益（$N(q - p) - Mp$）の s である。Sp の5は前期の留保利益に対する物価水準の変動である。なお，t_3 以降は，前期の留保利益（$N(q - p) - Mp$）および実現した剰余金の合計 s と前期の $S(1 + p)$ の合計額が S となる。ちなみに t_3 の S は t_2 の s の -140 と t_2 の $S(1 + p)$ の110との合計額 -30 である。

$$Sp = S(p_2 - p_1)/p_1 = 105(110 - 105)/105 = 5$$

$N(q - p)$ の -69 は下記の算式で求められる。

$N = t_1$ 時点の非貨幣性資産（短期性の在庫品）の貨幣単位1,440

$q = (q_2 - q_1)/q_1 = (24 - 24)/24 = 0$

$p = (p_2 - p_1)/p_1 = (110 - 105)/105 = 0.048$

$N(q - p) = 1,440(0 - 0.048) = -69$

170　第２部　現代会計の簿記計算構造論

Mp は，貨幣性資産に対する物価水準の変動であり，下記の算式で求められる。

$$Mp = M(p_2 - p_1)/p_1 = 1,500(110 - 105)/105 = 71$$

　以上が，物価水準と相対価格の両方が変化したときの財政状態の変動を示す計算式である。そして，上記のデータをもとにした実際に行われた取引だけの損益計算書が次のとおり示されている（**図表12-3**）。当該期間（t_0, t_5）の残余持分の増分は680であるが，実際には521である（Chambers［1966］p.237）と述べている。521は，RS が440であり，$N(q-p)$ が332で，Mp が288，そして，Sp が37で，これらをもとに計算することができる。

$$521 = 440 + 332 - 288 + 37$$

［図表12-3］　損益計算書

売上高		1,400
期首棚卸高 t_0	1,200	
仕入	720	
	1,920	
期末棚卸高 t_5[3]	1,200	720
残余持分への増分		680

（出所：Chambers［1966］p.237）

2　売却時価会計の会計記録に関する記帳と評価

　チェンバースは，会計記録に関して複式簿記を次のとおり述べている。まず，記録については，単にすべての財が何らかの実体の財産をなしているという事実，あるいは持分下にあるという事実，そして，経験的に検証可能な事実を表現するもので，交換の過程ならびに手段に対する諸権利の本質によって規定されていることを指摘している（Chambers［1966］p.131）。

3）　期末棚卸高は50×@24と算出している。単価は先入先出法や後入先出法等の払出単価の決定方法ではなく，単価を相対単価に換算した@24となっている。

そして，集計については，借方残高と貸方残高とが等しいといっても，それ
は，単に原子記録，修正記入，集計が，システムを通じて貸借が均衡するよう
に行われたことを示すにすぎないこと，資産勘定または負債勘定の残高が，事
実においてその残高に相当する現実の資産・負債を表すという保証がそれに
よって与えられるわけではない（Chambers［1966］pp.135-136）として，貸借
が平均したにすぎない点を指摘している。

　貸借対照表は，価格の変動が及ぼす影響を記録にとどめない限り，独立に決
定可能な資産または負債の現在現金等価額に一致することにはならないことを
指摘している（Chambers［1966］p.136）。貨幣性資産と非貨幣性資産の期間的
測定においても相対価格や物価水準の変動と同じく，持分も同額変動している
ことが読み取れる[4]。

　したがって，会計記録について価格の変動を及ぼす影響などを記録しなけれ
ば，チェンバースが述べている売却時価会計における貸借対照表にはならない
ことになる。

　評価について売却時価会計は，公正価値との関係をあげることができる。
IFRS13号の「公正価値測定」に公正価値が定義されている。IFRS13号におけ
る公正価値とは，「測定時点で市場参加者間の秩序ある取引において，資産を
売却するために受け取るであろう価格又は負債を移転するために支払うであろ
う価格」（para.9）である。資産を売却するために受け取るであろう価格とは，
出口価格ということができ，売却時価ということもできる。また，「公正価値
測定」では現在価値による方法が示されている。現在価値については，将来の
金額，割引率，期間によって算出されるが期間がなく，その日時点であれば，
将来の金額と現在価値が同じ金額となる。よって，公正価値は，売却時価の思
考を内在しているということができる。

　4）　チェンバースが貨幣性資産と非貨幣性資産（短期性の在庫品）および持分という簡単な構造
　　で解説しているため，公正価値における持分とは議論の余地がある。

Ⅳ むすび

本章は，売却時価会計の概要と簿記の計算構造をチェンバースの理論をもとに考察した。そして，チェンバースは，一般物価水準と相対価格が変動する場合としない場合における理論と簿記の計算構造による財務諸表との関係についても示していた。チェンバースの売却時価会計を次のとおりまとめることができる。

(1) 売却時価を資産等の評価基準として資産と負債が現在現金等価額によって評価される会計である。

(2) すべての会計数値を一般物価水準等に修正することで同じ測定値にし，比較可能である。

(3) 資産が一般物価水準等に修正されると同時に持分も修正され，貸借平均する構造になっている。

(4) 貸借対照表と損益計算書については，一般物価水準等の変動が及ぼされる影響を記録しない限り，現在現金等価額にならない。

以上，売却時価会計の現代的意義は，公正価値との関係をあげることができる。そして，売却時価会計は，公正価値を知る上で重要な会計理論ということができる。公正価値は，実現可能価格や現在価値などの礎が売却時価会計の思考となっているからである。そして，IFRS13号で「公正価値測定」が示された測定時点で資産を受け取るであろう価格は売却時価である。売却時価会計の思考はIFRSによって，展開されているということができる。

【参考文献】

上野清貴［2014］『会計測定の思想史と論理』中央経済社。

上野清貴［2017］『会計理論研究の方法と基本思考』中央経済社。

Chambers, R. J.［1966］*Accounting, Evaluation and Economic Behavior*, Prentice- Hall.

IASB［2011］International Financial Reporting Standards13, *Fair Value Measurement*.

（鶴見　正史）

第13章

混合測定会計と簿記の計算構造

I はじめに

　本章の目的は，混合測定会計における簿記の計算構造の検討を行うことである。混合測定会計には現行会計の根本的な会計理論・簿記理論に関する争点や特徴的な見解が凝縮されていると考えられる。現在進行形で混合測定会計は形成されていると思われ，まさに混合したものを紐解いていく必要性がある[1]。

　本章では，現行の会計が混合測定会計であると仮定し，そこへ至った経緯を取得原価会計と公正価値会計の両面から概観する。その上で，公正価値測定の拡大を説明する概念や混合測定会計とならざるをえない理由について検討を加える。また計算構造の視点より，混合測定会計が簿記の計算構造へどのような変化をもたらしたのか，その特徴がどこにあるのかについて事例をもとに考察する。結果として，混合測定会計における簿記の計算構造は，損益勘定を経由しない利益計算構造を有する点，異なる測定基準により測定された価額を損益計算書や貸借対照表に混合計上している点，2段階利益計算アプローチである点に特徴があることを示す。

---

[1]　なお，混合測定会計の呼称については，別の呼称を用いている会計学者もいる。例えば笠井 [2010] は，現行会計を「併存会計」としている。これは原価評価および時価評価された資産が，ともに利潤を算出する（損益に関わっている）と理解されているからである（22頁）が，本章ではさしあたり混合測定会計という呼称を用いることにする。

174　第2部　現代会計の簿記計算構造論

Ⅱ　混合測定会計の展開

　米国財務会計基準審議会（FASB）により展開された資産負債アプローチ（会計の本質に接近するための方法の1つ）に基づく会計観（資産負債観）は，収益費用アプローチに基づく会計観（収益費用観）に大きな影響を与え，発生主義を基礎とした取得原価会計に基づく簿記の計算構造は転換もしくは対応を余儀なくされ続けていると考える。現行の会計制度（基準）は，資産負債観を中心にしているように見えるものの，実際は収益費用観との混合形態となっていると考えられ，いずれかに統一されていない。つまり利益観の混在を基礎として当期純利益と包括利益が2段階で表示されている現状が見られる。

　まず，利益概念であるが，「純利益」（収益・費用の期間差額）と「包括利益」（純資産の期間変動額）がある。いわゆる利益概念の二元化である。このような利益概念の二元化を生じさせるのは，会計観の違いに依拠していることはいうまでもない。先述した収益費用アプローチに基づく会計観（収益費用観）と資産負債アプローチに基づく会計観（資産負債観）である。収益費用アプローチでは純利益が計算され，資産負債アプローチでは包括利益が計算されることになる。それぞれの利益を計算するために，鍵概念となるのは，収益費用アプローチでは「収益・費用」であり，資産負債アプローチでは「資産・負債」である。利益計算式は次のとおりである。

収益費用アプローチ

　　　利益＝収益−費用

資産負債アプローチ

　　　利益＝期末純資産（期末資産−期末負債）−期首純資産（期首資産−期首負債）

　そうすると，収益・費用，資産・負債のそれぞれについてどのように測定を行うのかという問題が生じることにつながる。周知のとおり，収益・費用については，それぞれの期間帰属を決定することが基本的な測定プロセスであろう。したがって，配分が基本的な測定手続として考えられる。これに対して，資

産・負債については，その属性と変動を測定することが基本的な測定プロセスであろう。したがって，ある時点における評価が基本的な測定手続として考えられる。

　ここで配分と評価という2つの測定手続が出てくるわけだが，それぞれの測定の基礎として考えられるのは，取得原価と公正価値[2]である。取得原価は確定した過去支出に基づくものであり，公正価値は未確定の期待将来収入であると考えられる。評価を行った場合は，実現・未実現にかかわらず評価差額が発生することから，それらの処理から逃れることはできない。つまり，評価益と評価損の処理について検討せざるをえなくなる。

　収益費用アプローチと資産負債アプローチとでは，貸借対照表と損益計算書の関係の捉え方にも違いが生じている。収益費用アプローチでは，適正な期間損益計算を目的としており，配分思考により取得原価に基づいて期間費用と期末資産価額を決定することから，フロー項目の金額の決定がまずもって行われ，

[図表13-1]　混合測定会計における混合物

	混合測定会計	
利益概念	純利益	包括利益
会計観	収益費用観	資産負債観
アプローチ	収益費用アプローチ	資産負債アプローチ
鍵概念	収益・費用	資産・負債
測定手続	配分	評価
測定基礎	取得原価（過去支出）	公正価値（期待将来収入）
評価差額	なし（低価基準を用いた場合は評価損）	あり（評価益，評価損）
フローとストックの関係	フロー指向	ストック指向

（出所：藤井 [2019] 161-292頁を参考に作成）

2）　大日方 [2011] は，公正価値評価には，① mark to market，② mark to model，③ mark to judgment の3つがあること自体，公正価値評価の濫用としている。そして，本来の公正価値（時価）評価は，①の時価評価のみであり，②と③は実現の概念では説明できないとする（281頁）。本章では公正価値自体が混合測定であることを認めつつも，どのような測定が望ましいのかについては言及しない。

176 第2部 現代会計の簿記計算構造論

次にストック項目の金額が決定されるという流れとなる。つまりフロー指向（損益計算書重視）となる。これに対して，資産負債アプローチでは，ある時点のあるストック項目（資産・負債）の評価額（価値）が決定され，次に当該ストックに関係するフロー項目の金額が決定されるという流れになる。つまりストック指向（貸借対照表重視）となる。

　両アプローチの違いを単純化していえば，過去情報よりも現在/未来情報，伝統的な会計（取得原価会計）の枠組みに基づいて獲得した配当可能な当期純利益（実現利益）よりも，新しい会計の枠組み（混合測定会計）に基づいて公正価値により測定された包括利益（未実現利益を含む），利害調整機能よりも情報提供機能，継続的な記録よりも企業価値の計算へと会計はその軸足を動かしていると考えられる。こうした議論は，測定基準や測定値の優劣（有用性や確かさ）に関わるものである。必然的に公正価値の測定方法が議論の的となっていくことになる。

　測定基礎と複式簿記の関係に目を移すと，渡邉［2012］は，「会計の利益計算構造を支えてきた複式簿記は，その発生以来，かかる要求に応え得る測定手段として，現実に取引した時点の価格，すなわち取引価格（時が経過すると取得原価に変容）にその根拠を求めてきた」（22頁）と述べ，取引価格による測定の客観性と検証可能性に重きを置いていたと指摘し，この両者を「複式簿記のレーゾンデートル」（22頁）とまで言い切っている。それでは取引価格によらない測定（公正価値測定）が現行実務で行われているとすれば，複式簿記の存在価値は失われてしまったのであろうか。また，取得原価による測定に加えて公正価値評価が制度化された混合測定会計は複式簿記の存在や計算構造をどのように変化させたのであろうか。さらに，測定対象となる資産や負債の種類（性質や属性など）に応じて，様々な測定基準が適用されることが簿記の計算構造にどのような影響を与えているのであろうか。本章はこちらに焦点を絞り考察を進める。

Ⅲ　利益観と混合測定会計

　ここで利益観と処理基準としての測定基準との関係を整理しておこう。単純

第13章　混合測定会計と簿記の計算構造　177

に考えれば，2×2で4通りの組み合わせが考えられるが，ここに対象となる
資産や負債をどのようなものにするのかという点で，さらに組み合わせが多様
化することはいうまでもない。これを簡単に示すと，**図表13-2**のとおりであ
る。

[図表13-2]　測定と利益観

利益観＼測定	取得原価	公正価値
収益費用観	パターンA	パターンB
資産負債観	パターンC	パターンD

　次にA～Dのパターンをこれまでの会計実践や現行会計実践に当てはめて
みよう。
　パターンAは特定の資産・負債に公正価値測定が導入されるまでに行われ
ていた組み合わせ（つまり，取得原価会計）であると考えられる。取得原価会
計の最も本質的な特徴は，「取得原価にもとづいて期間費用と期末資産価額を
有機的に決定する点」（藤井［2019］165頁）にある。もっとも，渡邉［2017］は，
貸付金のうち返済不能になった不良債権を控除している記録を証拠として，「貸
付金を現実に回収可能な金額に評価替えをしている」（17頁）ことから，「複式
簿記の誕生とともに，取得原価を時価によって評価替えする実務」（17頁）が
行われていたとしている。この説を採用すればパターンBも取得原価会計の
枠内で行われてきたと見なすことも可能であろうが，パターンA，Bともに，
評価損を計上することはあっても，評価益を計上することはなかったことから
（原価以下主義・原価上限主義），基本的には収益費用観に基づく原価実現の枠内
における計算構造であったと考えられる。
　パターンCは，取得原価のみを測定基礎としており，パターンDは，全面
公正価値会計と考えられることから，現行の会計実践はCもしくはDに当て
はまるような単独の測定基準を用いていないことが理解できる。
　現行の会計実践について，資産負債観であることを前提として見た場合は，
パターンCとDが混在した形による混合測定会計であると考えられる。これは，
同一の資産や負債であっても，場合に応じて取得原価が用いられたり，公正価

値が用いられたりする場合や測定対象となる資産や負債の種類（性質や属性など）に応じて測定基準が決定する場合が実在するからである。

しかし，すべての会計基準を見渡してみれば，現行の会計実践は，収益費用観による取得原価と資産負債観による公正価値を測定基礎とした混合会計ではないだろうか。つまりパターンAとパターンDが混在した形による混合測定会計である。

例えば，固定資産の減価償却や減損を例に取って見よう。取得原価は期間配分されており期末資産価額は「支出・未費用」と考えられることから，収益費用観に基づく原価配分から変更はないと考えられる。したがって，パターンAに該当する会計処理は継続していると考えられよう。これに対して，当該資産の実態把握により減損が見られた場合は，減損損失を計上することになることから，資産負債観に基づく評価も同時に行われているように理解できるかもしれない。つまりパターンDの可能性である。しかし減損については，「金融商品に適用されている時価評価とは異なり，資産価値の変動によって利益を測定することや，決算日における資産価値を貸借対照表に表示することを目的とするものではなく，取得原価基準の下で行われる帳簿価額の臨時的な減額である」（固定資産の減損にかかる会計基準の設定に関する意見書　三の1）とあるように，取得原価会計の枠内での会計処理と捉えられる。「減損会計においては資産の帳簿価額が，収益性の低下という事象を線引きの基準にして，回収可能価額（減損処理後の資産価額）と減損損失（期間費用）に『配分』されていると考える」（藤井［2019］181頁）ことから，パターンDではなくAであると理解できる。

これに対して，売買目的有価証券の時価評価等については，パターンDに該当すると考えられる。**図表13-1**で見たように，ある時点のあるストック項目（資産・負債）の評価額が決定（認識）され，次に当該ストックに関係するフロー項目（評価損益の認識）の金額が決定されるという資産・負債アプローチの考え方と一致しているからである。

取得原価会計を前提とした場合は，評価損は計上するものの評価益は計上してこなかったことから，パターンDでは，評価益に関する取扱いを検討せざるをえなくなる。必然的に取得原価会計は拡張されるか，何らかの理論で補完

されるかしかない。もしくは評価益を取り扱う別の理論との併存・混在を許容しなくてはならない。

　制度（基準）上の混合はさておき，説明理論上解決すべきことは，(1)会計実践の規定にあると想定される目的措定が意思決定有用性による資産負債観であるとした場合に，どのような処理基準を演繹すべきなのかという問題，(2)仮に１つの処理基準を導出したとして，当該処理基準と現行の会計実践の処理規約（具体的には会計基準）との妥当性の論証であろう。具体的に記述すれば，意思決定有用性による資産負債観に基づく利益計算（計算目的）を行うとした場合，公正価値による測定（処理基準）が導出されたとする。すると，現行実務の会計基準（会計基準）は，公正価値のみならず取得原価による測定も会計基準として存在していることから，処理基準≠会計基準となり，現行会計実践の処理規約を合理的に説明できないことになるからである（笠井［2010］286頁）。

Ⅳ　取得原価会計と評価損益の関係

　取得原価会計を提唱する論拠には様々なものが見られることはいうまでもないが，上野［2017］は取得原価会計の公理化を試みた代表的な会計学者を取り上げ，取得原価会計の本質について論究している。例えば，井尻は会計の本質を見る見方として「会計責任説」と「意思決定説」を提示した上で，取得原価会計を論理づけるものは会計責任説であるとする（井尻［1976］）。ここで取得原価会計は，「資産の評価基準として取得原価を適用し，収益の認識基準として実現主義を適用する会計システム」（209頁）と位置づけられているのだが，仮に公正価値会計を論理づけるものが意思決定説（上述の計算目的）であるとすると，混合測定会計は，会計責任説と意思決定説の両者により論理づけられるのであろうか。それとも混合測定会計独自の考えにより論理づけられるのであろうか。

　また，「取得原価会計における交換公理は因果的複式簿記に結びつく」（上野［2017］240頁）という論法を当てはめるならば「公正価値会計における××公理は，△△簿記に結びつく」や「混合測定会計における□□公理は，○○簿記に結びつく」といった説明が期待される。

180　第2部　現代会計の簿記計算構造論

　また，上野［2014］は公正価値それ自体も混合測定概念であると指摘している（325頁）が，いかなる測定値を用いたとしても，公正価値測定を行えば，未実現の評価益もしくは評価損が発生することに変わりはない。例えば，評価損について注目してみよう。かつて低価基準を非合理的基準説または例外基準説として取り扱った渡辺［1962］は，「低価主義は，もともと完了した（実現した）取引の結果のみを損益計算に反映せしめるという近代の会計原則の例外をなすものであって，予測される未実現損失の早期吸収である（期末時価が下落しているために評価減することが損益計算上当然要請されるのではなくて）ことが真に理解されなければならない」（58頁）と述べていた。言い換えれば，配分プロセスに資産の実態把握という評価思考を介在させることはその例外としたのである。また，番場［1980］は，「低価主義に基づく原価切下額を当期の費用として説明するよりどころは保守主義の原則以外にない」（892頁）と述べていた3)。

　これらの考えを援用して，仮に未実現損失の当期損益計算への計上を配分や保守主義の立場から擁護したとしても，未実現利益の当期損益計算への計上をも認めている現行の混合測定会計を配分や保守主義の立場から説明することは難しいであろう。期末の公正価値評価に伴う価額や差額（とりわけ評価益）を損益計算書に計上するには，別の理論の必要性が指摘できる。

　低価基準を「発生原則」の観点から合理的（取得原価主義の枠内）であるとした考え（例えば飯野や山下）は，時価下落に基づく評価損のみを前提としているが，同じ論理を一貫させれば，時価上昇に基づく評価益も発生の事実は確実（ないし実現可能）であると見なすことにより，認識計上されるべきとなるであろう4)。

---

　3)　黒澤，太田，片岡，ペイトン，リトルトンなども同様の立場をとっている（詳細は，平敷［1990］70-79頁を参照されたい。
　4)　例えば大日方［2011］は「資産の時価評価も，発生原則の適用であるといわれることがある。これらについては，収益の計算原則である実現主義の例外であると解するなら，発生原則の適用として説明されること」（253頁）になるとしている。

V 混合測定会計に伴う評価差額の取扱い

　わが国の会計基準で混合測定会計を最もよく具現しているのは，企業会計基準第10号「金融商品に関する会計基準」（以下，金融商品会計基準）である。そこで，当該基準を題材として考察を進めていく。

　金融商品会計基準では，有価証券の保有目的別でその処理を異にしている。概説すると，(1)取得原価をもって貸借対照表価額とする場合（償却原価法を含む）と，(2)時価[5]をもって貸借対照表価額とする場合である。時価を用いた場合の差額については，(2)-1 評価差額を当期の損益として処理する場合，(2)-2 評価差額の合計額を純資産の部に計上する場合，(2)-3 時価が取得原価を上回る銘柄に係る評価差額は純資産の部に計上し，時価が取得原価を下回る銘柄に係る評価差額は当期の損失として処理する場合に細分される。

　売却時価を基礎として期末評価を行った際に問題となるのは，売買目的有価証券以外の有価証券の期末時価評価に伴う評価差額金の取扱いである。こちらも売買目的有価証券の評価益と同様に損益勘定を経由して当期損益となれば，計算構造上に特段の問題は発生しない。しかし，純資産への直入という「損益勘定」を経由しない計算構造をも容認したところに資産負債観に基づく混合測定会計の特徴が見出せ，また今日の混合測定会計による計算構造の課題が突きつけられていると考えられる。単に表示上の処理ということであれば，包括利益を表示させるだけにとどまると考えることもできるが，リサイクリングを容認して，当期損益を算定する場合は，従来の計算構造（つまり，損益勘定で算出された損益が資本勘定に転記され，資本勘定の残高が決算残高勘定に転記される）との差異を見出すことが可能であろう。

　すべての資産・負債を対象として期末に公正価値測定による評価替えを行っていないことから，特定の資産・負債に対して測定基準を異にする会計が現行会計（混合測定会計）の特徴であるといえよう。また，下方への貸借対照表価額の修正（これまでの低価基準に代表されるように評価損を生じさせる評価基準）

5）　金融商品会計基準に従い，公正価値ではなく「時価」と記載する。

182 第2部 現代会計の簿記計算構造論

のみならず上方への貸借対照表価額の修正（有価証券評価益もしくはその他有価証券評価差額金）をも含んでいるところに，近年の会計制度の特徴が見られる。したがって，いわゆる含み益（評価益）を損益計算書上，貸借対照表上でどのように取り扱うのかということが会計の本質や利益観，実現概念，配当可能性などの点から検討されなければならない。混合測定会計における簿記の計算構造上の課題は，期末における資産・負債の評価額の決定のあり方と差額の処理に集約される。

　取得原価会計は，取引事実に基づき，検証可能な計算システムとして，一定の信頼性を得ていたと考えられる。例えば，市場性のある有価証券を事例とした場合，取得原価会計の場合，有価証券の取得時の測定値が期末の評価額として記録され続ける。客観性や検証可能性に優れる一方，取得時点からの時の経過が長くなった場合は，情報利用時点において，必ずしも当該情報について有用性があるとまではいえない場合が想定できる。

　それに対して，期末に公正価値評価を行った場合，当然ながら期末の評価額が貸借対照表価額となる。取得原価とは異なることから，両者に差額が生じることになる。複式簿記が客観性や検証可能性を基盤とするのであれば，刻々と変化する公正価値（有価証券の時価）に信頼性，客観性，検証可能性が備わっているとは必ずしもいいがたいであろう。これは，測定値に係る問題である。また，差額をどのように取り扱うのかという新たな問題も生じる。こちらの問題は，単に測定値の問題というよりも，利益計算に直結する問題となる。

　複式簿記に基づく記録という点から考察すると，取得原価会計と公正価値による測定ではどのような差異が生じてくるであろうか。単純な事例で検討してみよう。

（事例）

〔事例1の前提〕

　20X1年4月1日に売買目的有価証券¥100,000を購入し現金で支払った。

　20X2年3月31日（期末）における同有価証券の時価は¥120,000であった。

・事例1－1．取得原価会計の場合（期末時価評価を行わない場合）

第13章　混合測定会計と簿記の計算構造　183

　　　4/1　（借）　売買目的有価証券　100,000　（貸）　現　　　　　金　100,000
　　　3/31　仕訳なし
　　　　　　期末貸借対照表の評価額は，¥100,000となる。
・事例1-2．公正価値評価の場合（期末時価評価を行った場合）
　　　4/1　（借）　売買目的有価証券　100,000　（貸）　現　　　　　金　100,000
　　　3/31　（借）　売買目的有価証券　　20,000　（貸）　有価証券評価益　20,000
　　　　　　期末貸借対照表の評価額は，¥120,000となる。

〔事例2の前提〕

　20X1年4月1日にその他有価証券¥100,000を購入し現金で支払った。

　20X2年3月31日（期末）における同有価証券の時価は¥130,000であった。

・事例2-1．取得原価会計の場合（期末時価評価を行わない場合）
　　　4/1　（借）　売買目的有価証券　100,000　（貸）　現　　　　　金　100,000
　　　3/31　仕訳なし
　　　　　　期末貸借対照表の評価額は，¥100,000となる。
・事例2-2．公正価値評価の場合（期末時価評価を行った場合）
　　　4/1　（借）　その他有価証券　100,000　（貸）　現　　　　金　100,000
　　　3/31　（借）　その他有価証券　　30,000　（貸）　その他有価証券
　　　　　　　　　　　　　　　　　　　　　　　　　　評価差額金　　30,000
　　　　　　期末貸借対照表の評価額は，¥130,000となる。

　事例1の取得原価会計の場合（1-1）と公正価値評価の場合（1-2）の違いは，3/31における仕訳の有無，評価益の発生となる。なお，公正価値で測定し，差額（変動：評価益ないし評価差額金）を損益に計上する場合とその他の包括利益に計上する場合が考えられる。

　この結果，貸借対照表には，取得原価会計に基づく評価額と公正価値評価に

[図表13-3]　損益勘定を経由する利益計算の構造

貸借対照表		連結損益及び包括利益計算書	
資産A　原価評価	負債A　原価評価	発生費用	発生収益
資産B　公正価値評価	負債B　公正価値評価	・取得原価主義に基づく	・取得原価主義に基づく
	純資産　当期利益	・公正価値評価に基づく	・公正価値評価に基づく
		当期利益	
		（実現利益と未実現利益を	
		含む）	

基づく評価額が混在することになる。また，損益計算書には，実現利益と未実現利益が混在することになる。この場合の測定値の確証はさておき，計算構造という視点から見れば，発生収益は評価益であったとしても損益勘定を経由して当期損益に反映されていることから，従来の計算構造から特段の変更点は見られない。

　事例2の公正価値評価の場合は，その他有価証券評価差額金をどのように処理するのかが焦点となる。評価差額の合計額を純資産の部に計上する（全部純資産直入法）か，時価が取得原価を上回る銘柄に係る評価差額は純資産の部に計上し，時価が取得原価を下回る銘柄に係る評価差額は当期の損失として処理する（部分純資産直入法）かを選択することになるわけだが，部分純資産直入法を用いた場合の時価が取得原価を下回る銘柄に係る評価差額を除いて，損益勘定を経由することがない。

　開示のみであれば，どのように区分表示しようが問題はないであろうが，利益計算という視点から見ると，公正価値評価の台頭に伴う混合測定会計では，計算構造に変化を与えているといえよう。

　有価証券を保有目的で分類した場合，なぜ一方の有価証券は時価評価差額について損益勘定を通じて処理し，他方の有価証券は時価評価差額を資本直入するのかという根拠は，他の資産一般に当てはめられるだけの論拠を提示していないと考えられる。

［図表13-4］　損益勘定を経由しない利益計算の構造

貸借対照表				連結損益及び包括利益計算書	
資産A	原価評価	負債A	原価評価	発生費用	発生収益
資産B	公正価値評価	負債B	公正価値評価	当期利益	・取得原価主義に基づく
				（実現利益と未実現利益を	・公正価値評価に基づく
				含む）	
				その他の包括利益	
		純資産	その他有価証券評価差額金	その他有価証券評価差額金	
				包括利益	
				（実現利益，未実現利益，その他包括利益を含む）	

では，意思決定有用性や目的適合性に基づき，検証可能な計算システムは，信頼性を有しているのであろうか。継続的な記録を前提にせず，公正価値を用いた場合は，その信頼性に一定の揺らぎが生じる事は否めないといえる。上記の資産Bの場合，貸借対照表作成日における公正価値がそれ以降の公正価値であるとはいえないからである。しかし，これはあくまで測定技術の問題であり，計算構造の問題ではないといえる。

　これまで資産をどのように分類するのかについては諸説が提示されてきた。例えば，貨幣性・非貨幣性ないし費用性資産という分類，待機分・充用分・派遣分という分類，資産の保有目的，事業モデルによる分類，裁定・非裁定取引などである。それらの分類より測定基準や評価益が検討・提示されてきたことは周知のとおりである。簿記の計算構造という一点に絞り端的にいえば，すべての収益・費用項目が損益勘定を経由していたのが，取得原価会計であり，一部の収益・費用項目について損益勘定を経由しないことを容認したのが混合測定会計であるといえる。

　そもそも複式簿記を損益計算目的として，貸借対照表や損益計算書を導出するものに限定するか，それとも損益目的外の目的（例えば，企業価値評価計算）をも目的とするのかによっても複式簿記の計算構造は異なってくるであろう。笠井［2010］が指摘するように，複式簿記機構を度外視した理論体系を構想して，単なる技術的機構にしかすぎない複式簿記を認めれば特に問題はなかろう（156頁）。しかし，現行会計実践の説明理論を構築するには，「複式簿記において，諸勘定が企業の経済活動を適切に把握しているかどうか（意味論），勘定を辿ることによって貸借対照表・損益計算書が整合的に導出されているかどうか（構文論），という点についての合理的な説明を含まなければならない」（156頁）。

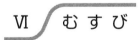

Ⅵ　むすび

　本章は，混合測定会計の特徴について概観した後，利益観と測定基準との関係から現行会計実践について考察を加えた。有形固定資産の減価償却については，取得原価会計の枠内で会計処理が行われているものの，有価証券の評価では，公正価値を用いることにより，取得原価を繰り越す際には発現しなかった

計算構造上の特徴を描写した。端的にいえば，収益勘定を経由して資本勘定に転記される場合とそうでない場合を事例から示した。

考察の結果，混合測定会計の計算構造は，二利益観による二段階利益計算に特徴があるといえよう。具体的にいえば，収益費用観により取得原価を基礎とした配分・評価による利益計算と，資産負債観により公正価値を基礎とした評価による利益計算の混合した会計である。

もっとも，どのような取引であっても，会計基準の設定次第では，複式簿記の記帳技術を用いた記録を行えることはいうまでもない。つまり，様々な測定基準により測定された金額に信頼性があるか否か，客観性があるか否か，検証可能性があるか否か等を別とすれば，どのような金額も複式簿記で付すことは可能だからである。また，利益計算を行う際，異なる概念の利益を異なる思考で計算することになったとしても，計算自体は可能であろう。これは，複式簿記の計算技術が一定であること（つまり，単なる技術的機構としての複式簿記の計算構造）を示しており，会計観により左右されることはないということである。あくまで，技術としての簿記に変化は求められないことを含意する。

しかし，企業損益の原因と結果の二面計算という点を顧慮した場合，純資産直入法の容認は，従来の計算構造に一定の影響を与えているといえる。収益費用観に基づく会計において，貸借対照表は損益計算書の連結環であったが，資産負債観に基づく会計では，損益計算書が貸借対照表の連結環とは必ずしもなっていないと考えられる。また2つの会計観は現行会計実践において混在している。

混合測定会計は，資産や負債を取得原価と公正価値のいずれかで測定（配分・評価）する意味において混合測定会計であり，公正価値そのものが売却時価と現在価値との混合概念により構成されている意味においても混合測定会計である。損益計算書上において実現利益と未実現利益の混合を容認する会計であるともいえるし，当期利益と包括利益の2つを計算可能としている点からも混合測定会計である。

上野 [2014] は，現在の会計測定思想を「公正価値会計におけるキャッシュ・インフロー思想を主体とし，取得原価会計における信頼性および客観性思想を加えた混合測定会計思想である」（328-329頁）とし，次の3つが現在に継承さ

れた会計測定の論理とした。これが現行の混合測定会計の理解としての１つの
到達点であろう。

(1)　取得原価会計における客観性の論理

(2)　売却時価会計における会計情報利用者の保有売却意思決定，企業業績評
　　　価および一般購買力表示の論理

(3)　現在価値会計における会計情報利用者の意思決定の論理

　異なる会計観や測定基準等により計算された結果としての利益額の意味が不
明であるという指摘は多くの論者によって重ねられてきた。確かに，それらの
指摘は，混合測定会計を理論的に解決するために重要な論点であろう。本章で
は解明できなかったが，今後，混合測定会計の必然性を積極的に支える説明理
論としては，「会計責任説」か「意思決定説」か，「利害調整機能」か「情報提
供機能」か，「収益費用観」か「資産負債観」か等といった対立構造で一方の
みを捉えて考察するのではなく，より高次の概念（抽象的なもの）を演繹的に
構築することが必要と考えられる。

【参考文献】

井尻雄士［1968］『会計測定の基礎』東洋経済新報社。

井尻雄士［1976］『会計測定の理論』東洋経済新報社。

上野清貴［2014］『会計測定の思想史と論理』中央経済社。

上野清貴［2015］『会計学説の系譜と理論構築』同文舘出版。

上野清貴［2017］『会計理論研究の方法と基本思考』中央経済社。

大日方隆［2011］「発生・実現・対応」斎藤静樹・徳賀芳弘責任編集『体系現代会計学（第
　　　１巻）企業会計の基礎概念』243-283頁。

笠井昭次［2010］『現代日本会計学説批判　評価論に関する類型論的検討Ⅰ』慶應義塾大学
　　　出版会。

宗田健一［2018］「混合測定会計の現状と課題―取得原価基準と低価基準との関係を参考に
　　　して―」『商経論叢』（鹿児島県立短期大学）第69号，61-76頁。

高松和夫［1963］「保守主義会計の再検討」『会計』第83巻第４号，29-40頁。

番場嘉一郎［1980］『棚卸資産会計』国元書房。

藤井秀樹［2019］『入門財務会計（第３版）』中央経済社。

平敷慶武［1990］『動的低価基準論』森山書店。

渡邉泉［2012］「公正価値会計の非整合性への歴史からの検証」『産業経理』第72巻第３号，
　　　20-33頁。

188　第 2 部　現代会計の簿記計算構造論

渡邉泉［2017］『会計の誕生―複式簿記が変えた世界―』岩波新書。
渡辺進［1962］「流動資産の評価について」『企業会計』第14巻第 4 号，54-58頁。

（宗田　健一）

第14章

キャッシュ・フロー会計と簿記の計算構造

I　はじめに

　本章の目的は，キャッシュ・フロー会計と簿記の計算構造の理論的解明を行うとともに，その現代会計における位置づけを考察し，現代的意義を述べることである。

　歴史的に見るとキャッシュ・フロー計算書が第3の主要財務諸表として，最初に公表が義務づけられたのは米国である。財務会計基準審議会（FASB）が1987年に財務会計基準基準書第95号「キャッシュ・フロー計算書」（SFAS95）を公表し，それ以来米国の企業はキャッシュ・フロー計算書を作成・開示している。その後，FASBは，2012年にConfidenceにより新基準である「キャッシュ・フロー計算書」（ASC230）を公表した。また，SFAS95は英国，カナダ，オーストラリアなどへ影響を与え，キャッシュ・フロー計算書を主要財務諸表の一表として開示している。国際会計基準委員会（IASC）においても，1992年に国際会計基準第7号「財政状態変動表」（IAS7）を改正し，改訂国際会計基準第7号「キャッシュ・フロー計算書」（IASR7）を公表した。一方，わが国を見ると，1999年4月から「連結キャッシュ・フロー計算書等の作成基準に関する意見書」ならびに「連結キャッシュ・フロー計算書等の作成基準」が公表され，旧・証券取引法（現・金融商品取引法）適用会社に対して連結キャッシュ・フロー計算書（連結財務諸表を作成しない会社については個別キャッシュ・フロー計算書）の作成を要求した。これにより，資金収支表は廃止されている。

190　第2部　現代会計の簿記計算構造論

Ⅱ　キャッシュ・フロー会計の作成法の原理

　キャッシュ・フロー会計は，「実現したキャッシュフローに基づいてキャッシュフロー計算書を作成する。また純資産の変動に基づいて損益計算書を作成する。この2つの計算式によって，キャッシュフロー全体の業績を示す。また，実現した資産と実現可能（未実現）純資産および負債，資本を示す財政状態表を作成する。さらに，企業の財政状態の変動のすべてを示す報告書として財政状態変動表を作成する。これらの4つの計算書によってキャッシュフロー会計は，実現キャッシュフローと未実現のキャッシュフローを明らかにする」（鎌田［2017］83頁）のである。

　キャッシュ・フロー計算書の作成方法を見ると，ワークシート法とT勘定法がある。そのどちらも作成法の原理はほとんど同じである。とりわけ，ワークシート法は勘定の相互関係を理解するのに優れている。一方，T勘定法は特定の勘定の中で生じた複雑な取引の分析をするのに適しているといわれている（鎌田［2006］45頁）。本章では，活用頻度の高いワークシート法について述べる。

　鎌田は，複式簿記に依拠して，「キャッシュ・フローを現金勘定の貸方あるいは借方に記入する場合，これに対応して現金以外の勘定の借方あるいは貸方にも記入される。対応する勘定は貸借対照表または損益計算書の勘定である。損益計算書勘定は最終的には利益剰余金勘定で締め切られる。利益剰余金勘定は貸借対照表勘定であるから，すべての勘定は貸借対照表に要約される。つまり，現金収支の性質は**図表14-1**のとおり現金以外の貸借対照表勘定によって明らかにすることができる」（鎌田［2006］45頁）と述べている。

［図表14-1］　現金収支の性質等式

```
              資産＝負債＋株主持分         (1)
   現金＋現金以外の資産＝負債＋株主持分      (2)
   現金＝負債＋株主持分－現金以外の資産      (3)
   ↓
   1期間の現金変動＝現金以外の勘定の変動    (4)
```

（出所：鎌田［2006］45頁）

ここで，鎌田［2006］は**図表14-1**を概説しており，「(1)は会計等式，(2)は資産から現金を分離したもの，(3)は(2)を展開したもので，現金は負債および株主持分の合計から現金以外の資産を差し引いて求めることができる，(4)は現金の変動は負債，株主持分および現金以外の資産の変動に基づいて，すべて説明することができる」ことを示唆している。キャッシュ・フロー計算書を作成するために，(1)から(4)のすべての情報を網羅している。とりわけ，(4)は1期間に生じた非現金投資および非現金財務は現金以外の勘定を分析することで明らかにされる。

損益計算書勘定は，利益剰余金の変動に関連する重要な情報を提供する。配当は利益剰余金の減少項目であり利益剰余金と直接関係している。

次に，損益計算書と貸借対照表およびキャッシュ・フロー計算書勘定の関係のうち，主要な勘定の関係を要約したものが**図表14-2**である。

例えば，1期間における営業収入は，売上を売掛金の増減だけ調整して計算することを示している。仮に売掛金が減少した場合は，現金回収高は売上収益に売掛金の減少額を加算したものに等しくなる。また，売掛金に変動がなけれ

［図表14-2］　損益計算書，貸借対照表，キャッシュ・フロー計算書勘定の関係

損益計算書勘定	貸借対照表勘定	キャッシュ・フロー計算書勘定
売　　上	売　掛　金	営　業　収　入
売　上　原　価	棚　卸　資　産 買　掛　金	仕　入　支　出
減　価　償　却　費	減価償却累計額	影　響　な　し
営　業　費	前　払　費　用 未　払　費　用	営　業　支　出
固定資産売却損益	固　定　資　産 減価償却累計額 未　収　金	固定資産の売却に伴う収入
社　債　償　還　益	社　債 社債発行差益	社債償還のための支出

（出所：鎌田［2006］46頁）

192 第2部 現代会計の簿記計算構造論

ば，取引先から回収された現金は，売上収入に等しくなる。

　ところで，キャッシュ・フロー計算書の作成表示において，FASBとIASBは当初から直接法を推奨していたが，実務では浸透してこなかった。しかし，近年になって直接法の重要性が増しつつあるため，本章では直接法に焦点を当てる。とりわけ，「直接法の最大の利点は，外部の利用者が会社の収益・費用とキャッシュ・フローとの関係を理解できるように，キャッシュ・フローを表示する」（鎌田［2006］128頁）ことである。

Ⅲ　キャッシュ・フロー会計の形式的理論

1　会計の生成理論

　従来，会計の目的は企業の損益を計算することに加え，企業の現金も計算することであるといわれている。これは，キャッシュ・フロー計算書における利用者の利用目的が，FASBのSFAS95（para.5）において，会社が将来の正味キャッシュ・フローを生み出す能力を評価すること（現金創造能力），企業が債務を返済し，配当を支払う能力，また外部からの資金調達能力の必要性を評価すること（支払能力），等としていることにも関係していると思われる。

　現在，キャッシュ・フロー計算書は貸借対照表および損益計算書から派生的に作成されるため，独立性を欠くものと認識されている。これは，キャッシュ・フロー計算書が複式簿記システムに基づいて作成されていないことに起因している。

　まず簿記一巡の流れに倣って企業の経済活動や取引を仕訳し，総勘定元帳へ転記を毎営業日に行い，これに基づいて合計試算表ならびに残高試算表を作成する。次に，現金預金勘定を収入および支出要素別に分け，収入・支出はさらにそれらの取引内容を正確に表す各勘定に細分化され，さらに細分化された勘定が合計試算表および残高試算表に含まれることになる。そして，残高試算表における収入・支出の要素を抜き出して構成されるキャッシュ・フロー計算書，資産・負債・純資産の各要素を抜き出して貸借対照表，収益・費用の各要素を抜き出して損益計算書となる。

次に，キャッシュ・フロー計算書において算定された現金増減を貸借対照表の現金預金に振り替え，損益計算書において算定された損益を貸借対照表の繰越利益剰余金に振り替え，各勘定を締め切ることによって，複式簿記が完結するのである。このように，キャッシュ・フロー計算書が簿記システムに組み込まれることにより，キャッシュ・フロー計算書が貸借対照表から派生されることなく残高試算表から作成されることが明らかにされるのである（上野［2011］22頁）。つまり，キャッシュ・フロー計算書，貸借対照表および損益計算書が残高試算表から作成されるということは，キャッシュ・フロー計算書は貸借対照表に対して会計理論的あるいは会計構造的にも同格の独立性をもった関係が成り立つことになる。

では，その論理を説明すると，収入・支出の意味するものは，収入は企業の資金量のうち現金が絶対的増加したものであり，支出は企業の現金が絶対的減少したものである。資産・負債・純資産には企業の資金量の絶対的増減が生じず，企業の現金量の絶対的増減も生じないことから，収入・支出はこのような点において資産・負債・純資産とは基本的に異なっている。かかる収入・支出は残高試算表において特殊性を含意することとなり，資産・負債・純資産から分離する必要性が生じることとなる。

[図表14-3]　残高試算表と財務三表との関係

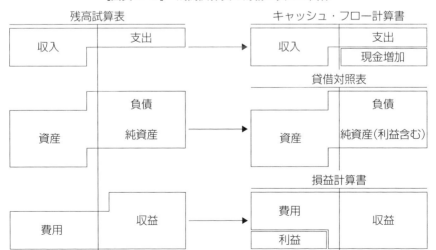

194　第2部　現代会計の簿記計算構造論

　以上明らかになったことから，次に企業の現金量の絶対的増加を獲得するためには，一方で，支出という犠牲である企業の絶対的減少が不可欠となる。

　ここでキャッシュ・フロー計算書が企業の現金量の絶対的増減を対応させる計算書となる。例えば，企業の現金増加を算出するためには，収入と支出とをキャッシュ・フロー計算書に収容させ，これらを対応し企業の差引き計算を行う必要がある。

　これらの関係性を表したものが**図表14-3**となる。

2　会計構造理論

　企業の経済活動あるいは企業資金運動を統一的・全体的に把握する場合，運動概念ないしフロー概念が重要となり，会計等式においても運動を表したものでなければならず，次式に見る会計等式となる。とりわけ，企業の資金運動を統一的・全体的に把握する過程理論が会計において重要となる。

$$現金の増加＋資産の増加＋負債の減少＋純資産の減少＋費用の増加$$
$$＝現金の減少＋資産の減少＋負債の増加＋純資産の増加＋収益の増加$$

　次に，会計等式に基づく財務諸表の導出であるが，ここでは合計試算表を中心に述べる。これは合計試算表が会計等式で示した項目をすべて，かつ体系的に含意しているからである（**図表14-4**参照）。また，企業の経済活動あるいは企業資金運動を統一的・全体的に把握することにおいて，最も正確に表現し，遂行する重要な計算表となる。

［図表14-4］　合計試算表

現金の増加	現金の減少
資産の増加	資産の減少
負債の減少	負債の増加
純資産の減少	純資産の増加
費用の増加	収益の増加

　合計試算表は，会計手続の最終成果である財務諸表を作成するための基礎となる。具体的には，合計試算表の各会計要素の増加および減少から各要素の残

高を計算することによって，残高試算表を作成する。これは企業の資金残高を統一的・全体的に把握したものであり，ストック概念を表すことになる。この残高試算表のうち，収入・支出からキャッシュ・フロー計算書が構成され，資産・負債・純資産から貸借対照表が構成され，収益・費用から損益計算書が構成される。また，キャッシュ・フロー計算書において，収入から支出を控除することによって現金増加が算定され，損益計算書において，収益から費用を控除することによって利益が算出される。現金増加および繰越利益剰余金に振り替えることによって，財務三表である財務諸表が完成される。この中の財務表であるキャッシュ・フロー計算書は企業の現金創造能力あるいは支払能力を表し，貸借対照表は企業の財政状態を表し，損益計算書は企業の収益力を表すこととなり，各々が財務三表である財務諸表を構成することとなる。

3　Ｔ勘定法

ここでは，複雑な取引に適しているといわれているＴ勘定法による形式的構造（直接法）を事例（Ａ社）に基づいて概観する。なおＡ社の付属資料は**図表14-5**を参照されたい。

（事例）

Ａ社の資料である損益・利益剰余金計算書（**図表14-6**）比較貸借対照表（**図表14-7**），に基づいてキャッシュ・フロー計算書を作成する。当期において，社債による取引は一度行われたが，機械・設備の除却ならびに投資有価証券の購入は行われていない。

196　第2部　現代会計の簿記計算構造論

［図表14- 5］　A社付属資料

(1)　取得原価900万円，帳簿価額300万円の建物を800万円で売却し，代金は現金で受け取った。
(2)　C社の株式の持分法による評価益は1,500万円であった。また，C社から800万円の配当金を受け取った。
(3)　普通株式800株（発行価額5万円）を増資し，4,000万円の払込みが行われ，2,000万円を資本金に組み入れた。
(4)　期末に1,000万円を借り入れた。返済期限は1年後である。
(5)　建物2,000万円を取得し，代金は現金で支払った。
(6)　新株予約券付社債6,000万円について新株予約権が行使され，社債償還額を払込金に充当し，3,000万円を資本金に組み入れた。
(7)　当期の配当宣言7,000万円のうち，6,300万円は現金で支払われた。
(8)　期末に機械設備2,000万円を取得した。このため，銀行から2,000万円を借り入れた。なお，返済期限は5年後である。
(9)　新株予約権付社債1,000万円を発行して，同額を現金で受け取った。なお，有価証券はすべて現金同等物に含まれる。

［図表14- 6］　A社損益計算書

（単位：万円）

X2年12月31日に終了する年度	
売上高	30,000
投資有価証券評価益	500
建物売却益	500
受取配当金	800
	31,800
売上原価	18,000
営業費	400
減価償却費	3,000
特許償却費	100
支払利息	1,500
	23,000
税金等調整前当期純利益	8,800
法人税等	3,600
当期純利益	5,200

第14章　キャッシュ・フロー会計と簿記の計算構造　197

[図表14-7]　A社比較貸借対照表

（単位：万円）

| | 12月31日 | | 増減 |
	X1年	X2年	
資産			
流動資産			
現金	9,400	15,250	5,850
有価証券	300	100	（200）
売掛金	2,000	1,800	（200）
商品	3,000	3,600	600
前払費用	700	550	（150）
流動資産合計	15,400	21,300	5,900
固定資産			
機械・設備	0	500	500
建物	12,000	14,000	2,000
特許権	300	200	（100）
投資有価証券（C社株式）	2,000	2,500	500
減価償却累計額	（500）	（800）	（300）
固定資産合計	13,800	16,400	2,600
資産合計	29,200	37,700	8,500
負債および株主持分			
流動負債			
買掛金	800	300	（500）
短期借入金	0	1,000	1,000
未払利息	100	200	100
未払配当金	1,000	3,000	2,000
未払法人税	500	1,000	500
流動負債合計	2,400	5,500	3,100
固定負債			
長期借入金	0	2,000	2,000
新株予約権付社債	15,000	8,000	（7,000）
固定負債合計	15,000	10,000	（5,000）
負債合計	17,400	15,500	（1,900）
資本			
資本金	10,000	15,000	5,000
準備金	1,000	6,000	5,000
利益剰余金	800	1,200	400
資本合計	11,800	22,200	10,400
負債および資本合計	29,200	37,700	8,500

198　第2部　現代会計の簿記計算構造論

(1)　T勘定法（直接法）による調整仕訳の作成

①　営業収入

売上は，30,000万円，期首および期末売掛金はそれぞれ2,000万円，1,800万円であるから，当期回収額は，30,200万円（2,000万円＋30,000万円－1,800万円＝30,200万円）と推定される。

（借）　現金及び現金同等物　30,200　　（貸）　売　　　掛　　　金　30,200
　　　　　（営業活動）

	売	掛	金				売	上	
期　首	2,000	回収額	30,200		損　益	30,000	売掛金	30,000
売　上	30,000	期　末	1,800					
	32,000		32,000					

②　商品の仕入による支出

当期の売上原価は，18,000万円，期首および期末の商品有高はそれぞれ3,000万円，3,600万円であるから，当期仕入高は18,600万円（3,600万円＋18,000万円－3,000万円＝18,600万円）と推定される。また，期首および期末の買掛金残高はそれぞれ800万円，300万円であるから当期の支払額は19,100万円（800万円＋18,600万円－300万円＝19,100万円）と推定される。

（借）　買　　　掛　　　金　19,100　　（貸）　現金及び現金同等物　19,100
　　　　　　　　　　　　　　　　　　　　　　　　　（営業活動）

	買	掛	金				商	品	
支払額	19,100	期　首	800		期　首	3,000	売上原価	18,000
期　末	300	仕　入	18,600		買掛金	18,600	期　末	3,600
	19,400		19,400			21,600		21,600

③　その他の営業支出

当期の営業費400万円と期首および期末の前払費用残高はそれぞれ700万円，550万円から当期支払額は250万円（400万円－150万円＝250万円）と推定される。

（借）　営　　　業　　　費　250　　（貸）　現金及び現金同等物　250
　　　　　　　　　　　　　　　　　　　　　　　（営業活動）

	前 払	費 用				営 業	費	
期　首	700	営業費	150		前払費用	150	損　益	400
		期　末	550		支払額	250		
	700		700			400		400

第14章　キャッシュ・フロー会計と簿記の計算構造　199

④　配当金の受取額

当期の受取配当金は800万円で全額収入とされたものと推定される。

（借）　現金及び現金同等物　　　800　　（貸）　受　取　配　当　金　　　800
　　　　　（営業活動）

<table>
<tr><td colspan="2" align="center">受取配当金</td></tr>
<tr><td align="center">損　益　　　800</td><td align="center">受取額　　　800</td></tr>
</table>

⑤　利息の支払額

当期の利息の支払額は，未払支払利息1,500万円と期首および期末の未払利息残高はそれぞれ100万円，200万円から当期支払額は1,400万円（100万円＋1,500万円－200万円＝1,400万円）と推定される。

（借）　未　払　利　息　　1,400　　（貸）　現金及び現金同等物　　　1,400
　　　　　　　　　　　　　　　　　　　　（営業活動）

<table>
<tr><td colspan="2" align="center">未 払 利 息</td><td colspan="2" align="center">支 払 利 息</td></tr>
<tr><td>支払額　　1,400</td><td>期　首　　　100</td><td>未払利息　　1,500</td><td>損　益　　1,500</td></tr>
<tr><td>期　末　　　200</td><td>支払利息　1,500</td><td></td><td></td></tr>
<tr><td>　　　　　1,600</td><td>　　　　　1,600</td><td></td><td></td></tr>
</table>

⑥　法人税等の支払額

当期の法人税等の支払額は，未払法人税3,600万円と期首および期末の未払法人税残高はそれぞれ500万円，1,000万円から当期支払額は3,100万円（500万円＋3,600万円－1,000万円＝3,100万円）と推定される。

（借）　未　払　法　人　税　　3,100　　（貸）　現金及び現金同等物　　　3,100
　　　　　　　　　　　　　　　　　　　　（営業活動）

<table>
<tr><td colspan="2" align="center">未払法人税</td><td colspan="2" align="center">法 人 税 等</td></tr>
<tr><td>支払額　　3,100</td><td>期　首　　　500</td><td>未払法人税　　3,600</td><td>損　益　　3,600</td></tr>
<tr><td>期　末　　1,000</td><td>法人税等　3,600</td><td></td><td></td></tr>
<tr><td>　　　　　4,100</td><td>　　　　　4,100</td><td></td><td></td></tr>
</table>

(2)　Ｔ勘定への記入

　上記の調整仕訳を，現金及び現金同等物（営業活動）に記入した場合，次のとおりである。

200　第2部　現代会計の簿記計算構造論

現金及び現金同等物（営業活動）

①売掛金	30,200	②買掛金	19,100
④受取配当金	800	③営業費	250
		⑤未払利息	1,400
		⑥未払法人税	3,100
		現金・現金同等物集合	7,150
	31,000		31,000

　直接法は，営業活動によるキャッシュ・フロー7,150万円が，当期純利益5,200万円と異なるが，その理由を明らかにしない。わが国の財務諸表等規則においては，特に言及していないが，米国のASC230は，直接法を用いた場合，キャッシュ・フロー計算書の注記において，営業活動によるキャッシュ・フローと当期純利益との調整表を作成することを要求している（ASC230-10-45-30）。この調整表を作成すれば，利用者は，総額によるキャッシュ・フロー情報に加えて，営業活動によるキャッシュ・フローと当期純利益とが異なる理由を知ることができる。一方，IASR 7では，直接法を用いた場合でも，調整表を要求していない。

　なお，キャッシュ・フローの表示区分において営業活動以外の投資活動と財務活動を含め処理すると**図表14-8**のとおりである。

第14章　キャッシュ・フロー会計と簿記の計算構造　201

［図表14- 8 ］　Ａ社キャッシュ・フロー計算書（直接法）

（単位：万円）

X2年12月31日に終了する年度	
Ⅰ　営業活動によるキャッシュ・フロー	
営業収入	30,200
商品の仕入による支出	−19,100
その他の営業支出	−250
小計	10,850
配当金の受取額	800
利息の支払額	−1,400
法人税等の支払額	−3,100
営業活動によるキャッシュ・フロー	7,150
Ⅱ　投資活動によるキャッシュ・フロー	
建物の売却による収入	800
建物の購入による支出	−2,000
投資活動によるキャッシュ・フロー	−1,200
Ⅲ　財務活動によるキャッシュ・フロー	
普通株式の発行による収入	4,000
短期借入による収入	1,000
新株予約権付社債の発行による収入	1,000
配当金の支出額	−6,300
財務活動によるキャッシュ・フロー	−300
Ⅳ　現金及び現金同等物に係る換算差額	0
Ⅴ　現金及び現金同等物の増加額	5,650
Ⅵ　現金及び現金同等物期首残高	9,700
Ⅶ　現金及び現金同等物期末残高	15,350
キャッシュ・フロー計算書に対する注記	
(1)　非現金取引	
新株予約権付社債の権利行使による普通株式の発行	6,000
機械設備の長期借入金による取得	2,000
	8,000

(2)　会計方針の開示

　キャッシュ・フロー計算書の目的のためには，会社は，購入してから3ヵ月以内に最初の満期が到来する，すべての高度に流動的な負債証券を現金同等物と見なしている。

Ⅳ　むすび

　本章では，キャッシュ・フロー会計と簿記の計算構造の理論的解明を行うために，キャッシュ・フロー会計が生成され，複式簿記システムに組み込む論拠を明らかにした。また，残高試算表と財務三表との関係や合計残高試算表は企業の経済活動あるいは企業資金運動を統一的・全体的に把握する会計であることも明らかにした。さらに，残高試算表に基づいて財務三表である財務諸表が作成され，キャッシュ・フロー計算書および損益計算書から貸借対照表への振替えによって会計手続が完了する。このことにより，キャッシュ・フロー計算書は貸借対照表および損益計算書と同等・同格の地位を確立され，かつ独立性を有した財務表となりうるのである。さらにSFAS95（para.5）でも記載されているように財務三表としてキャッシュ・フロー計算書は企業の支払能力や現金創造能力を表し，貸借対照表は財政状態を表し，損益計算書は収益力を表すという各々の機能や役割を果たすことになる。

　キャッシュ・フロー計算書を比較貸借対照表の変動分析から作成する場合の注意するべき点は，直接法の場合には，営業収入，配当収入，仕入先に対する支出，その他の営業費に対する支出，利息支出，税金支出を別個に総額で表示するために，それらの金額を推定し，調整計算することである。

　今日のキャッシュ・フロー計算書の作成表示では直接法が推奨されているが，本章で考察した会計における二元式複式簿記観から三元式複式簿記観へと拡張することやT勘定法の実務におけるシステム化の進展を勘案すると，現代的意義が大きいといえる。

【参考文献】

上野清貴［2011］「キャッシュ・フロー会計と複式簿記の統合論理」『日本簿記学会誌』第26号，21-27頁。

鎌田信夫［2006］『キャッシュ・フロー会計の原理（新版第2版）』税務経理協会。

鎌田信夫［2017］『キャッシュフロー会計の軌跡』森山書店。

佐藤倫正［1990］『資金計算書研究』岡山大学経済学部。

染谷恭次郎 [1999] 『キャッシュ・フロー会計論』中央経済社。

Broome,O. W. [2004] Statement of Cash Flows : Time for Change!, *Financial Analysts Journal*, Vol. 60, No. 2, (March/April), pp.16-22.

FASB [1987] Statement of Financial Accounting Standards No. 95, *Statement of Cash Flows*, FASB.

Miller, P. B. W. and P. R. Bahnson [2002] Fast Track to Direct Cash Flow Reporting, *Strategic Finance*, pp.51-57.

（岡部　勝成）

収益認識基準と簿記の計算構造

I　はじめに

　わが国においては，収益認識に関する包括的な会計基準は存在せず，1949年に設定された企業会計原則において，「売上高は，実現主義の原則に従い，商品等の販売または役務の給付によって実現したものに限る」ことが規定されるにとどまり，収益認識に関する包括的な会計基準はこれまで開発されていなかった（ASBJ［2018a］92項）。このような状況や，国際会計基準審議会（IASB）および米国財務会計基準審議会（FASB）の動向を踏まえ，企業会計基準委員会（ASBJ）は，2018年3月30日に企業会計基準第29号「収益認識に関する会計基準」（以下，ASBJ［2018a］とする）および企業会計基準適用指針第30号「収益認識に関する会計基準の適用指針」（以下，ASBJ［2018b］とする）を公表した。
　本章では，伝統的に収益認識基準とされてきた実現概念について概説した上で，ASBJ［2018a］およびASBJ［2018b］に焦点を当て，収益認識基準の特徴と課題について，簿記の計算構造から捉えることとする。

II　伝統的実現概念

1　伝統的実現概念の誕生

　実現概念は複式簿記の成立時よりすでに売上収益の認識に対して適用されて

第15章　収益認識基準と簿記の計算構造　205

いたと見ることができる。歴史的には，次のような販売活動の段階を実現の規準としていた。まず，単純な会計が行われていた当時は，販売の結果としての現金の受領を実現の要件としていた。次に信用制度が確立され，現金の受領に加えて債権の発生を実現の要件とする慣行が成立した。その後，財貨の引渡しをもって売上収益を認識する慣行が成立し，今日に至っている。このように，実現概念は売上収益を認識するために成立し，販売とほとんど同義に用いられてきたといえる[1]。

　しかし，第一次世界大戦以後，実現概念は売上収益認識以外の役割，すなわち，資産の再評価から生ずる未実現利益を排除する役割も果たすようになった。米国会計士協会の企業利益研究グループの報告書（AIA [1952]）によると，1913年には，英米の会計学，法学および経済学の分野における権威者らは，利益決定について，いわゆる「純財産増加」（increase in net worth）概念を主張していた（AIA [1952] p.23）。周知のように，純財産増加法は，期首と期末の純財産の在高を比較することによって，期間損益を計算する方法である。当時の米国会計界においては，資産評価について時価による評価が支配的であった。ところが，1913年から1920年にかけて起こった著しい物価水準の変動に直面し，各企業は資産の評価替えを行った。そこで，貨幣価値の下落に基づく未実現の評価益が計上されることになった。このような未実現の評価益をめぐって，課税の是非が議論され，利益の実現に関連して，「完了した取引」（the completes transaction）や「現金もしくは現金等価物」（cash or cash equivalent）の概念が具体化し，1918年の所得税法において採用されることとなった。そして，最高裁判所は利益を「資本から分離した何らかのものを意味する」とし，「資本および労働もしくは両者の結合から生じた利得（gain）である」と定義した。ここでは，利益という側面よりも，分離（severance）という側面を強調した。つまり，資本からの分離なくして，すなわち，実現なくして利益はありえないというわけである（AIA [1952] pp.25-28）。

　このように，第一次世界大戦以後の米国における物価水準の変動を契機として，純財産増加概念のもとでの時価評価による利益の欠陥，すなわち，未実現

───────────────

　1）　若杉［1963］62-63頁を参照。

利益の計上に対する批判として実現概念が誕生したのである。それと同時に，純財産概念が否定され，費用収益対応の過程において利益が決定されるようになった。

2 伝統的実現概念の意義

伝統的実現概念の代表的な見解としては，Gilman［1939］，Kohler［1975］，Paton and Littleton［1940］があげられる。例えば，Paton and Littleton は，実現を次のように述べている。

「収益は，営業の全過程によって，企業努力の全体によって稼得される。収益は製品が現金または他の有効な資産に転換されることによって実現される」（Paton and Littleton［1940］p.46）。

この定義においては，「実現」の不可欠な要素として，企業外部者との交換取引である企業製品の販売と，その対価として現金またはその他の有効な資産が受領されることを要求している。

各見解において，対価として受領される資産について若干の相違はあるものの，すべてに共通して，伝統的実現概念は，「企業外部者との交換取引」と「流動性の高い資産の受領」を要件としている。このように，対価として資金的な裏づけのある資産を重視することは，受託責任の遂行，処分可能利益の算定という会計目的が背景にあると捉えられる。

Ⅲ ASBJ における収益認識基準

1 ASBJ［2018a］の概要

ASBJ は，基本方針として，国内外の企業間における財務諸表間の比較可能性の観点から，IASB が2014年に公表した「顧客との契約から生じる収益」（以下，IFRS 第15号とする）の基本的な原則を取り入れることを出発点とする一方で，これまでわが国で行われてきた実務等に配慮する項目がある場合には，比較可能性を損なわせない範囲で代替的な取扱いを追記することとしている（ASBJ［2018a］97項）。

ASBJ における簿記処理の基本となる原則は，「約束した財またはサービスの顧客への移転を当該財またはサービスと交換に企業が権利を得ると見込む対価の額で描写するように，収益を認識することである」（ASBJ［2018a］16項）。

基本となる原則は，次の5つのステップを用いて適用される（ASBJ［2018a］17項）。ステップ1は，顧客との契約を識別することである。この定めは，顧客と合意し，かつ，所定の要件を満たす契約に適用される。ステップ2は，契約における履行義務を識別することである。契約において顧客への移転を約束した財またはサービスが，所定の要件を満たす場合には別個のものであるとして，当該契約を履行義務として区分して識別される。

ステップ3は，取引価格を算定することである。変動対価または現金以外の対価の存在を考慮し，金利相当分の影響および顧客に支払われる対価について調整を行い，取引価格が算定される。ステップ4は，契約における履行義務に取引価格を配分することである。契約において約束した別個の財またはサービスの独立販売価格の比率に基づき，それぞれの履行義務に取引価格が配分される。独立販売価格を直接観察できない場合には，独立販売価格が見積もられる。

ステップ5は，履行義務を充足した時にまたは充足につれて収益を認識することである。約束した財またはサービスを顧客に移転することにより履行義務を充足した時にまたは充足するにつれて，充足した履行義務に配分された額で収益を認識する。履行義務は，所定の要件を満たす場合には一定の期間にわたり充足され，所定の要件を満たさない場合には一時点で充足される。

このように，5つのステップのうち，ステップ1および2において収益認識の単位を決定し，ステップ3および4において認識すべき収益額が算定され，ステップ5において認識時点が決定される。

2　ASBJ［2018b］における適用例

ASBJ［2018b］においては，ASBJ［2018a］を適用する際の指針が定められ，具体的な設例として，基本となる原則に関する設例，IFRS 第15号の設例を基礎とした設例およびわが国に特有な取引等についての設例が30例示されている。ここでは，基本となる原則に関する設例「商品の販売と保守サービスの提供」の簿記処理を示す。

208 第2部 現代会計の簿記計算構造論

（設例1）

① 当期首にA社はB社（顧客）と，標準的な商品Xの販売と2年間の保守サービスを提供する1つの契約を締結した。

② A社は当期首に商品XをB社に引き渡し，当期首から翌期末まで保守サービスを行う。

③ 契約書に記載された対価の額は12,000千円である。

● **収益を認識するための5つのステップ**

ステップ1：商品Xの販売と2年間の保守サービスを提供するという1つの顧客との契約を識別する。

ステップ2：商品Xの販売と保守サービスの提供を履行義務として識別し，それぞれを収益認識の単位とする。

ステップ3：商品Xの販売および保守サービスの提供に対する取引価格を12,000千円と算定する。

ステップ4：商品Xおよび保守サービスの独立販売価格に基づき，取引価格12,000千円を各履行義務に配分し，商品Xの取引価格は10,000千円，保守サービスの取引価格は2,000千円とする。

ステップ5：履行義務の性質に基づき，商品Xの販売は一時点で履行義務を充足すると判断し，商品Xの引渡し時に収益を認識する。また，保守サービスの提供は一定期間にわたり履行義務を充足すると判断し，当期および翌期の2年間にわたり収益を認識する。

当該契約に5つのステップを適用した場合のフローは**図表15-1**のように示されている。

第15章 収益認識基準と簿記の計算構造 209

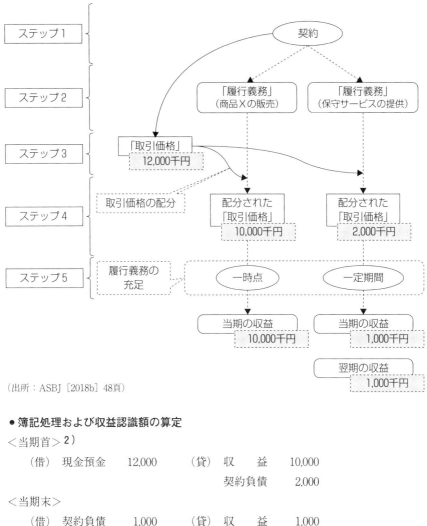

[図表15-1] 収益認識のフロー

(出所：ASBJ [2018b] 48頁)

● 簿記処理および収益認識額の算定

＜当期首＞2)

(借)	現金預金	12,000	(貸)	収　　益	10,000
				契約負債	2,000

＜当期末＞

| (借) | 契約負債 | 1,000 | (貸) | 収　　益 | 1,000 |

＜翌期末＞

| (借) | 契約負債 | 1,000 | (貸) | 収　　益 | 1,000 |

---

2) 期首の契約時に現金12,000千円を受領したと仮定した。なお，商品XのB社への引渡しが当期首後に行われる場合には，期首において収益は認識されない。

＜当期の収益認識額＞
商品Ｘの販売10,000千円＋保守サービスの提供1,000千円＝11,000千円

Ⅳ　収益認識モデルと簿記の計算構造

　では，簿記の計算構造から捉えると，ASBJ［2018a］はどのような特徴を有しているのだろうか。本節では，ASBJ［2018a］の計算構造の特徴を具体的な設例を用いて明らかにする。

1　ASBJ［2018a］の計算構造

　ここでは，簿記の計算構造を，すべての取引を複式簿記の手法を用いて，仕訳し，元帳転記し，試算表を作成し，決算整理仕訳を経ることによって利益が確定し，会計帳簿から損益計算書および貸借対照表が誘導的に作成されるものとする。その上で，利益の計算構造に関わる会計観として，資産負債観および収益費用観は次のように定義される。
　①　資産負債観
　　資産と負債を財務諸表の鍵概念とし，資産と負債の差額としての純資産の変動額を利益とする会計観
　②　収益費用観
　　収益と費用を財務諸表の鍵概念とし，収益と費用の期間差額を利益とする会計観

　ASBJ［2018a］においては，会計観について明示してはいないものの，その基本方針において，「IFRS第15号の基本的な原則を取り入れることを出発点とする」とすることから，資産負債観が採用されていることが想定される。この場合，収益は，未履行の権利と未履行の義務の差額によって認識される。また，収益の測定についても「約束した財またはサービスの顧客への移転を当該財またはサービスと交換に企業が権利を得ると見込む対価の額で描写するように，収益を認識することである」とし，IFRS第15号が採用した配分後取引価格アプローチ（allocated transaction price approach：以下，取引価格アプローチと

する）を採用している。

ASBJ［2018a］および ASBJ［2018b］においては，取引価格以外の測定アプローチについては取り上げられていないが，IFRS 第15号においては，代替案として現在出口価格アプローチ（current exit price approach）についても検討がなされている[3]。現在出口価格アプローチによると，未履行の権利と未履行の義務は現在出口価格で測定される。すなわち，測定日時点で，市場参加者間の秩序ある取引において，資産を売却するために受け取るであろう価格または負債を移転するために支払うであろう価格（IASB［2011］para.9）である。

2　各収益認識モデルの簿記処理

続いて，IASB［2007］の設例を用いて，伝統的実現概念を用いた実現アプローチ，取引価格アプローチおよび現在出口価格アプローチによる簿記処理を示し，各アプローチの特徴を明らかにする。

（設例 2）

①　6 月30日，部品を 8 月30日に納品する契約を締結し，顧客は契約価格の1,000CU を前払いした。同日の契約負債の現在出口価格（契約上の未履行の義務を市場参加者に引き受けてもらう場合に支払う価格）は900CU と仮定する。

②　7 月31日，部品の値上がりに合わせて，未履行の義務の出口価格が950CU に上昇した。

③　8 月31日，部品（原価800CU）を納品した。

● 実現アプローチ

①　6 月30日（契約締結・対価受領）

（借）現　　金　1,000　　　（貸）前 受 金　1,000

---

[3]　現在出口価格アプローチが放棄された理由について，松本［2010］は，次のように述べている。「実現稼得過程アプローチによる測定に比べて遥かに大きなコストを伴うだけでなく，その数値も弾力的になる。なぜなら公正価値の意味するところは多義的であり，仮に測定属性を特定しても，その測定のための市場価格の推定，将来キャッシュフローの予測，割引率の設定等に関して裁量の余地を排除することはできないからである」（松本［2010］55頁）。

② 7月31日（未履行義務の価格上昇）

　　　　仕訳なし

③ 8月31日（納品）

　（借）前 受 金　　1,000　　　（貸）収　　　益　　1,000
　　　　売上原価　　　800　　　　　棚卸資産　　　800

実現アプローチに基づく処理は**図表15-2**のように整理することができる。

[図表15-2]　実現アプローチに基づく処理の概要

	6月	7月	8月	合計
PL の抜粋				
収益			1,000	1,000
売上原価			(800)	(800)
利益			200	200
BS の抜粋				
現金	1,000	1,000	1,000	
棚卸資産			(800)	
前受金	(1,000)	(1,000)		

（出所：IASB［2007］para.8を参考に作成）

● 取引価格アプローチ

① 6月30日（契約締結・対価受領）

　（借）現　　　金　　1,000　　　（貸）契約負債　　1,000

　取引価格アプローチも現在出口価格アプローチと同様に，未履行の権利と未履行の義務の差額を収益として認識するが，未履行の義務を顧客対価1,000CU によって測定するため，収益は計上されない。

② 7月31日（未履行義務の価格上昇）

　　　　仕訳なし

　未履行の義務は顧客対価1,000CU によって測定するため，未履行義務の価格変動は認識しない。

③ 8月31日（納品）

　（借）契約負債　　1,000　　　（貸）収　　　益　　1,000
　　　　売上原価　　　800　　　　　棚卸資産　　　800

未履行の義務を充足したため，契約負債1,000CU が減少し，収益1,000CU が認識される。

取引価格アプローチに基づく処理は**図表15-3**のように整理することができる。

[**図表15-3**] 取引価格アプローチに基づく処理の概要

	6月	7月	8月	合計
PL の抜粋				
収益			1,000	1,000
売上原価			(800)	(800)
利益			200	200
BS の抜粋				
現金	1,000	1,000	1,000	
棚卸資産			(800)	
契約負債	(1,000)	(1,000)		

（出所：IASB［2007］para.8を参考に作成）

● **現在出口価格アプローチ**

① 6月30日（契約締結・対価受領）

（借）現　　金　　1,000　　（貸）契約負債　　　900
　　　　　　　　　　　　　　　　　　 収　　益　　　100

契約の締結および対価1,000CU の受領により，現金1,000CU が増加し，未履行の義務として契約負債900CU が増加する。その結果，収益100CU が認識される。

② 7月31日（未履行義務の価格上昇）

（借）契約損失　　　50　　（貸）契約負債　　　　50

未履行の義務の出口価格が900CU から950CU に上昇したため，契約負債が50CU 増加し，契約損失が50CU 認識される。未履行義務の価格上昇を収益の取消しとしない理由は，当該損失が顧客への商品やサービスの提供により生じたものではなく，契約負債の増加によるものであり，収益の定義を満たさないためである（IASB［2007］para.6）。

③ 8月31日（納品）

（借）契約負債　　950　　（貸）収　　益　　　950
　　　売上原価　　800　　　　　棚卸資産　　　800

214　第2部　現代会計の簿記計算構造論

　未履行の義務を充足したため，契約負債950CU が減少し，収益950CU が認識される。

　現在出口価格アプローチの特徴は，収益総額が契約（顧客）対価より50CU 高い1,050CU となることである。逆に，7月に現在出口価格が50CU 減少したとすれば，7月に50CU の契約利得，8月に850CU の収益が認識され，収益総額が950CU となる（IASB［2007］para.9）。

　現在出口価格アプローチに基づく処理は**図表15-4**のように整理することができる。

[図表15-4]　現在出口価格アプローチに基づく処理の概要

	6月	7月	8月	合計
PL の抜粋				
収益	100		950	1,050
売上原価			(800)	(800)
契約損失		(50)		(50)
利益	100	(50)	150	200
BS の抜粋				
現金	1,000	1,000	1,000	
棚卸資産			(800)	
契約負債	(900)	(950)		

（出所：IASB［2007］para.8を参考に作成）

　以上，各収益認識モデルの簿記処理について整理した。実現アプローチおよび取引価格アプローチに基づけば，商品の納品時に収益の認識要件が充足され，取得原価で測定されるため，両アプローチに実質的な差異は生じない。一方，現在出口価格アプローチに基づけば，一定の要件が満たされた場合，すなわち，未履行の権利が未履行の義務を上回る場合には，契約時点で収益が認識される。各収益認識モデルを整理すると，**図表15-5**のようになる。

第15章　収益認識基準と簿記の計算構造　215

[図表15-5]　各収益認識モデルの概要

	会計観	収益認識の要件	測定対象	測定属性
実現 アプローチ	収益費用観	・企業外部者との交換取引 ・流動性の高い資産の受領	収益	取得原価
取引価格 アプローチ	資産負債観と収益費用観の混合	履行義務の充足	資産・負債	顧客対価 (取得原価)
現在出口価格 アプローチ	資産負債観	履行義務の充足	資産・負債	現在出口価格 (公正価値)

Ⅴ　むすび

　本章では，伝統的に収益認識基準とされてきた実現概念について概説した上で，ASBJ［2018a］および ASBJ［2018b］に焦点を当て，収益認識基準の特徴と課題について，簿記の計算構造から捉えることを試みた。

　収益認識の新たな基準である ASBJ［2018a］は，資産および負債を測定対象とするものの，測定属性として取引価格を採用し，収益を認識するものであった。換言すれば，ストックの変動による収益の認識と顧客対価による収益の測定の構造にその特徴を見出すことができる。すなわち，資産負債観と収益費用観を組み合わせた混合型の収益認識モデルといえる[4]。したがって，ASBJ［2018a］は，多様な収益取引について，従来の日本基準にはない包括的な基準を設定する一方で，資産負債観と収益費用観の混合形態によって簿記の計算構造を統一的・論理的に説明しうるのかという問題をはらんでいる。これに比して，現在出口価格アプローチは，測定の客観性やコスト負担といった実務上の課題があるとはいえ，資産および負債を測定対象とし，測定属性として現在出口価格を採用することにより，資産負債観による一貫した計算構造を有しているといえる。

　4）　IFRS 第15号が採用した配分モデル（取引価格アプローチ）について，山田［2008］は，次のように述べている。「配分モデルは資産や負債の変動によって収益を認識するための資産・負債アプローチにもとづくといわれるものの，実現稼得過程アプローチにおける実現基準や稼得基準というフローの認識基準によって認識される収益をストックという視点から見ているに過ぎない」（山田［2008］44頁）。

【参考文献】

浦崎直浩 [2008]「収益認識の測定アプローチの意義と課題」『企業会計』第60巻第8号，26-36頁。

企業会計基準委員会（ASBJ）[2018a]「企業会計基準第29号　収益認識に関する会計基準」。

企業会計基準委員会（ASBJ）[2018b]「企業会計基準適用指針第30号　収益認識に関する会計基準の適用指針」。

松本敏史 [2010]「資産負債アプローチによる収益認識基準—実現稼得過程アプローチに代わりうるか—」『経済論叢』（京都大学）第184巻第3号，41-56頁。

山田康裕 [2008]「配分アプローチの問題点」『企業会計』第60巻第8号，37-47頁。

若杉明 [1963]「実現概念の展開」『商学論集』（福島大学経済学会）第32巻第1号。

AIA [1952] *Changing Concepts of Business Income ; Report of Study Group on Business Income*, New York.

Gilmam, S. [1939] *Accounting Concepts of Profit*, New York.

IASB [2007] *Revenue Recognition : Measurement Model*— Part 3 : reporting changes in the exit price of the contract Asset or Liability in Profit or Loss (Agenda paper 7B).

IASB [2011] International Financial Reporting Standards No. 13 : *Fair Value Measurement*, IASB.

IASB [2015] International Financial Reporting Standards No. 15 : *Revenue from Contracts with Customers*, IASB.

Kohler, E. L. [1975] *A Dictionary for Accountants*,5th ed., Englewood Cliffs.

Paton, W. A. and A. C. Littleton [1940] *An Introduction to Corporate Accounting Standards*, AAA.

（仲尾次　洋子）

その他の包括利益と簿記の計算構造

I はじめに

　包括利益を基礎とする業績報告の方法には，従来，2つの考え方があるとされてきた。利益概念として包括利益のみを採用する一元観と，包括利益のほかに伝統的な利益測定値である純利益も併せて報告するよう要求する二元観である[1]。二元観では引き続き純利益を報告するために，リサイクリングが要求される。「その他の包括利益」（other comprehensive income）という用語を初めて使用した FASB（米国財務会計基準審議会）[1997] は二元観を採用し，包括利益のうち当期純利益に含まれない部分を表すものとしてこれを用いている。

　その他の包括利益を取り上げるにあたり，本章でも二元観を前提に考察を行う[2]。本章の目的は，その他有価証券に関わる現行の処理方法である純資産直入法の問題点を明らかにし，これに代わる理論的に望ましい簿記処理の方法を提示することである。

　以下ではまず，わが国の会計制度におけるその他の包括利益の具体的な項目

---

1)　一元観と二元観についての詳細は G4 + 1 [1998] を参照されたい。なお，二元観のもとで報告される伝統的な純利益は，その特徴を捉えて「稼得─実現─対応利益」ともいわれる。

2)　近年，リサイクリング不要とする主張も見られ，一元観へと移行する可能性もある。しかし，一元観では，その他の包括利益項目とその他の収益・費用項目とは同質と見なされる。よって，その他の包括利益項目も他の収益・費用項目と同じく集合勘定である「損益」勘定に振り替えればよい。あとは業績計算書の作成にあたり，表示上の要請にしたがって区分表示するだけであり，検討を要する重要な課題はないと考えられる。

218　第2部　現代会計の簿記計算構造論

と財務諸表での表示方法を確認する。その後，設例を用いて純資産直入法による処理とその問題点を明らかにし，最後に包括利益を前提とした望ましい簿記処理の方法について提案を行う。

Ⅱ　わが国の会計制度におけるその他の包括利益項目

1　その他の包括利益項目をめぐる制度の状況

　わが国では，2010年6月に企業会計基準第25号「包括利益の表示に関する会計基準」（以下，「包括利益会計基準」とする）が公表され，2011年4月以降に開始した連結会計年度より，連結財務諸表に対して包括利益の算定・表示が求められることとなった。「包括利益会計基準」では，当期純利益の開示とリサイクリングに伴う組替調整を要求していることから，業績報告に関して上述の二元観を採用していると理解される。

　その他の包括利益を構成する具体的な項目については，「包括利益会計基準」はその詳細を定めておらず，他の会計基準の定めに従うとしている。各会計基準の規定するその他の包括利益項目には，(1)その他有価証券評価差額金，(2)繰延ヘッジ損益，(3)為替換算調整勘定および(4)退職給付に係る調整額の4つがある。なお，為替換算調整勘定と退職給付に係る調整額は連結財務諸表にのみ計上される項目である。

2　財務諸表におけるその他の包括利益項目の開示方法

　個別財務諸表では，上で掲げたその他の包括利益項目のうち，「その他有価証券評価差額金」と「繰延ヘッジ損益」が開示対象となる。個別財務諸表では包括利益計算書の作成が求められていないが，その他の包括利益の各項目の期首残高，期末残高および期中変動額（純額）は株主資本等変動計算書で開示される。また，貸借対照表の純資産の部では，各項目の期中変動額の累積残高（＝期末残高）を「評価・換算差額等」として表示する。

　連結財務諸表では，上掲のその他の包括利益項目のすべてが開示対象となる。個別財務諸表と同様，連結株主資本等変動計算書では，その期首残高，期末残

第16章 その他の包括利益と簿記の計算構造　219

高および期中変動額（純額）を表示する[3]。連結包括利益計算書もその他の包括利益項目の期中変動額を開示し，末尾で包括利益を算定・表示する。なお，連結包括利益計算書では，その他の包括利益の内訳項目ごとに組替調整額を注記として開示することも求められる。連結貸借対照表の純資産の部では，その他の包括利益項目の期中変動額の累積残高（＝期末残高）が，「その他の包括利益累計額」として表示される。

Ⅲ その他の包括利益項目に関わる現行の簿記手続

本節では，上で確認したわが国の制度状況を踏まえて，その他有価証券に関わる現行の簿記処理方法である純資産直入法について見ていく。純資産直入法は株主資本等変動計算書が導入される以前から採用されている処理方法であり，「包括利益会計基準」が公表された後も，個別財務諸表において包括利益計算書の作成が要求されていないことから引き続き採用されている。以下，設例をもとに内容を確認し，その問題点を明らかにしたい。

1 個別財務諸表の作成に関わる現行の簿記手続

（設例）

　Z社（会計期間は1月1日から12月31日）は，その他有価証券の処理方法として全部純資産直入法を採用している。また，評価差額について税効果会計を適用しており，実効税率を40％として計算する。Z社の第1期および第2期に関する資料は以下のとおりである。

【第1期】
　期末に保有するその他有価証券の各銘柄の取得原価，期末時価ならびに評価差額は次のとおりであった。なお，いずれも第1期の期首に現金で購入したものである。

---

[3]　期中変動額については，個別であれ連結であれ，その純額ではなく変動要因ごとに開示することも容認されている。

220 第2部 現代会計の簿記計算構造論

銘柄	取得原価	期末時価	評価差額
A社株式	1,000	1,200	200
B社株式	1,800	2,200	400
C社株式	2,000	1,900	△100
合計	4,800	5,300	500

【第2期】

　期中取引は次のとおりである：

　　5月1日　保有していたA社株式のすべてを売却し，代金は現金で受け取った。

　　　　　　なお，売却時価は¥1,500，売却益は¥500であった。

　　7月1日　D社株式（1,000株）を¥2,400で新たに購入し，その他有価証券として処理した。なお，代金は現金で支払った。

　期末におけるその他有価証券の各銘柄の取得原価，期末時価ならびに評価差額は次のとおりであった。

銘柄	取得原価	期末時価	評価差額
B社株式	1,800	1,600	△200
C社株式	2,000	2,500	500
D社株式	2,400	2,800	400
合計	6,200	6,900	700

［第1期の仕訳］

12/31	（借）	その他有価証券	600	（貸）	その他有価証券評価差額金	360
					繰延税金負債	240
〃	（借）	その他有価証券評価差額金	60	（貸）	その他有価証券	100
		繰延税金資産	40			

　その他有価証券の評価替えに伴う評価差益と評価差損を区別し，それぞれ税効果を考慮した上で純資産の部に直接計上するため，上記の仕訳が行われる。

［第2期の仕訳］

1/1	（借）	繰延税金負債	240	（貸）	繰延税金資産	40
		その他有価証券評価差額金	300		その他有価証券	500

第16章　その他の包括利益と簿記の計算構造　221

5／1	（借）	現　　　　　金	1,500	（貸）	その他有価証券	1,000
					有価証券売却益	500
7／1	（借）	その他有価証券	2,400	（貸）	現　　　　　金	2,400
12/31	（借）	その他有価証券	900	（貸）	その他有価証券評価差額金	540
					繰延税金負債	360
〃	（借）	その他有価証券評価差額金	120	（貸）	その他有価証券	200
		繰延税金資産	80			

　評価差額の処理方法は洗替法によるため，期首に戻入れが行われる。また，期末には，前期と同じく，評価差益と評価差損を区別し，これを純資産の部に直接計上する。

　以上で示した2期分の仕訳を転記した勘定口座（一部）を示すと次のとおりである。

その他有価証券

1/1	現　　　　　金	4,800	12/31	諸　　　　口	100
12/31	諸　　　　口	600	〃	次　期　繰　越	5,300
		5,400			5,400
1/1	前　期　繰　越	5,300	1/1	諸　　　　口	500
7/1	現　　　　　金	2,400	5/1	現　　　　　金	1,000
12/31	諸　　　　口	900	12/31	諸　　　　口	200
			〃	次　期　繰　越	6,900
		8,600			8,600
1/1	前　期　繰　越	6,900			

その他有価証券評価差額金

12/31	その他有価証券	60	12/31	その他有価証券	360
〃	次　期　繰　越	300			
		360			360
1/1	諸　　　　口	300	1/1	前　期　繰　越	300
12/31	その他有価証券	120	12/31	その他有価証券	540
〃	次　期　繰　越	420			
		840			840
			1/1	前　期　繰　越	420

222　第2部　現代会計の簿記計算構造論

　以上ではその他有価証券に関わる現行の簿記処理を示したが，純資産直入法ではその他の包括利益を構成する各項目の当期発生高を把握するための勘定記入は行われない。これによりいくつかの問題が生じる。まず，理論的な問題として指摘できるのは連携の問題である。FASB［1976］によれば，「連携は一組の共通の勘定および測定に起因する損益計算書（およびその他の財務諸表）と貸借対照表との相互関連に対して用いられる」(para.72)。この説明にしたがえば，連携は勘定レベルでも要求されることとなる。純資産直入法では，その他有価証券評価差額金は，その増減原因を明らかにする収益・費用系統の勘定口座を経ることなく直接加減されることから，連携が断たれた状態にあるといえる。

　もう1つは，株主資本等変動計算書および包括利益計算書を勘定記録に基づいて作成することができないという問題である。株主資本等変動計算書では，期中変動額について純額のみを示せばよいとの立場を採っていることから，「その他有価証券評価差額金」勘定の前期末残高と当期末残高の差額から必要な情報を得ることができる。しかし，期中変動額をその変動要因ごとに開示することも認められており，その場合には勘定記録から必要な情報を把握することができない。包括利益計算書の作成が求められる場合も期中発生額と組替調整額の開示が必要だが，対応する勘定記録がないため同様の問題が生じる。

　なお，株主資本等変動計算書と包括利益計算書ではその他有価証券の売却時の解釈に違いが見られる点も指摘しておきたい。企業会計基準委員会［2013b］によると，株主資本等変動計算書で変動要因ごとに期中変動額を開示する場合，A社株式の売却に伴う「その他有価証券の売却による増減」は−120となる（図表16-1）。これは第1期末に計上した評価差額200が売却により減少したと捉え，これに税効果を考慮して算出している4)。よって，第1期末から売却時までの時価変動額300を考慮していないが，これは期中変動額を計上する根拠となる利益概念が存在しないためである。つまり，純資産直入法は，期中の特定の時点までの変動分を把握せず，期末時点でのみ評価差額を考慮する方法といえる。

---

　4)　ここでの説明は，企業会計基準委員会［2013b］の［設例2］で示された処理方法に基づいている。

第16章　その他の包括利益と簿記の計算構造　223

　これに対して，包括利益計算書ではその基礎に包括利益概念を採用するため，前期末から５月１日のＡ社株式の売却時までの時価変動300は包括利益の当期発生額として把握される（次節を参照）。組替調整額について，「当期純利益を構成する項目のうち，当期又は過去の期間にその他の包括利益に含まれていた部分」（「包括利益会計基準」第９項：傍点部分は筆者加筆）と説明されるのもそのためである。

[図表16-1]　個別株主資本等変動計算書（「その他有価証券評価差額金」部分のみ抜粋）

当期首残高	300
当期変動額	
その他有価証券の売却による増減	△120
純資産の部に直接計上されたその他有価証券評価差額金の増減	240
当期変動額合計	120
当期末残高	420

2　連結包括利益計算書の作成手続[5]

　連結財務諸表の作成手続では，連結精算表に基づいて連結貸借対照表，連結損益計算書および連結株主資本等変動計算書が作成される。これに対して，連結包括利益計算書は，個別財務諸表において包括利益計算書が作成されていないため，連結精算表から導出することはできない。そのため，その作成に必要な情報を得るための集計表を別途作成し，これに基づいて作成することとなる。

　連結包括利益計算書の作成に必要な情報を得る目的から，集計表は親会社，連結子会社，持分法適用会社という会社別に，またその他の包括利益の内訳項目別に作成しなければならない。さらに，(1)「組替調整額」と「当期発生額」が把握できること，そして，(2)税効果に関する金額が把握できること，の２点も求められる。以下では，さきの設例に基づいてＺ社の集計表の作成例（**図表**

---

　5)　この項の説明は，太陽 ASG 有限責任監査法人編著［2012］を参考にしている。

224 第2部 現代会計の簿記計算構造論

16-2）を見ていくことにする。

　集計表の作成にあたっては，まず有価証券の明細表等に基づいて表の中央の列にある「前期末残高」と「当期末残高」の金額を記入する。その後，「当期末残高－前期末残高＝包括利益」の算式に基づいて算定した数値を，右隣の「包括利益」の欄に記入する。

　次に，右端の「包括利益内訳」欄であるが，左側の「組替調整額」の欄に該当する金額について，別途情報を収集して記入する。その他有価証券評価差額金の場合，売却ないし減損損失の計上により組替調整が行われる。なお，組替調整は包括利益への二重計上を回避する目的で行われるため，その金額は原因となる売却損益や減損損失の計上額と正負が逆になる。つまり，A社株式の売却益500に対して計上される組替調整額はマイナス（－）500となる。最後に，「包括利益－組替調整額＝当期発生額」の算式に基づいて，右端の「当期発生額」

[図表16-2]　Z社のその他有価証券評価差額金に関する集計表

銘柄	項目	前期末残高	当期末残高	包括利益	包括利益内訳	
					組替調整額	当期発生額
A株式	評価差額（税効果前）	200	－	△200	△500	300
	うち，税効果	80	－	△80	△200	120
	評価差額（税効果後）	120	－	△120	△300	180
B株式	評価差額（税効果前）	400	△200	△600	－	△600
	うち，税効果	160	△80	△240	－	△240
	評価差額（税効果後）	240	△120	△360	－	△360
C株式	評価差額（税効果前）	△100	500	600	－	600
	うち，税効果	△40	200	240	－	240
	評価差額（税効果後）	△60	300	360	－	360
D株式	評価差額（税効果前）	－	400	400	－	400
	うち，税効果	－	160	160	－	160
	評価差額（税効果後）	－	240	240	－	240
合計	評価差額（税効果前）	500	700	200	△500	700
	うち，税効果	200	280	80	△200	280
	評価差額（税効果後）	300	420	120	△300	420

欄の金額を算定する。

　連結包括利益計算書の作成にあたっては，Ｚ社の子会社についても同様の集計表を作成する。そして，親会社と子会社の集計表の下部にある「合計」部分を合算し，企業集団全体の集計表を作成する。子会社を含むＺ社の企業集団全体の集計表は次のとおりである。

[図表16-3]　企業集団全体のその他有価証券評価差額金に関する集計表

会社	項目	前期末残高	当期末残高	包括利益	包括利益内訳	
					組替調整額	当期発生額
親会社合計	評価差額（税効果前）	500	700	200	△500	700
	うち，税効果	200	280	80	△200	280
	評価差額（税効果後）	300	420	120	△300	420
子会社合計	評価差額（税効果前）	△25	25	50	△30	80
	うち，税効果	△10	10	－	△12	12
	評価差額（税効果後）	△35	15	50	△18	68
企業集団合計	評価差額（税効果前）	475	725	250	△530	780
	うち，税効果	210	290	80	△212	292
	評価差額（税効果後）	265	435	170	△318	488

　上の集計表のうち，「企業集団合計」の「包括利益」欄の末尾にある税効果後の金額170が連結包括利益計算書の本体に記載される。また，その他の包括利益の内訳に関する注記では，「企業集団合計」のうち「評価差額（税効果前）」の行にある「組替調整額」△530と「当期発生額」780，そして関連する税効果の金額が利用される。

[図表16-4]　第2期の連結包括利益計算書の例（一部）

当期純利益	600
その他の包括利益：	
その他有価証券評価差額金	170
その他の包括利益合計	170
包括利益	770

（親会社株主・非支配株主に帰属する包括利益の内訳は省略している。）

226 第2部 現代会計の簿記計算構造論

［図表16-5］ その他有価証券評価差額金の内訳の注記例（一部）

当期発生額	780
組替調整額	△530
税効果調整前	250
税効果額	80
その他有価証券評価差額金	170

Ⅳ 望ましい簿記処理

　本節では，純資産直入法に代わる望ましい簿記処理を提示する[6]。ここでの提案内容の基本的な考え方は，(1)その他の包括利益項目の期中変動額（＝包括利益の当期発生高）を記録する広義の収益・費用勘定を設けること，そして，(2)包括利益の当期発生高を記録した各勘定残高をまとめる集合勘定を設けることである。これにより，当期純利益を構成する収益・費用項目と包括利益の当期発生高とでは，各勘定残高の振替先である集合勘定および純資産の勘定が別になる。具体的には，当期純利益の構成項目は従来どおり「損益」勘定を経由して「繰越利益剰余金」勘定に振り替えられる。これに対して，その他の包括利益項目は，集合勘定である「その他の包括利益」（仮称）勘定を経由して純資産項目である「その他の包括利益累計額」（仮称）勘定に振り替えられる。なお，英米式決算法では，その後，純資産項目である「繰越利益剰余金」勘定と「その他の包括利益累計額」勘定の残高は繰越試算表にまとめられる。

　2つの集合勘定を設ける理由は，二元観を採用する場合，当期純利益の構成要素とその他の包括利益の構成要素では，その性質が異なると考えられることにある。性質の異なるものを1つの勘定にまとめるべきではなく，これを区別して処理するのが妥当であろう。

　以下では，前節で示したＺ社の設例に基づいてその処理方法を示していく。

---

　6) 本節で示した処理方法は，FASB［1997］の付録Ｃと佐藤信彦編著［2003］第14章（執筆担当：泉宏之）を参考にしている。

第16章　その他の包括利益と簿記の計算構造　227

［第1期の仕訳］

12/31	（借）	その他有価証券	600	（貸）	その他有価証券評価差額金（未実現保有損益）	360
					繰延税金負債	240
〃	（借）	その他有価証券評価差額金（未実現保有損益）	60	（貸）	その他有価証券	100
		繰延税金資産	40			
〃	（借）	その他有価証券評価差額金（未実現保有損益）	300	（貸）	その他の包括利益（集合勘定）	300
〃	（借）	その他の包括利益（集合勘定）	300	（貸）	その他の包括利益累計額（純資産の勘定科目）	300

　上2つの仕訳は，前節と同様，評価替えに伴う評価差益と評価差損を区別して「その他有価証券評価差額金」勘定に計上するものである。ただし，同勘定はここでは未実現保有損益の当期発生額を把握するフロー勘定と位置づけられている。そのため，その勘定残高は集合勘定である「その他の包括利益」勘定を経て，「その他の包括利益累計額」勘定へと振り替えられる。なお，以上の仕訳を転記した勘定口座（一部）は次のようになる。

その他有価証券評価差額金
（未実現保有損益）

12/31	その他有価証券	60	12/31	その他有価証券	360
〃	その他の包括利益	300			
		360			360

その他の包括利益
（集合勘定）

| 12/31 | その他の包括利益累計額 | 300 | 12/31 | その他有価証券評価差額金 | 300 |

その他の包括利益累計額

| 12/31 | 次期繰越 | 300 | 12/31 | その他の包括利益 | 300 |
| | | | 1/1 | 前期繰越 | 300 |

228 第2部 現代会計の簿記計算構造論

[第2期の仕訳]

1/1	（借）	繰 延 税 金 負 債	240	（貸）	繰 延 税 金 資 産	40	
		その他有価証券 評 価 差 額 金 （未実現保有損益）	300		その他有価証券	500	
5/1	（借）	その他有価証券	500	（貸）	その他有価証券 評 価 差 額 金 （未実現保有損益）	500	
〃	（借）	現　　　　　金	1,500	（貸）	その他有価証券	1,500	
〃	（借）	組 替 調 整	500	（貸）	その他有価証券 売 　 却 　 益	500	
7/1	（借）	その他有価証券	2,400	（貸）	現　　　　　金	2,400	
12/31	（借）	その他有価証券	900	（貸）	その他有価証券 評 価 差 額 金 （未実現保有損益）	540	
					繰 延 税 金 負 債	360	
〃	（借）	その他有価証券 評 価 差 額 金 （未実現保有損益）	120	（貸）	その他有価証券	200	
		繰 延 税 金 資 産	80				
〃	（借）	その他有価証券 売 　 却 　 益	500	（貸）	損　　　　　益	500	
〃	（借）	損　　　　　益	500	（貸）	繰越利益剰余金	500	
〃	（借）	その他有価証券 評 価 差 額 金 （未実現保有損益）	620	（貸）	その他の包括利益 （集合勘定）	620	
〃	（借）	その他の包括利益 （集合勘定）	500	（貸）	組 替 調 整	500	
〃	（借）	その他の包括利益 （集合勘定）	120	（貸）	その他の包括利益 累 　 計 　 額 （純資産の部の勘定）	120	

以上の仕訳を転記した勘定口座（一部）は次のようになる。

第16章　その他の包括利益と簿記の計算構造　229

その他有価証券評価差額金
（未実現保有損益）

12/31	そ の 他 有 価 証 券	60	12/31	そ の 他 有 価 証 券	360
〃	そ の 他 の 包 括 利 益	300			
		360			360
1/1	諸　　　　　　口	300	5/1	そ の 他 有 価 証 券	500
12/31	そ の 他 有 価 証 券	120	12/31	そ の 他 有 価 証 券	540
〃	そ の 他 の 包 括 利 益	620			
		1,040			1,040

組替調整

5/1	その他有価証券売却益	500	12/31	その他の包括利益	500

その他の包括利益
（集合勘定）

12/31	その他の包括利益累計額	300	12/31	その他有価証券評価差額金	300
12/31	組　　替　　調　　整	500	12/31	その他有価証券評価差額金	620
12/31	その他の包括利益累計額	120			
		620			620

その他の包括利益累計額
（純資産の部の勘定）

12/31	次　　期　　繰　　越	300	12/31	そ の 他 の 包 括 利 益	300
12/31	次　　期　　繰　　越	420	1/1	前　　期　　繰　　越	300
			12/31	そ の 他 の 包 括 利 益	120
		420			420

　純資産直入法と比べた場合，ここで提案する処理方法の特徴の1つは，株式の売却時の処理である。5月1日のA社株式の売却時には，まず期中売却時までに生じた未実現保有損益を計上するための仕訳を行う。そして，売却時価へと評価替えした有価証券とその代価が等価交換されたとものとして処理し，最後に有価証券の売却益とリサイクリングに伴う組替調整額を一対のものとして仕訳する。

　また，決算時には売却損益と評価損益を区別し，それぞれに対応する集合勘

定を経て純資産の部に振り替える。集合勘定である「その他の包括利益」勘定には，「組替調整」勘定の残高も振り替えられる。これにより，その勘定残高は「その他の包括利益累計額」の当期の純増減額を示すこととなる。また，同勘定は包括利益計算書作成の基礎にもなる。

なお，本章の提案と異なり，「損益」勘定の残高をいったん「その他の包括利益」勘定へ振り替え，その勘定残高により包括利益を算定する方法も考えられる。この場合，「その他の包括利益」勘定から「繰越利益剰余金」勘定と「その他の包括利益累計額」勘定への振替えが行われる。しかしながら，二元観に立てば，両者は収益・費用項目としての性質が異なる。それを1つの勘定口座に記入することには問題があるといえる。また，「その他の包括利益」勘定の残高を当期純利益部分とその他の包括利益部分に按分して振り替えるという従来とは異なる振替処理が必要となる。この点も検討が必要であろう。

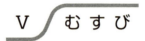

Ⅴ　むすび

本章では，わが国の会計制度を前提としてその他有価証券に関わる純資産直入法の問題点を指摘し，これに代わる理論的に望ましい簿記処理の方法を提示した。なお，本章で提案した簿記処理は個別財務諸表にも包括利益概念が採用された場合を想定している。

個別財務諸表が包括利益概念を採用しない限り，その作成基礎となる勘定体系を修正する必要はないとの見解もあるかもしれない。しかしながら，現行の処理方法では，一般に公正妥当と認められる企業会計の基準に準拠して作成した個別財務諸表を基礎として連結財務諸表を作成しなければならないとする一般原則に反することになるだろう。また，連結包括利益計算書の作成にあたり，勘定記録以外の情報源に頼らざるをえない現状をかんがみても，何らかの対処が望まれるところである。

【参考文献】

企業会計基準委員会［2008］企業会計基準第10号「金融商品に関する会計基準」（1999年 1 月22日公表，最終改正2008年 3 月10日）。

企業会計基準委員会［2013a］企業会計基準第 6 号「株主資本等変動計算書に関する会計基準」（2005年12月27日公表，最終改正2013年 9 月13日）。

企業会計基準委員会［2013b］企業会計基準適用指針「株主資本等変動計算書に関する会計基準の適用指針」（2005年12月27日公表，最終改正2013年 9 月13日）。

企業会計基準委員会［2013c］企業会計基準第25号「包括利益の表示に関する会計基準」（2010年 6 月30日公表，最終改正2013年 9 月13日）。

佐藤信彦編著［2003］『業績報告と包括利益』白桃書房。

太陽 ASG 有限責任監査法人編著［2012］『連結財務諸表作成と会計処理』清文社。

日本公認会計士協会［2016］会計制度委員会報告第14号「金融商品会計に関する実務指針」（1996年 9 月 3 日公表，最終改正2016年 3 月25日）。

FASB［1976］Discussion Memorandum, *An Analysis of Issues Related to Conceptual Framework for Financial Accounting and Reporting : Elements of Financial Statements and Their Measurement,* FASB.

FASB［1997］Statement of Financial Accounting Standards No. 130 : *Reporting Comprehensive Income,* FASB.

G4 + 1 ［1998］: Johnson, L. T. and A. Lennard, et al., *Reporting Financial Performance : Current Developments and Future Directions.*

（赤城　諭士）

232　第2部　現代会計の簿記計算構造論

◆第17章◆

原価計算の簿記構造

I　はじめに

　一般的に複式簿記は，財務会計のみならず原価計算や管理会計とも密接な関わり合いをもっている。そして，原価計算が誕生するきっかけとなったのもまた複式簿記である。リトルトン（Littleton）［1966］は，原価計算の始まりについて次のように述べている。

　「ある意味で，原価計算は簿記に新しい要素を導入した。15世紀における複式記入の形成と，20世紀における財務予算の導入の間に現れた非常に重要な唯一の新しい特徴とすることは間違っていなかったかもしれない。ここで初めて，商品の取得原価がそれらの構成要素とされる。以前は，製品原価を統合するという必要性はなかった」（p.320）。

　この記述からも明らかなように，原価計算はそもそも製品の製造原価を正確に計算することを主目的として考えられたものであり，この目的は簿記と原価計算の関わり合いの原点になるものと考えられる。

　その後，原価計算は産業革命，特に米国の産業革命により，エンジニアが生産現場の中心に存在するとともに，製造活動の能率の尺度として原価を利用しようとしたことにより，原価計算が注目されることになった（伊藤［1999］80頁）。しかし，当時の原価計算は商的工業簿記がその中心となっており，いわゆる棚卸計算法に準じた形で原価の算定が行われていた。そのため，期間損益計算を商的工業簿記によって算定しようとする経理担当者と，原価を能率の尺

度として利用しようと考えているエンジニアとの間で，原価に対する認識に大きな違いが生じていた（伊藤［1999］80頁）。この時点では，記録目的としての機能を重視する商的工業簿記と，管理目的としての機能を重視する原価の使われ方の間の大きなズレが，商的工業簿記から原価計算へと発展することに負の影響を与えていたと考えることができる。

またニコルソン（Nicholson）［1909］は，1900年初頭における実務の状況を整理した上で，原価計算が失敗するのは，1つには簿記の見地のみから物事が検討されており，生産を支配する諸条件を無視していることである点，また2つ目には，会計や統計資料の作成に不慣れであることから，システムの問題点を理解できないという点をあげている（p.64）。

このように，原価計算は複式簿記に基づいた帳簿記録により成立しているという側面もあるが，その反面で，原価計算の概念が構築され始めた当初は，あまり複式簿記と密接な関わりをもっていなかったという側面も見受けられる。では，原価計算の概念が構築され始めた当初はなぜ複式簿記と密接な関わりをもっていなかったのか。また，次第に原価計算は複式簿記と関わりをもつようになったが，複式簿記機構の中でどのように扱われていたのであろうか。

本章では，原価計算に関する初期の概念として商的工業簿記を取り上げ，完全な原価計算が確立されるより前に，原価計算の考え方が簿記の中でどのように構築されていたのかを明確化するとともに，商的工業簿記から原価計算[1]と工業簿記の時代へと変化した際に議論が行われた損益勘定の取扱いに触れ，複式簿記および原価計算の目的，および物的勘定学説を用いながら，複式簿記と原価計算の関わりについて考察を行う。

Ⅱ 商的工業簿記と原価計算

岡本［2000］は，原価計算について，複式簿記とともに企業の会計情報システムを形成するものであると位置づけている（1頁）。ここでの会計情報シス

1）ここでの原価計算とは，正確な製品原価の算定を目的とした実際原価計算を指している。すなわち，原価管理目的を有している標準原価計算などは考慮の対象外としている。

234 第2部 現代会計の簿記計算構造論

テムとは,「企業活動によって発生する様々な大量の財務データを,複式簿記と原価計算という企業会計独特の方法で処理し,それらを希少資源の配分に役立つ情報として企業外部の利害関係者や企業内部の利害関係者に提供する」仕組みを表している。

[図表17-1] 会計情報システム

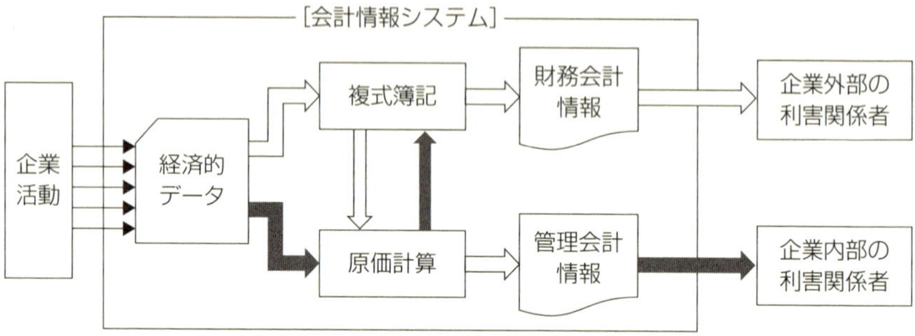

(出所:岡本[2000] 1頁)

また原価計算は,いわゆる商的工業簿記に始まったと考えられている。商的工業簿記とは,製造業における原価の計算方法として,原価計算を採用せず,商業簿記における計算方法を用いて行うアプローチである。このアプローチでは,いわゆる現在の原価計算ではなく,財務会計的手法で処理されることになる。

商的工業簿記においては,原価の計算手法として「どんぶり勘定方式」が採用されていた。すなわち,当期の期首有高に当期仕入高を加算し,期末有高を控除することによって売上原価を算定するという,商品売買業における商品の売上原価算定や売上総利益算定の方法と同様であり,製造業においても期首の製品や仕掛品,材料の有高に,当期の材料仕入高や労務費の支払高,経費の支払高を加算し,期末に残っている製品や仕掛品,材料の有高を控除して算定していた。

このように,商的工業簿記においては期末棚卸による材料の月末在庫を把握することから始まり,その結果に労務費や経費を加算することによって,製品の製造原価を算定する方法が採用されていた。このことは,期末棚卸による原

価の算定方法が製品の製造原価に大きな影響を与えることを意味している。ま
た原価計算とは異なり，直接費と間接費の区分が行われないことから，製品原
価の正確な算定という点では簿記に求められた役割が十分に果たせているとは
言い難いであろう。この点について，例えば材料や賃金を消費した際の仕訳と
それを記入した勘定（**図表17-2**）を示すと次のとおりである。

```
［条件］    当月材料購入高    150,000円        月初材料有高      30,000円
           月末材料有高      40,000円
           当月賃金支払高    250,000円        月初賃金未払高    80,000円
           月末賃金未払高     90,000円
           当月経費発生高    100,000円


（借）  仕掛品    500,000     （貸）  材  料    140,000
                                    賃  金    260,000
                                    経  費    100,000
```

[図表17-2]　商的工業簿記における諸勘定

材　料				仕掛品			
前月繰越高	30,000	当月消費高	140,000	前月繰越高	30,000	当月完成高	480,000
当月仕入高	150,000	次月繰越高	40,000	当月材料消費高	140,000	次月繰越高	50,000
				当月賃金消費高	260,000		
賃　金				当月経費消費高	100,000		
当月支払高	250,000	前月未払高	80,000				
当月未払高	90,000	当月消費高	260,000				

Ⅲ　原価計算と物的勘定学説

　商的工業簿記では，期末棚卸によって製品の製造原価を算定していたが，次
第に製品原価の正確な計算を目的として，完全工業簿記と原価計算が導入され
るようになった。完全工業簿記では，原価計算制度に基づいた原価の集計が行
われ，製品の価値を測定するために，製品を製造する目的で費やされた費用を

直接的に集計し，価値の流れに沿って原価が集計される。この方法によれば，商的工業簿記のように，ある一定期間における原価の発生総額を集計するという方法とは異なり，個別の製品単位で原価を集計することができるという点に大きな特徴がある。

ところが，工業簿記においてそれらの費用を記帳する方法と，記帳された後の勘定に求められている性質は，商業簿記のそれとは異なる点に注意が必要である。例えば，同じ費用項目が発生したとき，商業簿記ではそのまま費用として認識される項目であっても，工業簿記では原価として認識されることになる場合がある。工業簿記では，発生した費用のうち，それらが製品の製造に関連して発生するものであれば，最終的にそれを販売することで費用を回収するという考えから，原価として認識されることになる。

木村［1932］は，原価と費用の概念について次のように述べている。

「例えば元帳に於ける原料・半製品，完成品等の諸勘定に於て記録するは費用に関してであって，此等の勘定の残高のあらわす所は所詮前払費用なのであろうか。保険料・地代等一般に費用項目と呼ばれているものにつき『未経過分』はこれを，期末貸借対照表の為，暫時，資産として認めることは普通である。然しながら倉庫の中に存在する原料・半製品・完成品等も同じく前払費用であって，その意味に於て暫く資産なのであろうか。もしすべての資産は前払費用であるとする説をとらずに費用と資産との両概念を区別するならばそれ等こそは明白に企業の所有する資産中での資産である」（65-66頁）。

このように考えると，原価計算に基づいて算定される製品の原価を費用として取り扱うのか，あるいは資産として取り扱うのかについては大きく考え方の分かれる点であることがわかる。すなわち，勘定理論として製造に要する諸費用を財産系統の勘定と見なすべきか，あるいは資本系統の勘定と見なすべきかで異なってくる。

ここでの物的勘定学説とは，勘定の経済的内容である「モノ」を重視して勘定系統を説明する考え方を表しており，物的一勘定学説とは勘定記録の対象を営業財産と規定した上で，貸借対照表の借方に示されたものを営業財産，貸方に示されたものを解散時に分配される営業財産として定義する考え方である。また物的二勘定学説とは，財産を資本と捉えた上で財産勘定と資本勘定に区分

し，それぞれの記帳法則によって示されたものを指す。

上野［1928］は，勘定の系統について次のように説明している。

「以上，各種損益勘定，集合損益勘定及び資本勘定により成る一連の勘定系統は，所謂資本勘定系統にして，複式簿記の体系の一半を形作るものである。蓋し複式簿記の体系は資本勘定系統と財産勘定系統との二種の勘定系統より組成され，一方に於ては財産勘定系統に属する諸勘定に依りて，財産殊に財産構成部分の価値の増減変化を記録計算し，他方に於ては之れと同時に資本勘定系統にその増減変化を此等二種の勘定系統の計算に依りて明かにし，所謂資本又は純財産の増減変化を二重又は複式に計算表示する所の計算的機構である」（228-229頁）。

このように述べ，複式簿記においては損益勘定は物的二勘定学説に基づき資本勘定系統として位置づけられることを示している。そのように考えると，損益勘定の性質は当然ながら資本勘定と同じ性質であると捉えるべきであり，抽象的な価値の増加や減少あるいは計算に基づく価値の増加や減少を示す勘定であることから，損益勘定は資本の増減に影響を与える資本勘定系統に分類され，抽象的価値を示す勘定ということになる。

ただし上野は，この損益勘定に関する説明については商業簿記において成立するものであることを示している。このことは，商業簿記と工業簿記では異なる考え方であることを暗に指摘している。商業簿記においては，商品の購入代価に付随費用を含めた金額が取得原価であり，この金額をもって貸借対照表における商品の価値として認識する。言い換えると，商品の取得原価のみが商品を構成する価値として商品勘定の借方に計上されることから，その他の費用についてはすべて資本勘定系統に分類され，商品だけが財産勘定系統に分類されることになる。

それに対し，工業簿記においては，費用そのものが資本勘定系統として分類される損益勘定そのものの性質が商業簿記とは異なっており，完成品を製造するために費やされた費用が集計されることから，結果的に工場において損益勘定に集計された費用は完成品に対する原価価値を構成することを意味している。そのため，財産勘定系統としての資産の勘定として認識されることになる。

上野［1928］は，商業簿記と工業簿記での損益勘定の相違について，その背

238 第2部 現代会計の簿記計算構造論

景には企業あるいは経営の特性によって制約を受けることがあることを示唆している（249頁）。工場では，製造する製品の製造原価を正確に算定することが簿記および原価計算における目的の1つであり，製品の製造に関連して発生した費用は製品の価値を構成するものであることから，それらを製造原価として製品に集計する必要がある。原価計算は，これらの製造原価がいくらかについて，正確に算定することを役割として求められており，また工業簿記は必要な情報を帳簿に記録することが求められている。

　この性質について，上野［1928］は次のように述べている。

　「而して此等の原価諸要素に関する勘定，例えば直接原料勘定，直接労力勘定，各種の間接費に関する勘定，例えば動力費勘定，減価償却費勘定，消耗品費勘定等の勘定は，所謂『名目勘定』すなわち損益勘定である。併しながら其の名称は同じく名目勘定であり，損益勘定であるに拘らず，其の職能，実質は寧ろ財産的勘定として同じものであると言わなければならない。蓋し総て此等の工場会計に於ける損益勘定にありては，其の借方に記入したる価値は，製造品の製造に用いられるに従って，先づ半製品勘定へ送られ，半製品の製造が完了するときは，半製品勘定より完成品勘定の借方へ移されるのである。而して半製品も完成品も共に財産たること明確であり，従って半製品勘定も完成品勘定も明かに財産勘定である。それ故に，此等の損益勘定その者も亦，財産たる半製品又は完成品の価値の構成要素を内容とする勘定であり，その内容は，仮令そのもの自身としては直に財産的のものとは看做され得ないとしても，財産の構成要素たる意味に於て財産的のものであると言い得るのである」（250頁）。

　これらのことからもわかるように，商業簿記では理論的観点から資産の獲得と費用の発生を明確に区別しており，損益勘定などの費用勘定は資本の減少を意味する資本系統の勘定として位置づけられるが，工業簿記においては製品の製造に関連して発生した費用はすべて製品の価値を構成するものであり，それがただちに財産になるものとは見なされないとしても，財産の構成要素としての意味をもっていると考えれば，財産系統の勘定として認識することが可能となる。

　また，木村［1932］によると，「原価計算が正確に行われて何等修正を必要とせざりし場合を仮定して期末の費用収入勘定（集合損益勘定）を考えると第

第17章　原価計算の簿記構造　239

一例のごとく簡単なものであるが，もし同じ場合に原価計算制を採っていな
かったとすればその費用収入勘定[2]は第二例の如くなる」（75頁）として，原
価計算と損益計算の関係について次のような問題を提起している。

[図表17-3]　木村の提示する費用収入勘定の違い

借方	費用収入勘定（第一例）		貸方
販売商品費用	290,000	当期商品売上	450,000
本 店 営 業 費	40,000	営 業 外 利 益	10,000
支 店 営 業 費	65,000		
営 業 外 損 失	15,000		
当 期 純 利 益	50,000		
	460,000		460,000

借方	費用収入勘定（第二例）		貸方
原 　 料 　 費	110,000	当期商品売上	450,000
直 接 労 力 費	115,000	営 業 外 利 益	10,000
間 接 労 力 費	25,000		
間 接 雑 費	30,000		
減 価 償 却 費	10,000		
本 店 営 業 費	40,000		
支 店 営 業 費	65,000		
営 業 外 損 失	15,000		
当 期 純 利 益	50,000		
	460,000		460,000

（出所：木村［1932］76頁）

　第一例と第二例では，販売された製品の原価の算定方法が異なっている。第
一例では販売した製品の製造原価について，販売製品費用勘定を通して集合損
益勘定に計上されている。それに対し第二例では，販売された製品の製造原価
について，直接的に集合損益勘定に計上されている。すなわち，第一例では製
造に要した原価を仕掛品勘定に振り替え，完成した製品の原価を製品勘定に振

───────────────────────────

　2）　ここでの費用収入勘定とは，いわゆる損益勘定を表している。

240 第2部 現代会計の簿記計算構造論

り替え，販売された製品の製造原価を販売商品費用勘定に振り替えた上で，その原価を費用収入勘定に振り替えて当期純利益を算定している。それに対し第二例では，販売された製品の製造原価を原料費勘定，直接労力費勘定，間接労力費勘定，間接雑費勘定，減価償却費勘定からそれぞれ直接的に費用収入勘定に振り替えて当期純利益を算定している。これらを仕訳に表すとすれば，次のようになるであろう。

［第一例］

(1) 製品の製造原価を各原価要素から仕掛品勘定に振替え

（借）仕 掛 品　290,000　　　（貸）原 料 費　110,000

直接労力費　115,000

間接労力費　 25,000

間 接 雑 費　 30,000

減価償却費　 10,000

(2) 完成した製品の原価を仕掛品勘定から製品勘定に振替え

（借）製 　 品　290,000　　　（貸）仕 掛 品　290,000

(3) 販売した製品の原価を製品勘定から販売商品費用勘定に振替え

（借）販売商品費用　290,000　　　（貸）製 　 品　290,000

(4) 販売商品費用勘定に集計された金額を費用収入勘定に振替え

（借）費 用 収 入　290,000　　　（貸）販売商品費用　290,000

［第二例］

(1) 販売した製品の原価を各原価要素から費用収入勘定に振替え

（借）費 用 収 入　290,000　　　（貸）原 料 費　110,000

直接労力費　115,000

間接労力費　 25,000

間 接 雑 費　 30,000

減価償却費　 10,000

　第一例では，原価計算を用いることによって，販売された製品の原価をいったん販売商品費用勘定に集計することによって，期末だけではなく期中においても販売された製品の原価を容易に算定することができる。しかし第二例では，

いわゆる商的工業簿記を採用している場合であり，販売された製品の原価を算定するためには期末棚卸を行わなくてはならず，このことから原価計算によって算定された数値によって仕訳や勘定記入が行われると同時に，販売された製品の原価を容易に算定することにも有用な役割を果たしていることがわかる。

Ⅳ　工業簿記の勘定体系と製造原価明細書

　片野［1983］は，工業簿記の勘定体系について等額二元貨幣計算の原理に基づいた財産管理計算の観点から示し，商業簿記と工業簿記の違いについて次のように述べている。

　「商業簿記では，商品の販売活動を中心とする資本の増殖分としての純利益の販売経路を期間ごとに明らかにする役目を果たす収益諸勘定・損費諸勘定が貨幣原因計算の領域に現われるが，工業簿記では，これに先行して，生産行程において各種の生産要素の価値が特定の生産物に移転していく過程をもらすことなく記録して製品の原価を算定する製造原価計算の勘定〔原価要素（費目別）勘定──原価場所（部門別）勘定──原価負担者（製品別）勘定〕が，貨幣形態計算の領域に現われる点にある」（51頁）。

　この中で，等額二元貨幣計算とは，財産の所有関係と財産の構成関係についてその増減理由を明らかにする財産計算と，企業活動の成果である利益がいかなる原因により生じたのかを明らかにする損益計算の2つの領域から構成され，これら2つの領域が貨幣形態計算＝貨幣原因計算という二元計算の原理により成立する考え方を指している。

　そして，製品の製造原価を算定するために発生した原価を集計する勘定が，貨幣形態計算，すなわち財産計算として扱われていることを示している。これは木村や上野なども主張するように，工業簿記と商業簿記の大きな相違点であり，生産要素の価値が特定の生産物（＝資産）に移転していくことによって，原材料や労務費などの製造費用が資産として認識されることを意味している。

　しかしながら，片野［1983］は製造原価の計算について次のようにも述べている。

　「企業会計上，損益計算は自己資本の当期増加項目である純利益について行

242　第2部　現代会計の簿記計算構造論

われる期間的内訳計算であるのに対して，製造原価計算は，資産の特定項目で
ある製品および仕掛品について行なわれる対象的内訳計算である」(51頁)。

「損益計算は貨幣原因系列に属し，製造原価計算は貨幣形態系列に属し，両
者は次元を異にする計算であり，後者を前者の領域に位置づけることは，会計
実践上の便宜の上からは別として，複式簿記による企業財産の管理機構の上か
らは混乱しているものというほかはない」(52頁)。

ここでの前者とは純利益を算出する期間的内訳計算を意味しており，資本計
算を指している[3]。また後者は対象的内訳計算を意味しており，財産計算を
指している。そして，製造された製品の原価を算定する上では，材料費や労務
費などを消費しながら，その価値を製品へと移転させていく非期間的な対象計
算であり，言い換えると実体計算，すなわち財産計算を表していることになる。
しかし，製造原価の内訳を明確に示した製造原価明細書については，制度上は
損益計算書の一部あるいは内訳項目として位置づけられており，財産計算であ
るにもかかわらず資本計算の項目として考えられている点については，論理的
整合性がとれていないようにも考えられる。

確かに，製造された製品の原価を算定するという意味においては，工業簿記
や原価計算により算定された金額は，材料費や労務費などの消費による価値移
転計算であり，財産計算を行っていることにほかならない。ところが製造原価
明細書については，あくまでも売上原価の算定を行うために必要な金額の明細
を示しているものである。すなわち，製造された製品が販売されたことによる
資本の増減を示す資料としての役割を担っているという点では，資本計算の項
目として認識されることになるものの，それは販売によって実現された利益を
算定するための資料として活用される。

このように考えると，複式簿記による管理機構においては，製造原価の計算
は仕掛品勘定を通じた価値移転による非期間的な対象計算であり，財産計算を

---

3)　原価計算が確立される以前は，仕掛品の原価は商業簿記と同様に算定されていた。すなわち，
いわゆる直接費となる材料や賃金の数量をもとに期末仕掛品の算定が行われていた。産業革命
以前は直接材料費や直接労務費が原価の中心であったことから，正確な計算とはいえないまで
も大きな問題とならなかったが，産業革命により工場生産が中心となったことで製造間接費が
増加し，原価計算なくして仕掛品の原価を算定することが困難になったと考えられる。

表していると考えるのが自然である。その上で販売可能となった製品については，利益額の算定のために資本計算が行われるが，その中で売上原価を算定するプロセスにおいて製造原価明細書に示された金額，特に当期製品製造原価の金額が必要とされると考えるべきであり，資本計算を財産計算の中に位置づけているとは考えるべきではないとするのが自然ではないだろうか。

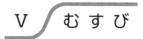
Ⅴ　むすび

　本章では，原価計算と簿記構造をテーマとして，原価計算が採用される以前の商的工業簿記から次第に原価計算，工業簿記へと発展したプロセスを捉えながら，物的勘定学説の視点から検討を行った。物的勘定学説の視点から考察すると，商的工業簿記ではすべての項目を一系統で捉えた物的一勘定学説がその基礎となっていたが，工業簿記および原価計算へと発展していくにつれて，財産計算と資本計算が明確に区分された物的二勘定学説で捉えられるようになったことが明確化された。

　それだけではなく，商的工業簿記の時代にあっては厳密には原価計算が成立しておらず，期末棚卸による差額概念により消費額が算定され，損益勘定に振り替えることで利益が算定されていた。このことは，個々の製品原価を把握することを妨げるとともに，損益勘定において販売された製品の原価を算定することは難しいことも明らかとなった。

　そこで，原価計算を用いることによって，いつでも製品を製造するために費やした費用を価値移転的な考え方に基づいて集計し把握することを可能にするとともに，完成品としての資産の原価を構成するための価値移転的計算であることから，個々の製品原価を把握することが容易になるなど，管理面においても有効な情報が提供されるようになったのである。

　さらには，価値移転的な考え方により集計された製品原価については，消費した費用を意味する資本勘定ではなく，明確な資産としての位置づけを示す財産勘定として位置づけられることから，資産計上の正当性が明らかになった。

　このように，本章では原価計算およびその前身である商的工業簿記を展開するにあたり，簿記構造がどのように関わっているのか，またどのような影響を

244　第2部　現代会計の簿記計算構造論

与え合ってきたのかについて，物的勘定学説の観点から考察を行った。ただし，最後に示したように製造原価を財産勘定として位置づけることが工業簿記の特色でもあるが，反面で複式簿記システムの齟齬を生み出しているという指摘もある。この点については，製造原価を財産勘定として位置づけている以上，財産計算に位置づけられるものとして考えられる。その上で，算定された製造原価が資本計算を行う上で必要な情報として機能していると考えることが自然であろう。

【参考文献】

伊藤博［1999］「管理会計における簿記」『経済系』（関東学院大学）第201集，79-88頁。

上野道輔［1928］「損益勘定に関する一考察」『経済論叢』第26巻第2号，225-253頁。

岡本清［2000］『原価計算　六訂版』国元書房。

片野一郎［1978］『リトルトン会計発達史（増補版）』同文舘出版。

片野一郎［1983］『新簿記精説（上巻）』同文舘出版。

木村重義［1932］「簿記理論に於ける原価計算の意義」『商学討究』第7巻第1号，61-83頁。

沼田嘉穂［1961］『簿記論攷』中央経済社。

番場嘉一郎［1971］『新講　工業簿記精説』中央経済社。

廣本敏郎［2015］『原価計算論（第3版）』中央経済社。

宮上一男［1952］『工業会計制度の研究』山河出版社。

Littleton, A.C.［1966］*Accounting evolution to 1900*, Russell and Russell.

Nicholson, J.L.［1909］*Nicholson on Factory Organization and Costs*, Kohl Technical Publishing.

（望月　信幸）

簿記理論の公理系

I はじめに

　数学の領域では，歴史的に見て，ユークリッド幾何学の発展により，理論の前提となる「公理」が設定され，それに基づき「公理系」（公理体系）（以下，公理系という）が形成されてきた（日本数学会編 [1985] 327-328頁）。では，このような「公理」や「公理系」は，簿記・会計の世界，とりわけ簿記理論にも存在していたのであろうか。もし存在していたのであれば，いかなる論者が公理論を展開し，さらに，それらの公理系は現代の簿記を説明できるのであろうか。これらの点が本章における検討課題である。

　そのためにまず本章では，数学における「公理」と，その集合体である「公理系」について，それらの意味の明確化を図る。その後，簿記を公理で理論的に説明しようとした論者の中でもシュバイツァー（Schweitzer）の公理系を分析材料として取り上げる。シュバイツァーの公理系は，コジオール（Kosiol）の組織的単式簿記とそれから派生した複式簿記の影響を受けている。シュバイツァーの公理系も組織的単式簿記と複式簿記に適用されるべく設定されているが，本章では主として複式簿記に適用される公理系を分析材料とする。

　シュバイツァーの公理系の背景には収支に基づく取得原価主義があり，ストックの評価を行うものではない。そこで本章では，あえてストックの評価を行う取引の仕訳例を取り上げ，これらがシュバイツァーの公理系では完全に説明することが不可能である点を検証する。これらの取引を当該公理系で説明で

246 第2部 現代会計の簿記計算構造論

きなければ，現代の簿記が取得原価主義では説明できないことを公理論の側面
から改めて裏づけることとなる。この作業の結果，シュバイツァーの公理系で
現代の簿記を説明できないならば，いかなる公理論でその説明が可能なのか，
という新たな示唆を提示することができる。このような点に本分析の学術的意
義を見出すことができる。

　なお，シュバイツァーの公理論は，Schweitzer [1972] ならびにその邦訳（興
津監訳 [1992]）において展開されているため，本章では，当該文献を分析対象
とする。

Ⅱ　公理の意味と簿記・会計における公理概念

1　公理および公理系の意味

　「公理」や「公理系」という言葉は，数学などの分野で一般的な用語である
がゆえに簿記や会計学の領域では馴染みは薄い。Ijiri [1975]（井尻 [1976]）に
よれば，会計学において「公理」という用語を用いた論者はコーラー（Kohler）
であり，さらには，マテシッチ（Mattessich），ムーニッツ（Moonitz），コジオー
ル，ペリセリ（Pellicelli）等である（Ijiri [1975] p.71；井尻 [1976] 106頁）。本
章で取り上げるシュバイツァーも同様に会計を公理で説明しようとした。また，
井尻（Ijiri）も同様である。

　では，数学における「公理」の定義はいかなるものであろうか。日本数学会
編 [1985] では，「公理」（axiom）とは，「いくつかの命題を前提とし，それら
だけを用いて展開される。それらの命題がその理論の公理に他ならない」（327
頁）ものとしている。日本数学会編 [1985] によれば，この「公理」は幾何学
の発展とともに生じてきたものと説明する（327-328頁）。つまり，ギリシャ幾
何学は，既知の結果から新たな結果を導出していくものから自明の若干の命題
からすべてが導出されるという考え方に変化し，これが後の「ユークリッド幾
何学」（Euclidean geometry）の発端となる（327頁）。ユークリッド幾何学の体
系者たるユークリッド（Euclid）は，「『全く自明と思われる命題』のうち，幾
何学特有のものを『公準』（postulate），より一般的なものを公理とよんだ」（日

本数学会編［1985］327-328頁）。彼の著書たる『ユークリッド原論』（中村他訳・解説［1976］）では，まず23個の「定義」が述べられた後，5個の公準（要請），9個の公理（共通概念）が説明される（1-2頁）[1]。

　ユークリッド幾何学の体系化後，公準は「普通公理」ないしは「要請」と称されるようになり，これらが「公理」を意味するものとなった（日本数学会編［1985］327-328頁）。ユークリッド幾何学において有名な公準として，「第5公準」があるが，これは「1直線が2直線に交わり同じ側の内角の和を2直角より小さくするならば，この2直線は限りなく延長されると2直角より小さい角のある側において交わること」（中村他訳・解説［1976］2頁）である。しかし，当該公準は非ユークリッド幾何学の展開により否定されていく（日本数学会編［1985］1225頁）。さらに，「公理」の意味も変化し，「『理論の前提としての仮定』という意味に解される」（日本数学会編［1985］328頁）ようになる。このような仮定の集合は「公理系」（system of axioms）と称される（日本数学会編［1985］328頁）が，公理系は，基本的な用語が定義されることはない「無定義用語」ないしは「無定義概念」であり，「無矛盾性」「独立性」といった性質を有し，「公理」の観点からある1つの理論を整理することは，その理論の「公理化」と称される（日本数学会編［1985］328頁）。

2　会計学における公理の意味と現代会計・簿記の公理化の困難性

　会計学に関するある辞典では，「公理系」とは，「ある理論体系の全体が成立するために必要にしてかつ十分ないくつかの仮説の集合」（井尻［1966］70頁）とされ，公理系の公理が真であれば理論体系も真ということが演繹できる「公理の完全性」や，すべての公理が揃っていることが演繹の前提となる「公理の独立性」の要件を満たすものである（井尻［1966］70頁）。さらに，「公理」とは，「公理系に含まれている1つ1つの仮説」（井尻［1966］70頁）と定義されている。さらに，ある辞典では，「公理体系」[2]とは，「公理とよばれる比較的少数の前

　1）　例えば「第1定義」は，「点とは部分をもたないものである」（中村他訳・解説［1976］1頁）とされ，続いて例えば「第1公準」は，「任意の点から任意の点へ直線をひくこと」（中村他訳・解説［1976］2頁）が要請されている。さらに例えば「第1公理」は，「同じものに等しいものはまた互いに等しい」（中村他訳・解説［1976］2頁）ものとされている。

248　第2部　現代会計の簿記計算構造論

提と，演繹的推論を約束する規則，ならびにその規則の適用によって得られる
帰結のすべて」（原田［1987］449頁）と定義されている。「その真実性が疑問と
されない一般的な陳述」（染谷訳［1989］49頁）等という定義も見られる。

　これらのことから，会計における「公理」とは，会計における自明の前提や
仮説であり，当該「公理」の集合が「公理系」で，公理系は無定義概念であり
独立していることから，各種の規則を演繹することができる集合体である。

　会計学領域において，公理ではなく「公準」という言葉は「会計公準」とし
て一般的に用いられている。実際にこれまで，会計理論の公理化の試みにおい
て，当該会計理論の公準化も実施されてきており，ギルマン（Gilman）のコン
ベンション（企業主体，会計期間，貨幣評価），ムーニッツの公準やマテシッチ
の仮定が会計理論の公準化の代表例である（井尻［1966］70頁）。しかし，井尻は，
「会計理論はこれらの試みの中で述べられていることが成立すれば，あとは論
理的に導き出されるというものではない」（井尻［1966］70頁）という理由から，
これらは厳密な意味での公理化ではないとする。

　現代で一般的な会計公準たる「継続企業」，「貨幣価値測定」，「企業実体」は
確かに自明のものであるが，「公理」ではない。ただし，会計の公理的説明は
難しい。井尻は，現行会計システムが相互矛盾のある原則や実務の集合である
とし，会計測定上のすべての意思決定の公理化の著しい困難さを指摘する（Ijiri
［1975］p.71；井尻［1976］107頁）。さらに，会計理論全体を包括する公理系の
構築はおそらく不可能（井尻［1966］71頁）である旨を述べている。その一方で，
矛盾のない会計理論の構築のため，会計理論の公理化には研究の余地がある
（井尻［1966］71頁），科学哲学のもと，公理化の研究が行われようとしている（原
田［1987］449頁）といったことが指摘されている。それゆえ，現代の会計・簿
記の公理的説明ができないならば，それらは首尾一貫性に欠けるものといえる
のである。

　2）　本章では公理系で統一しているが，ここでは文献表記に倣って公理体系と表記している。

第18章　簿記理論の公理系　249

Ⅲ　シュバイツァーによる公理論

1　シュバイツァーによる公理論の概要

　シュバイツァーは，収支計算を前提とした組織的単式簿記と複式簿記について，その公理論を展開している。ここで彼は，「公理」（Axiome）を「演繹される必要のない基礎仮説（あるいは基礎仮定）」と述べ，「基礎仮説に含まれる基礎概念は明確な定義を必要としない」（Schweitzer［1972］S.65，邦訳63頁）ものとする。さらに彼によれば，簿記（組織的単式簿記と複式簿記）の「公理系」（System von Axiomen）を通じた厳密な表現の選択が，厳密に規定された演繹原則での個別言明の演繹の強制を通じ，科学や実務の計算理論的・評価理論的な紹介の思考的遂行と批判的判断を可能にする（Schweitzer［1972］S.64，邦訳62-63頁）と述べている。

　彼によれば，「公理系」（Kalküls）3）は，「概念網」（「公理言語」（Kalkülsprache））および「演繹的基礎」から構成される（Schweitzer［1972］S.65，邦訳63頁）。この公理系を構成するための概念網の構成要素は「基礎概念」，「基礎概念から当該言明構造を組み立てるための形成原則」（Schweitzer［1972］S.65，邦訳63頁）である。次に，公理系を構成するための第2の要素である演繹的基礎の構成要素は「公理」，「演繹原則」（Schweitzer［1972］S.65，邦訳63-64頁）である。

　これら2つの要素を踏まえた場合，シュバイツァーのいう「公理系の主要構成要素」は，「定義」（Definitionen），「公理」，「演繹原則」（Deduktionsregeln）（計算規則）（Rechnungsregeln）（以下，計算規則という）（Schweitzer［1972］S.65，邦訳64頁）である。さらに，公理系は「無矛盾性」，「完全性」，「独立性」といった要素を備える必要がある（Schweitzer［1972］S.66，邦訳64頁）。

3）　原田［1987］によれば，「形式言語にもとづいて構成された公理系はカルキュラス（calculus）」（449頁）と呼称される。なお，英語のcalculusと本文中におけるドイツ語のKalkülsは同義である。

250 第2部 現代会計の簿記計算構造論

2 シュバイツァーによる複式簿記の公理系の諸要素

シュバイツァーは，公理系における3つの構成要素たる定義D，公理A，計算規則Rにより，簿記の解明を行っている（Schweitzer［1972］S.67-83，邦訳66-83頁）。「定義」から始まり「公理」へと進む方法は，『ユークリッド言論』と同様であるが，シュバイツァーの公理系では，「計算規則」が「公理」の次に配列され，「公準」が存在しない。

シュバイツァーは簿記の「定義」，「公理」，「計算規則」を組織的単式簿記と複式簿記に分けて論じているが，本節では主として組織的単式簿記の理論を拡張した複式簿記に焦点を合わせる。

(1) シュバイツァーによる「定義」の内容

まず，シュバイツァーによれば，簿記における定義Dは，**図表18-1**のように階層的に分類・要約される（Schweitzer［1972］S.67-69，S.77，邦訳66-67頁，76頁）[4]。

ここでD_1からD_4までは組織的単式簿記に対応する定義であり，複式簿記ではD_4がD_4'へと変化し，D_5が付加されることでさらに拡張される（太枠部分）。ここで，D_4とD_4'はシュマーレンバッハ（Schmalenbach）の動態論的思考の基礎と同様である。シュバイツァーの理論は，このシュマーレンバッハの理論や，コジオールの収支的会計理論の思考を引き継いでいる（上野［2017］210頁）。

(2) シュバイツァーによる「公理」の内容

シュバイツァーによれば，簿記における公理Aは，**図表18-2**のように階層的に分類・要約される（Schweitzer［1972］S.69-70，S.75-76，邦訳67-68頁）[5]。

4）「定義」の名称はSchweitzer［1972］ならびにその邦訳（興津監訳［1992］）に基づくが，必要に応じて筆者が付している。

5）「公理」の名称はSchweitzer［1972］ならびにその邦訳（興津監訳［1992］）に基づくが，必要に応じて筆者が付している。

第18章　簿記理論の公理系　251

［図表18-1］　シュバイツァーによる「定義」の内容

定義の分類		定義の名称	各定義の具体的内容
D_1		対象クラスの財尺度	クラスに帰属する対象の加法性・非負性，同一クラスの2つの対象数量の等価性
D_2		計算尺度	その価値が有限であるクラスの財尺度
D_3		収支	基礎クラスの尺度単位における運動
	D_{31}	現金収入（現金支出）（現金収支）	財運動の前，財運動に伴う，財運動後の基礎クラスの尺度単位における運動
	D_{32}	前収入（前支出）（前収支）	特定の財運動の後に期待される現金収支を特定の計算時点に先取りする基礎クラスの尺度単位における運動
	D_{33}	償還収入（償還支出）（償還収支）	前収支の精算の際の前収支の減少を成果中性的に把握する基礎クラスの尺度単位における運動
	D_{34}	戻し収入（戻し支出）（戻し収支）	特定の財運動の前に生じた以前の収支を一時的に特定の計算時点で相殺計算する基礎クラスの尺度単位における運動
	D_{35}	後収入（後支出）（後収支）	戻し収支の損益作用的な減少を期間適合的に把握する基礎クラスの尺度単位における運動
	D_{36}	収益収入（費用支出）（成果作用的収支）	全クラスの損益作用的な財の受入れ・払出しを期間適合的に把握する基礎クラスの尺度単位における運動
D_4		期間余剰（利益もしくは損失）	全期間収益収入合計と全期間費用支出合計との差額
D_4'		期間余剰（利益もしくは損失）	期間余剰（不足）は，全期間収益の合計と全期間費用の合計との差額である。
D_5		収益および費用	全クラスの損益作用的な財の受入れ・払出しを一方的な収支運動に対する反対価値として期間適合的に把握するような基礎クラスの尺度単位における運動

（出所：Schweitzer［1972］S. 67-69, S. 77, 邦訳66-67頁，76頁に基づき作成）

252　第2部　現代会計の簿記計算構造論

[図表18-2]　シュバイツァーによる「公理」の内容

公理の分類		公理の名称	各公理の具体的内容
A_1		数量公理	計数的測定可能なクラス・部分クラスに細分できる財（資産）あるいは債務（負債）の数量
A_2		運動公理	第1の部分クラスにおいて，財・債務の運動（受入れ・払出し）が検証可能・計数可能で完全かつ一義的にその完結時点にしたがって配列される。第2の部分クラスにおいて，運動は確認によりもたらされる。
	A_{21}	減価償却	利用財・計算尺度の期間的潜在力の減少の事後計算可能な配分方法による決定
	A_{22}	実現原則	市場給付（市場給付の計算尺度も）は市場に出現した時点で実現される。
A_3		写像公理（交換公理）	非基礎クラスにおいて，財・債務の受入れと払出しの場合，計算尺度として交換によって受入れ・払出しが行われる基礎クラスのすべての計算単位の合計が割り当てられる。基礎クラスの財・債務の受入れ・払出しの場合，計算尺度として交換によって受入れ・払出しが行われる財尺度のすべての単位の合計が割り当てられる（財尺度＝計算尺度）。
	A_{31}	財の原価配分，後入先出法	原料貯蔵の払出しは，価格が一定の場合，クラスの計算尺度は残余在高と払出高に比例配分される。財の価格変動がある場合，財の払出しに関して，最近のクラスの計算尺度が当該クラスの残余在高と払出高とに比例配分される。
	A_{32}	不完全交換6）下の収益・費用形成	帰属する取引がない基礎クラスの受入れ・払出しが行われる場合（贈与財等）の収益・費用形成に際し，計算尺度は0であるか確認で決定される。
A_4		計算目的公理	計算目的は，財・債務の期間的運動の合計についての基礎クラスの尺度単位による期間余剰（期間不足）の決定である。

（出所：Schweitzer［1972］S.69-70，邦訳67-69頁に基づき作成）

6）　この用語は Ijiri［1975］p.73；井尻［1976］109頁に基づくものである。

第18章　簿記理論の公理系　253

(3)　シュバイツァーによる「計算規則」の内容

　シュバイツァーによれば，簿記における計算規則 R は，**図表18-3**のように分類・要約される（Schweitzer［1972］S.70-71，S.77，邦訳69-70頁，75-76頁）[7]。

[図表18-3]　シュバイツァーによる「計算規則」の内容

計算規則の分類	計算規則の名称	各規則の具体的内容
R_1	財クラス計算	財のクラスでは，期首在高・受入高は勘定の左側，払出高・期末在高は勘定の右側で把握される。
R_2	債務クラス計算	債務のクラスでは，期首在高・受入高は勘定の右側，払出高・期末在高は勘定の左側で把握される。
R_3	財・債務計算	財・債務に関し，損益中性的な財運動につき計算尺度は二度，損益作用的な財運動につき一度だけ把握される。
R'_3	複式簿記における財・債務計算	財・債務に関し，財運動の計算尺度は，その運動の損益作用性を考慮せず二度把握される。
R_4	財・債務の期末在高決定	各クラスの期末在高は，期首在高＋受入高－払出高によって算定される。
R_5	期間余剰（不足）の決定	財・債務について，各計算期間における基礎クラスの計算尺度の余剰・不足は，全期間収入の合計－全期間支出の合計によって算定される。
R'_5	複式簿記における期間余剰（不足）の決定	財・債務について，基礎クラスの尺度単位における各計算期間における余剰（不足）は，全期間収入の合計－全期間支出の合計によって決定される。損益作用的収入（収益収入）と損益作用的支出（費用支出）を二重に把握するため，収益費用概念の定義と期間余剰概念を新たに決定することが必要である。

（出所：Schweitzer［1972］S.70-71，S.77，邦訳69-70頁，75-76頁に基づき作成）

　計算規則は，その分類が階層的ではなく独立し，財と債務に関する具体的な勘定記入方法と利益計算方法である。R_1 から R_3 までは組織的単式簿記の計算規則であり，複式簿記の計算規則は，R_3 は R'_3 へ，R_5 は R'_5 へと変化することで拡張される（太枠部分）。

　7）　「計算規則」の名称は Schweitzer［1972］ならびにその邦訳（興津監訳［1992］）に基づくが，必要に応じて筆者により付している。

254 第2部 現代会計の簿記計算構造論

Ⅳ　現代の簿記処理のシュバイツァーの公理での説明困難性

1　取得原価主義を前提とする公理論の展開

　シュバイツァーの公理は，収支計算に基づく取得原価主義を念頭においているが，井尻も取得原価主義を前提とした公理論を展開する（上野［2017］225頁）。彼は3公理たる「支配の公理」（axiom of control），「数量の公理（axiom of quantities），「交換の公理」（axiom of exchanges）を主張する（Ijiri［1975］p.74；井尻［1976］110-111頁）。同時に，これらの公理の前提となる「支配」，「数量」，「交換」の有する能力を「ユークリッド幾何学における5つの公理に対応するもの」（Ijiri［1975］p.68；井尻［1976］105頁）と位置づけている。

　井尻は，公理的方法の採用により，矛盾する原則・実務の集合である会計測定システムの公理化で，取得原価主義の理論的説明を行おうとする（Ijiri［1975］p.71；井尻［1976］106頁）。同様に，コジオールも取得原価主義の公理化を試みようとした（上野［2017］209頁）。コジオールは，シュバイツァーの掲げる公理を後に再構成した後継者である（上野［2018］253頁；峡山［1974］142-144頁）。しかし，取得原価主義のみでは時価・公正価値で評価される場合がある現代の簿記を説明できない。そこで次項からは，取得原価主義を前提とする公理論を展開した論者の中でもシュバイツァーの公理を材料とし，当該公理では現代における簿記取引を完全には説明することができないことを検証する。

2　ストックの評価にかかる簿記処理のシュバイツァーの公理での説明困難性

　現代の会計における最大の焦点は，ストック項目を評価し，意思決定に有用な業績を開示していくことに重点が置かれる。そのため，資産・負債は取得原価のみならず時価・公正価値で評価される。ここで，ストック項目の価額が修正される会計基準（日本基準）の中でも⑴売買目的有価証券の評価切り上げ，⑵その他有価証券の評価切り上げ，⑶減損損失の計上を例に仕訳を取り上げ，

第18章　簿記理論の公理系　255

シュバイツァーの公理で説明できるか否かを検証する[8]。その際，仕訳の金額や勘定科目，会計処理方法などは，説明を容易にするために便宜上，簡易化している。むろん，シュバイツァーの公理は収支的思考がその根底にあるために，これらの取引をすべて当該公理で完全に説明することは困難である。しかし，そのような中でもシュバイツァーの公理で説明できる部分があるとするならば，それらが，収支では説明できない取引でも一般化できる公理であることを示唆するものである。

(1)　売買目的有価証券の評価切り上げ

例えば，10,000の売買目的有価証券を現金で購入した場合は次の仕訳となる。

（借）　売買目的有価証券　　10,000　　　（貸）　現　　　　　金　　10,000

まず，借方は，定義 D_{31} と一致した現金支出による財の購入である。当該財は数量公理 A_1 に合致し財が測定される。同時に運動公理 A_2 に合致し第1の部分クラスとして運動が把握され，写像公理 A_3 に一致し，非基礎クラスたる売買目的有価証券は基礎クラスたる現金の計算尺度と同額で写像される。さらに，本仕訳は計算目的公理 A_4 と合致している。つまり，本取引はシュバイツァーの公理ですべて説明できる。

次に，期末に当該有価証券の評価額が11,000になったとすると，仕訳は次のようになる。

（借）　売買目的有価証券　　1,000　　　（貸）　有価証券評価益　　1,000

この場合，売買目的有価証券の増価により評価益が計上されるが，現金収入 D_{31} を伴わず，シュバイツァーの公理では本質的には説明できない。ただし，上方修正された売買目的有価証券の価額は数量公理 A_1 に合致して測定されている，ともいえる。当該仕訳の借方の増価に対応する基礎クラスたる現金支出 D_{31} はなく，写像公理 A_3 とは合致しない。さらに，当該有価証券は評価替えで

8）　シュバイツァーの簿記理論に影響を与えたコジオールの組織的単式簿記を複式簿記的に仕訳で例示した町田［1982］を一部参照している。

256　第2部　現代会計の簿記計算構造論

の増価であり，運動公理 A_2 に合致しない。さらに，収益 D_5 たる評価益は現金収入 D_{31} が前提とならない財の増価によるものである。現代の会計では当該評価益は余剰計算に組み入れられるが，当該公理でいう余剰計算には組み入れられず，計算目的公理 A_4 と矛盾することとなる。つまり，この仕訳はシュバイツァーの公理で説明することはできない。それゆえ，この仕訳は取得原価主義では説明ができないのである。

(2)　その他有価証券の評価切り上げ

　例えば，20,000のその他有価証券を現金で購入した場合の仕訳は次のようになる。

　　　（借）　その他有価証券　　20,000　　　（貸）　現　　　　　金　　20,000

　この仕訳は(1)の財（売買目的有価証券）の購入時の場合と同様，シュバイツァーのすべての公理に合致している。さらに，期末に当該有価証券の評価額が25,000になったとすると，期末の仕訳は次のようになる。

　　　（借）　その他有価証券　　5,000　　　（貸）　その他有価証券　　5,000
　　　　　　　　　　　　　　　　　　　　　　　　評 価 差 額 金

　この場合，上方修正されたその他有価証券は数量公理 A_1 に合致して測定されている。しかし，借方は基礎クラスとしての現金支出 D_{31} に写像されない，財の流入ではない増価であるため，当該仕訳は写像公理 A_3 では説明できない。さらに，当該有価証券の増価は，それが受け入れられたものではなく評価替えによるものであり，運動公理 A_2 に合致しない。加えて，財の増価はそもそも現金支出 D_{31} を伴わず，評価差額は株主資本を構成しないその他の純資産項目となる。そのため当該財の増価は，計算目的公理 A_4 では説明できない。そのために，シュバイツァーの公理ではこの取引は説明できない。なお，この仕訳は洗替法では，次期期首において，次のような仕訳が行われる。

　　　（借）　その他有価証券　　5,000　　　（貸）　その他有価証券　　5,000
　　　　　　　評 価 差 額 金

　次に，上記有価証券を30,000で売却したとすると仕訳は次のようになる。

| （借）現 | 金 | 30,000 | （貸）その他有価証券 | 20,000 |
| | | | その他有価証券
売　却　損　益 | 10,000 |

　上記仕訳はリサイクリングを意味する。包括利益項目として5,000の評価差
額が生じていたが，その他有価証券の売却によって，収益が実現している。つ
まり，基礎クラスの計算尺度により，数量公理A_1により数量測度で財が評価
され，運動公理A_2に合致し第1の部分クラスとして財の運動が把握されてい
る。さらに，写像公理A_3と合致して，基礎クラスとしての現金の額20,000が，
非基礎クラスとしてのその他有価証券に20,000が，さらに基礎クラスとしての
現金の額10,000が，非基礎クラスとしてのその他有価証券売却損益に10,000が
割り当てられる。運動公理に関連して（それが市場給付か否かは別にして）その
他有価証券売却損益は実現原則A_{22}に一致した実現収益となる。実現収益は収
支D_{31}の裏づけがあるがゆえに計算目的公理A_4と一致し，クリーンサープラス
関係を維持すべく余剰計算に組み入れられる。包括利益に計上されていたシュ
バイツァーの公理で説明できない評価差額5,000は消滅しており，結果として
本仕訳はシュバイツァーの公理で説明ができる。しかし，財の購入から財を上
方的に評価替えした後のリサイクリングまでの流れを首尾一貫した形でシュバ
イツァーの公理で説明することはできない。

⑶　減損損失の計上

　例えば，50,000の建物（5年で償却，残存価額は0，直接法で処理）を現金で
購入したとする。1年経過後，期末においてその建物の収益性が低下し，帳簿
価額を30,000の回収可能価額まで引き下げた（間接法）とする。まず購入時の
仕訳は次のようになる。

| （借）建 | 物 | 50,000 | （貸）現 | 金 | 50,000 |

　これまで見てきたとおり，上記建物は現金支出D_{31}により取得されたもので
あり，シュバイツァーの公理で説明が可能である。
　この建物は1年経過後，償却の対象となる。仕訳は次のとおりである。

258　第2部　現代会計の簿記計算構造論

（借）減 価 償 却 費　　10,000　　　（貸）建　　　　　物　　10,000

　建物は減価償却費部分が下方修正され，当該修正額は数量公理A_1に合致し10,000で測定される。同時に，購入時の建物（という組織的単式簿記でいうところの戻し収入D_{34}）は，10,000の部分だけ運動公理の中でも減価償却A_{21}に合致し償却され，写像公理の中でも財の原価配分A_{31}に合致し配分計算が行われる。配分された減価償却費は費用D_5として余剰計算に組み入れられるため，計算目的公理A_4に合致する。なお，減価償却費は組織的単式簿記の場合には記帳されず，建物の減少部分のみを後支出D_{35}として把握する。次年度末には，当該建物の帳簿価額は10,000減少させる必要があり，仕訳は次のようになる（直接控除方式）。

（借）減 損 損 失　　10,000　　　（貸）建　　　　　物　　10,000

　建物は減損損失分だけ10,000下方修正され，当該修正額は数量公理A_1と合致し測定される。同時に，減損損失控除後の建物は，投資額の回収可能性を反映して下方修正されており，この処理は，減価償却A_{21}に類似するも会計処理の本質は異なる。さらに，A_{31}により財が原価配分されたともいえない。ただし，戻入れを行わない日本基準の場合，減損損失は計算目的公理A_4に合致していると考えられる。

　これまで見てきたように，上記仕訳の中でも，資産（財）の現金での購入は，シュバイツァーの公理で完全に説明でき，資産の減価処理についても当該公理で説明できるが，資産の増価処理は当該公理では説明できない。つまり，「数量公理」を除けば，「写像公理」，「運動公理」，「計算目的公理」は現代の簿記を部分的にしか説明することはできないのである。

V　むすび

　本章では，簿記における公理系の構造を解明するために，シュバイツァーの簿記に関する公理によって，現代における簿記，とりわけストック項目の評価に関する簿記処理を説明できないという点を明らかにすることを目的とした。

その結果，「写像公理」，「運動公理」，「計算目的公理」では説明できない場合があった。つまり，現代の簿記は取得原価主義とは相入れないということが公理の側面から裏づけられたのである。このことは，現代において，複数の測定属性が利用されることに起因する。それゆえ，現代の簿記を説明する公理を構築しようとするならば，ストックの評価の中でも財の上方修正を行う簿記を説明する新たな公理の明示的開発が必要となるのである。

　ここで，ストックの評価について上野［2018］は，シュバイツァーの公理系に影響を与えたコジオール（Kosiol［1976］）の収入支出観を引き合いに出し，取得原価会計の拡張によりストックの評価を説明することができる可能性を示唆している（125頁）[9]。つまり，収入支出概念の過去から現在への時制的拡張により，時価が収支価値として位置づけられるというものである（上野［2018］133頁）。ここで，購入時価についてコジオールは，例えば実質財は貸借対照表日の支出価値としての時価で示され，評価替え（Umbewertung）によって生じた未実現損益は先取り的な未実現の費用・収益であり，評価差額たる価値変動損益は「原価節約」[10]を意味する（上野［2018］140-143頁；Kosiol［1976］S.399-400）。また上野［2018］は，このコジオールの考え方を売却時価についても援用し，価値変動損益は「保有利得」を表すとする（169-170頁，171頁）。つまり，ストックの評価においても収入支出を前提とした時価評価が可能であるがゆえに，本章において例示したストックの評価における各種仕訳の収支的な根拠に基づく説明可能性が示唆される。仮にこれらのことを公理系で説明するのであれば，時価や公正価値等を説明しうる公理系を再構成しなければならないが，コジオールの公理系の中で「購入時価」，「売却時価」，「公正価値」，「現在価値」といった基準での評価を行う上での収支概念の拡張ができるという（上野［2018］274頁）。それゆえに，収支概念の拡張によるストック項目の時価評価を説明しうる新たな公理系の開発の可能性は，会計公理論の研究において，大きな意味を有するのである。

---

9 ）　上野［2018］によれば，公正価値が「現在の収入支出に基づく評価概念」（125頁）と解され，現在価値が「将来の収入支出を現在に割り引いたもの」（125頁）である。

10）　エドワーズ＝ベル（Edwards and Bell）に倣った，上野［2018］による呼称である（143頁）。

260　第2部　現代会計の簿記計算構造論

【参考文献】

井尻雄士［1966］「会計公理」（神戸大学会計学研究室編［1966］70-71頁）。

上野清貴［2017］『会計理論研究の方法と基本思考』中央経済社。

上野清貴［2018］『収入支出観の会計思考と論理』同文舘出版。

神戸大学会計学研究室編［1966］『新会計学辞典』同文舘出版。

神戸大学会計学研究室編［1987］『会計学辞典（第四版）』同文舘出版。

染谷恭次郎訳［1989］『コーラー会計学辞典（復刻版）』丸善。

中村幸四郎・寺坂秀考・伊藤俊太郎・池田美恵訳・解説［1976］『ユークリッド原論』共立
　　出版。

日本数学会編［1985］『岩波数学辞典（第3版）』岩波書店。

峻山幸繁［1974］「マルセル・シュヴァイツァー著『貸借対照表の構造と機能』の研究―収
　　支的成果計算論公理化の初めての試み―」『商経論叢』（鹿児島県立短期大学）第23号，
　　119-145頁。

原田富士雄［1987］「公理体系」（神戸大学会計学研究室編［1987］449頁）。

町田耕一［1982］「コジオールの収支的計算理念」『國士舘大學政經論叢』第40号，23-46頁。

Ijiri, Y.［1975］*Theory of Accounting Measurement*, Studies in Accounting Research, 10,
　　American Accounting Association, Sarasota, Florida.（井尻雄士［1976］『会計測定の理論』
　　東洋経済新報社（日本語版協力：菊地和聖））

Kosiol, E.［1976］*Pagatorische Bilanz, Die Bewegungsbilanz als Grundlage einer integrativ
　　verbunden Erfolgs-, Bestands- und Finanzrechnung,* Duncker & Humblot, Berlin.

Schmalenbach,E.［1956］*Dynamische Bilanz*, 12.Aufl., Westdeutcher Verlag, Köln und Oplad-
　　en.（土岐政蔵訳［1975］『動的貸借対照表論（十二版）』森山書店）

Schweitzer, M.［1972］*Struktur und Funktion der Bilanz, Grundfragen der betrieb-
　　swirtschaftlichen Bilanz in methodologischer und entscheidungstheoretischer Sicht,*
　　Duncker & Humblot, Berlin.（興津裕康監訳［1992］『貸借対照表の構造と機能』森山書店）

（髙木　正史）

会計観としての収入支出観と
簿記の計算構造

I　はじめに

　本書の目的は，簿記の計算構造，とりわけ利益計算構造の簿記的解明を行い，これによって簿記の本質を明らかにし，さらに簿記における計算構造の一般理論を探究することである。この目的を達成するために，会計観としての資産負債観（asset and liability view）および収益費用観（revenue and expense view）に代えて，「収入支出観」（Einnahme und Ausgabe Auffassung）によって会計および簿記の計算構造を統一的・論理的に説明することを本章の目的とする。

　従来，会計観として資産負債観と収益費用観があり，これらは米国財務会計基準審議会（FASB [1976]）によって初めて明示された。そして，その後のFASBおよび国際会計基準審議会（IASB）の会計基準において，資産負債観が有力な地位を占めつつある。しかし，現実の会計は資産負債観によって統一されておらず，収益費用観も適用されており，いわば資産負債観と収益費用観の混合形態となっている。

　これは，後述するように，資産負債観も収益費用観もともに問題点を抱えており，単独では会計および簿記の計算構造を統一的に説明できないことを意味している。会計および簿記の計算構造を統一的に説明するためには別の会計観が必要であり，さらには会計の本質に戻る必要がある。それが本章で提唱しようとしている収入支出観である。本章は，収入支出観の意味を明らかにし，収入支出観が会計および簿記の計算構造を統一的・論理的に説明しうる可能性を

示唆することを目的としている。

そのために，以下ではまず，資産負債観と収益費用観の意味を明らかにし，これらの会計観の問題点を指摘する。これを踏まえて次に，収入支出観に焦点を当て，この会計観の概要を説明する。そして最後に，収入支出観が会計および簿記の計算構造を統一的・論理的に説明しうることを提示したい。

Ⅱ　資産負債観と収益費用観の意味と問題点

上述したように，従来，2つの会計観の存在が指摘されてきた。1つは資産負債観であり，他は収益費用観である。これらは会計を基本的・統一的に説明しようとする意図を有しており，会計において最も重要な要素である「利益」に対する見方の相違を示すものである。本節では，この資産負債観および収益費用観の意味を明らかにし，これらの会計観の問題点を明らかにすることとする。

1　資産負債観と収益費用観の意味

まず，資産負債観についてFASBは次のように説明している。ある人々は利益を1期間における企業の純資源の増加測度と見る。それゆえ，彼らは利益を主に資産および負債の増加および減少に関して定義する。利益の積極的要素—収益—はその期間における資産の増加および負債の減少として定義される。利益の消極的要素—費用—はその期間における資産の減少および負債の増加として定義される。

資産および負債—企業の経済的資源および将来他の企業（個人を含む）に資源を譲渡するその債務—はこの利益観における鍵概念である。その提唱者によれば，資産および負債の属性の測定およびそれらの変動の測定が，財務会計における基本的な測定過程である。他のすべての要素—所有主持分ないし資本，利益，収益，費用，利得および損失—は，資産および負債の属性測度の差額もしくは変動として測定される（FASB［1976］para.34）。

そして，この考えに基づいて，資産負債観における会計の各構成要素は次のように正式に定義されている（［FASB［1976］para.91, para.149, para.194)[1]）。

終　章　会計観としての収入支出観と簿記の計算構造　263

(1)　資産は経済的資源の財務的表現である。資産は，過去の取引または事象
　の結果として，ある特定の企業に正味キャッシュ・インフローを直接的ま
　たは間接的にもたらすと期待される将来の経済的便益である。
(2)　負債は，過去の取引または事象の結果として，ある特定の企業が将来他
　の企業に経済的資源を譲渡する債務の財務的表現である。
(3)　1期間の利益は，資本それ自体の変動を除いた，その期間における企業
　の純資産の変動である。
(4)　収益は，資本それ自体の増減を除いた，資産の増加または負債の減少
　（または両者の組み合わせ）である。
(5)　費用は，資本それ自体の増減を除いた，資産の減少または負債の増加
　（または両者の組み合わせ）である。

　これらの定義において重要なことは，企業の経済的資源を表さない項目は資
産ではないということであり，企業が将来他の企業に経済的資源を譲渡する債
務を表さない項目は負債ではないということである。そしてさらに，利益およ
びその他の構成要素は，企業の経済的資源の変動もしくは将来他の企業に経済
的資源を譲渡する債務のみから生じるということである。この見解では，経済
的資源を表さない項目は資産ではなく，債務を表さない項目は負債ではないの
で，利益は資産と負債の変動のみから生じることになる。したがって，ここで
は，利益は期末の純資産から期首の純資産を控除したものであると考えられ
る。
　これに対して，収益費用観は次のように説明されている。ある人々は利益を，
アウトプットを獲得して有利に販売するためにインプットを使用することにお
ける，ある企業の効率の測度と見る。彼らは利益を主に1期間における収益と
費用との差額として定義する。その提唱者たちは，収益および費用の概念が資
産および負債の概念よりも正確に定義でき，妥当な会計をより明確に示唆しう

---

1)　なお，この資産負債観および次の収益費用観において，資本の定義について特別に述べてい
　ないが，それは，資本が両者の会計観において同じ概念であると思われるからである。FASB
　は資本を次のように述べている。所有主持分または資本は，企業の資産と負債の差額によって
　定義される。資本は純資産に等しい（FASB［1976］para.188）。

264 終　章　会計観としての収入支出観と簿記の計算構造

るように定義できると主張する。

　収益および費用—企業の利益稼得活動からのアウトプットおよび利益稼得活動へのインプットの財務的表現—はこの利益観における鍵概念である。収益および費用は，その期間の収入および支出においてではなく，その期間のアウトプットおよびインプットにおいて認識される。ある提唱者は，その目的がある企業の収益力を測定することであると主張する（FASB［1976］para.38）。

　さらに，収益費用観においては，収益および費用の認識の時が１期間の収益からその収益を稼得するための費用を控除する時になるならば，利益は正確に測定されることになる。その提唱者によれば，１期間における努力（費用）と成果（収益）とを関連づけて収益および費用を測定し，それらの認識時を決定することが，財務会計における基本的な測定過程である。彼らは通常財務会計，とりわけ利益測定を費用収益対応の過程として述べる（FASB［1976］para.39）。

　このように，ここでは，収益および費用が支配的な概念であるので，資産および負債の測度は一般に利益計算過程の必要条件によって決定される。それゆえ，収益費用観を反映する貸借対照表は，資産および負債もしくは他の要素として，企業の経済的資源や他の実体に資源を譲渡する債務を表さない項目を含みうる。

　そして，この考えに基づいて，収益費用観における会計の各構成要素も正式に次のように定義されている（FASB［1976］para.91, para.149, para.194）。

　(1)　資産は上記の定義に次のものを加えたものである。すなわち，資産は，企業の経済的資源を表さないが期間利益を測定するために収益と費用を適正に対応させるのに必要なある「繰延費用」も含む。

　(2)　負債は上記の定義に次のものを加えたものである。すなわち，負債は，経済的資源を譲渡する債務を表さないが期間利益を測定するために収益と費用を適正に対応させるのに必要なある「繰延収益」および「引当金」も含む。

　(3)　１期間の利益は，その期間の収益に費用を対応させた結果である。

　(4)　収益は，財の販売および用役の提供から生じる。収益は，棚卸資産以外の資産の売却または交換からの利得，投資によって稼得された利息および配当金，および資本出資と資本修正からのものを除いた１期間における所

終　章　会計観としての収入支出観と簿記の計算構造　265

有主持分の他の増加も含む。

(5)　費用は，その期間の収益から控除しうる（収益に対して適正に対応される）すべての費消原価（歴史的原価，カレント取替原価または機会原価）を含む。

　これらの定義において重要なことは，期間利益の計算が最初に来るのであり，適正な利益計算が資産，負債および他の関連する諸概念の定義によって妨げられるべきではないということである。そしてさらに，利益は収益と費用に関して定義され，これらの要素はさらに経済的資源や債務とは独立にもしくは部分的に独立に定義されるので，資産や負債の定義から派生しないということである。ここでは，利益は1期間の収益から費用を控除したものであると考えられる。

2　資産負債観と収益費用観の問題点

　以上によって明らかなように，会計構成要素の概念規定に関して，資産負債観と収益費用観とでは，利益観の相違を背景として構成要素の捉え方がまったく異なっている。そこで，次に考察すべきは，これらの会計観のうちどちらが会計および簿記の計算構造を統一的・論理的に説明できるかという問題である。しかし，残念ながら，両者とも会計および簿記の計算構造を統一的・論理的に説明することができないといわざるをえない。その理由は以下のとおりである。

(1)　収益費用観の問題点

　まず，収益費用観に関してである。収益費用観では，諸要素の重要な概念は収益と費用であるが，それらを統一的に定義する一貫した概念が示されていないことに気づく。というのは，それらの定義は1つの中心的な概念によって行われてはおらず，列挙形式で行われているからである。このような状況では，収益と費用を具体的に定義しなければならない場合，現行の会計実務や会計慣習に頼らざるをえないが，その場合，首尾一貫した定義に欠ける可能性がある。というのは，会計実務や会計慣習が変更されると，定義も変更されることになるからである。

266　終　章　会計観としての収入支出観と簿記の計算構造

このことは，収益費用観における資産と負債の定義についても同じである。ここでも，これらの定義は列挙形式で行われており，統一的な概念が示されていない。しいて，これを統一的に解釈しようとするならば，次のようになろう。すなわち，資産は未だ収益に対応されていない原価であり，ペイトン＝リトルトン（Paton and Littleton）のいう「未決状態の対収益賦課分」（[1940] p.25）を意味する。そして，この意味からするならば，負債は未だ収益として認識されていない部分であり，「未決状態の収益分」を意味することになろう[2]。

このような解釈ないし定義においては，資産と負債の定義が収益と費用の定義に依存していることが明らかである。しかしながら，基礎となる収益および費用の定義それ自体に確固としたものがないのであるから，それから派生する資産および負債の定義も，首尾一貫性に欠けざるをえないのも当然である。

さらに，収益費用観では，収益を財の販売および用役の提供から生じるアウトプットないし成果であるとし，費用を収益から控除しうる費消原価たるインプットないし努力であるとするので，ここでの収益と費用は，原理的に操作性の観点から疑問視されざるをえない。というのは，「成果」および「努力」という概念は抽象的な概念であり，現実世界との対応関係を見出しにくいために，会計的測定が困難となる概念であるからである。それゆえ，このような操作性のない概念を中心に置く収益費用観は，会計の構成要素を定義するには不適当であり，会計および簿記の計算構造を統一的に説明するには不適切であるということになる。

(2)　資産負債観の問題点

これに対して，資産負債観は一見して会計および簿記の計算構造を統一的・論理的に説明できるように見える。資産負債観では，会計構成要素の中心概念は資産であり，これを基礎として，利益や他の構成要素を定義している。すなわち，負債は負の資産項目であり，利益は純資産の増加額であり，収益は資産の増加であり，費用は資産の減少である。そして，資産それ自体は，企業に

2）　しかしながら，これとても資産および負債の完全な説明とはいえない。というのは，常識的に考えて，現金等の貨幣性資産は「未決状態の対収益賦課分」とはとうていいえないし，借入金等の負債は「未決状態の収益分」とは考えられないからである。

終　章　会計観としての収入支出観と簿記の計算構造　267

キャッシュ・インフローをもたらすと期待される将来の経済的便益であると規定されている。これによって，資産負債観における諸定義は，論理の一貫性と操作性を備えているということができる。

　しかし，これらを詳細に検討してみると，資産負債観には次のような問題点があることに気づく。資産負債観では，資産および負債は独立概念であり，他の会計構成要素は従属概念であることがわかる。これは，論理学的観点からすると，資産および負債と他の構成要素との間には言語の階層が異なるということであり，言語レベルの相違があるということである。そこで，言語レベルが異なる場合，会計構成要素の概念定義にどのような問題が生じるかを考察してみよう。

　一般に，言語には階層性があり，すべての言語は対象言語とメタ言語に区別される。これに関して，永井は次のように説明している。言語には対象言語とメタ言語の区別がある。対象言語は対象＝存在者について語る言語である。メタ言語は対象＝存在者について語る言語ではなく，言語について語る高次の言語である。すると対象言語はメタ言語の対象となっている。そこで，「対象言語」は「対象について語る言語」という意味と，「メタ言語の対象になっている言語」という意味との二重の意味を含んでいる。メタ言語はさらに高次のメタ言語の対象になる。

　対象についての思考を対象的思考とよび，思考についての思考を反省的思考あるいは反省とよぶことにすれば，対象的思考の言語が対象言語で，反省的思考の言語がメタ言語である。言語によって了解されている表現の意味についてさらに反省的に語る言語はメタ言語であり，特に意味論的言語である（永井[1979] 68頁）。

　すなわち，言語は階層性を有しており，対象言語とは言語外の対象について考察する言語であり，メタ言語とは対象言語について語る言語であり，反省的思考に対応し，反省的思考の媒体となる言語である。換言すれば，対象的思考・認識（第 1 次的思考・認識）を表現する言語を対象言語といい，反省的思考・認識（第 2 次的思考・認識）を表現する言語をメタ言語という。第 2 次的思考・認識はさらに反省されて第 3 次的思考・認識となる。同様の繰り返しでいくらでも高次の反省的思考・認識が可能である。

268 終 章 会計観としての収入支出観と簿記の計算構造

　それらの媒体となる言語の方からいえば，対象言語を起点として，第2次的言語であるメタ言語は，さらに一段高次の第3次的言語としてのメタメタ言語となり，同様に繰り返していくらでも高次のメタ言語が構成可能である。これが言語の階層性である。そして，対象言語で構成される理論を対象理論といい，メタ言語以上の高次の言語で構成される理論をメタ理論という（永井［1974］24頁）。

　この言語の階層性を資産負債観における会計の各構成要素に当てはめてみるならば，そこにおける資産および負債は会計が認識すべき言語外の経験対象，つまり財および用役を対象としており，これらは対象言語に属することは明らかである。これに対して，資本は対象言語たる資産と負債との差額と定義したものにほかならず，言語外の対象について何ら語らずに対象言語について語っているので，メタ言語に属することになる。

　さらに，利益はといえば，これはこのようなメタ言語としての資本について語っており，期末資本から期首資本を控除した額と定義されているので，さらに一段高次のメタメタ言語に属するのである。これらと同じことが収益および費用についてもいうことができる。そこにおける収益は対象言語たる資産の増加または負債の減少と定義されており，やはり言語外の対象について何ら語らずに対象言語について語っているので，メタ言語に属することになる。同様に，費用は対象言語たる資産の減少または負債の増加と定義されているので，メタ言語に属するのである。

　現実の会計を行うためには，これらの会計構成要素に複式簿記を適用しなければならない。そこで，これらの言語を複式簿記の勘定記入に適用すると，対象言語に属する会計構成要素の勘定は「対象勘定」となり，メタ言語に属する会計構成要素の勘定は「メタ勘定」となる。これらは笠井によって命名されたものである。笠井によれば，勘定によって記録される対象は決して一様ではなく，経済活動（事実）という会計の経験対象を直接的に記録する勘定と，そのような経済活動を記録する勘定を対象としつつ，それを整理する勘定という2種の勘定が識別されるのである。会計の経験対象そのものに直接関わっている前者が対象勘定であり，この対象勘定を対象として会計の経験対象に直接関わらない後者がメタ勘定である（笠井［1994］434頁）。

終　章　会計観としての収入支出観と簿記の計算構造　269

　そして，このメタ勘定の特質は次の3点にあるとされる（笠井［1994］436-438頁）。

(1)　そこに記録された数値が，対象勘定間の差引き計算によって，もしくはある対象勘定に記入したものを再度記入することによって算出される。

(2)　この勘定は，財・用役という会計の経験対象と直接的な関連をもっていない。

(3)　この勘定は，もっぱらある計算目的を遂行するために用いられ，その計算目的を遂行しさえすれば，すでに機能を果たしたことになるので，個々の構成要素は示されない。

　「メタ勘定」とは，このうち主として第2の特質に基づいて命名されたものであり，対象勘定を対象としてある計算目的の見地から再整理することにより生じた勘定である。それゆえ，経済活動の把握それ自体とはまったく切り離され，純粋に計算目的の達成に専念することになる。つまり，経済活動の把握と計算目的の遂行という，勘定の記録機能と計算機能の2局面が分離し，メタ勘定はそのうちの計算目的遂行という局面のみを分担するのである。したがって，論理的には，この計算目的勘定は経済活動そのものに関する情報を一切含んでいなくてもよいのである。

　これらのことを要約すると，対象勘定とは，会計が認識すべき経験対象たる企業の経済活動を対象とする勘定である。そして，その特質は，経験対象たる企業の経済活動を一対一の対応関係によって反映するということである。これに対して，メタ勘定とは，ある計算目的のもとに対象勘定について説明する勘定である。その特質は，ある対象勘定から他の対象勘定を差引き計算することによって，もしくはある対象勘定に記入したものを再度記入することによって，経験対象たる企業の経済活動を逐一把握せずに一括して把握するということにある。ここで，前者のメタ勘定性を「差引き計算性によるメタ勘定性」とよび，後者のメタ勘定性を「再記性によるメタ勘定性」とよぶことにする。

　このことを前提として資産負債観における各構成要素の勘定を見てみると，資産勘定および負債勘定はやはり会計が認識すべき言語外の経験対象たる財および用役を対象としており，これらは対象言語に属する勘定，すなわち対象勘

定であることは明らかである。これに対して，資本勘定，利益勘定，収益勘定および費用勘定は，経験対象たる財および用役の変動を逐一把握せず，一括して把握するにすぎない。換言すれば，これらの勘定は財および用役の変動を直接対象とはしておらず，これらの変動を直接対象としている資産勘定および負債勘定を対象としているのである。この意味で，資本勘定，利益勘定，収益勘定および費用勘定は対象勘定ではなく，メタ勘定に属することになるのである。

　それでは，これらの勘定がメタ勘定に属することの直接的な原因はどこにあるのであろうか。まず資本勘定についていうと，それは資産勘定から負債勘定を差し引いた結果認識されたからであり，利益勘定に関しては，このようにして認識された期末資本から期首資本を差引き計算したからにほかならない。したがって，資本勘定および利益勘定は差引き計算性によるメタ勘定性の性格を有しているということができる。この場合，資本勘定はメタ勘定に属するが，利益勘定はメタメタ勘定に属することはいうまでもない[3]。

　これに対して，収益勘定および費用勘定は資本勘定や利益勘定の場合のように差引き計算の結果としてあるのではない。これらの勘定がメタ勘定に属する原因は，むしろ，損益取引を資産勘定および負債勘定に記入するのみならず，それを収益勘定および費用勘定に再度記入することによるのである。この場合，主体はあくまでも資産勘定および負債勘定であり，収益勘定および費用勘定はこれらの勘定を再記したものにすぎない。この意味で，収益勘定および費用勘定は再記性によるメタ勘定性という特質を有しているということができるのである。

　このように，資産負債観における各会計構成要素の間に言語レベルの相違がある。このような相違がある場合，会計を論理的に考えていく上で，様々な問

　3）　資産負債観では，利益を「1期間における企業の純資産の変動」と定義しているので，本章では，それを資本の増加と解し，具体的には期末資本から期首資本を控除して算定されるとしたのであるが，一般に，利益は収益から費用を控除しても算定される。これを勘定計算に関して述べると，利益は収益勘定から費用勘定を差し引いて計算されることになる。したがって，この場合にも利益勘定は差引き計算性によるメタ勘定性の性格を有しており，さらに，収益勘定および費用勘定はメタ勘定であるので，これらの差額である利益勘定はやはりメタメタ勘定に属することになる。これについては再述する予定である。

終　章　会計観としての収入支出観と簿記の計算構造　271

題が生じることになる。それらのうちで特に重要と思われるのは，資産負債観において損益計算が真に可能かどうかという問題と，資産負債観における貸借対照表が企業の財政状態を真に表示できるかどうかという問題である。それではまず，前者の問題から考察してみよう。

　資産負債観では，利益は「1期間における企業の純資産の変動」と定義されており，これは取りも直さず資本の増加のことであるので，具体的には利益は期末資本から期首資本を控除して計算されることになる。これはいわゆる財産法による損益計算にほかならない。しかし，この損益計算の背後には収益から費用を控除して利益を計算するいわゆる損益法による損益計算が予定されている。そこで，両者を別々に考察する必要がある。

　財産法的損益計算では，利益は貸借対照表において計算されることになるが，そこでは，期末資産から期末負債を控除することによってまず期末資本を算定し，この期末資本から期首資本を控除することによって利益が算定される。これを勘定形式で示し，各項目に言語レベルを付すと，**図表 終-1**のような貸借対照表が形成されることになる。

[図表 終-1]　財産法的損益計算(1)

貸借対照表

期末資産（対象勘定）	期末負債（対象勘定） 期首資本（メタ勘定） 利益（言語レベル不明）

　これらのうち，期末資産と期末負債は同じ対象勘定に属するので，同じ言語レベルにあり，期末資産から期末負債を控除することは論理的に可能である。しかし，期首資本はメタ勘定に属する項目であるので，前二者とは言語レベルが異なり，期末資産から期末負債を控除し，さらに期首資本を控除することは不可能である。というのは，言語レベルの異なる項目を比較することは，論理的に不可能であるからである。事実，**図表 終-1**で示したように，これによって算定された利益がどの言語レベルに属し，何を意味しているのかがまったく不明なのである。このように考えてくると，資産負債観における財産法的損益計算は，真の意味における利益を計算できないと結論づけざるをえない。言語

レベルの異なる項目，つまり対象勘定とメタ勘定とを比較して利益を計算することは不可能であるからである。

そこで，資産負債観において論理的に整合した財産法的損益計算を行うためには，つまり同じ言語レベルにおいて損益計算を行うためには，笠井が行っているように（笠井［1989］194頁），期末資産から期末負債を控除して算定する期末資本勘定をまず作成し，この期末資本勘定と従来の期首資本勘定とを貸借対照表において対比させる必要がある。というのは，この期末資本勘定はメタ勘定に属するので，期首資本勘定と同じ言語レベルとなり，両者の比較が論理的に可能となるからである。したがって，財産法的損益計算を論理的に行うためには，期末資本勘定というメタ勘定を計上しなければならない。いま，この損益計算を勘定形式で示し，各項目に言語レベルを付すと，**図表 終-2**のようになる。

［図表 終-2］　財産法的損益計算(2)

貸借対照表

期末資本（メタ勘定）	期首資本（メタ勘定）
	利益（メタメタ勘定）

これが資産負債観における財産法的損益計算の本来の姿であり，これまでにこれを前提として，利益勘定をメタメタ勘定として性格づけたのである。しかしながら，この貸借対照表は，後で詳述するように，貸借対照表の主要な任務である財政状態を表示できないという重大な欠陥を有している。したがって，このような貸借対照表を財務諸表として作成し，利益を計算することの意味は，損益計算が唯一の会計目的であるということでもない限り，あまりないのである。

それでは次に，損益法的損益計算に目を向けることにしよう。これは損益計算書において行われ，収益から費用を控除することによって利益が算定されることになる。いま，これまでと同様に，損益法的損益計算を勘定形式で示し，各項目に言語レベルを付すと，**図表 終-3**のようになる。

終　章　会計観としての収入支出観と簿記の計算構造　273

［図表 終-3］　損益法的損益計算

損益計算書

費　用（メタ勘定） 利益（メタメタ勘定）	収　益（メタ勘定）

　ここで問題となるのは，収益勘定および費用勘定の性格であり，それらはメタ勘定に属するということである。すなわち，収益勘定および費用勘定は，その性格上，対象勘定たる資産勘定および負債勘定の増減を再度記入したものにほかならず，これらの対象勘定を対象としたメタ勘定であるのである。これらのメタ勘定の特質は，経験対象たる財および用役の変動を一対一の対応関係によってその原因別に反映するのではなく，収益額および費用額を一括して把握することにある。

　したがって，このような収益勘定および費用勘定によって作成された損益計算書は，収益および費用の原因別計算ができず，明細な損益計算ができないということになる。損益計算書において独立的に損益計算を行うためには，収益および費用の原因別計算が是非とも必要であり，資産負債観における損益法的損益計算は構造的にそれを行うことができないのであるから，それらは真の意味で損益計算を行っているとはいえないのである。そして，真の意味における損益計算を行えないということは，資産負債観の重大な欠陥を意味することになるのである。

　それでは次に，資産負債観における貸借対照表が会計のもう1つの重要な目的である企業の財政状態を表すことができるかどうかという第2の問題を考察してみよう。この問題を考えるためには，**図表 終-1**の貸借対照表にもう一度注目する必要がある。この貸借対照表を見ると，上述したように，言語レベルの異なる項目が混在している。すなわち，期末資産および期末負債は対象勘定に属し，期首資本はメタ勘定に属するのである。そして，利益の言語レベルは不明である。

　このような言語レベルの異なる項目を収容する貸借対照表にはいくつかの問題点が内在しており，これまではそのうちの差引き計算性（減法性）を問題としたのであるが，財政状態表示に関してここで問題となるのは，期首資本のメ

タ勘定性，期末負債と期首資本との加法性，および期首と期末の２時点計算性である。一般に，企業の財政状態を表示するという場合，その構成要素である資産，負債および資本は言語外の経験対象を表していなければならず，各項目は加算できなければならず，さらに，状態表示である以上，１時点計算でなければならないからである。

　これらの要件を個別に検討していくと，資産負債観における貸借対照表はすべての条件を満たしていないことが判明する。まず，この貸借対照表における期首資本の性格はメタ勘定であり，経験対象たる財および用役を対象とはしておらず，対象勘定たる資産勘定および負債勘定を対象とした勘定である。したがって，このような経験対象を含まない項目を収容している貸借対照表は経験対象表としての財政状態表示機能を遂行しているとはいえないのである。

　また，貸借対照表の貸方項目における期末負債と期首資本には，加法性がない。というのは，期末負債は対象勘定に属するのに対して，期首資本はメタ勘定に属しているので，言語レベルの異なる項目を加算することは論理的に不可能であるからである。事実，これらの項目を加算するとするならば，その結果算定されたものがどの言語レベルに属し，何を意味しているのかが不明なのである。そして，このように加算不可能な項目が混在している貸借対照表は，企業の財政状態を表しているということはできないのである。

　さらに，この貸借対照表は期首の項目と期末の項目とが混在していることに気づく。資産および負債は期末項目であり，資本は期首項目である。これは，財産法的損益計算を行うために，期末資産から期末負債を控除して期末資本をまず算定し，これから期首資本を控除して企業の利益を計算しようとする会計目的に起因しているのであるが，状態表示という観点からすると，問題となるのである。一般に，状態とはある特定時点の有様を意味しており，２時点の状態は論理矛盾であるからである。したがって，この貸借対照表はその論理矛盾を犯しており，このことから，それは財政状態を表示していないといわざるをえないのである。

　これらのことから，資産負債観において，貸借対照表は企業の財政状態を表示できないことが明らかとなったが，その根本原因は，この貸借対照表には対象勘定とメタ勘定という言語レベルの異なる項目が混在していることにあり，

終　章　会計観としての収入支出観と簿記の計算構造　275

さらに，期首項目と期末項目という時点の異なる項目が混在していることにある。そこで，これらの欠陥を排除し，論理的に整合した貸借対照表を作成するためには，すべての項目を同じ言語レベルおよび同じ時点に統一する必要があるが，これを行ったものが前述の**図表 終-2**における貸借対照表にほかならない。

　これはすべての項目をメタ勘定および期末時点に統合したものであるが，しかしながら，この貸借対照表にもいくつかの重大な欠陥が内在している。まず，ここにおけるすべての項目はメタ勘定に属する項目であるので，財政状態表示の基本要件である経験対象を表していないということである。また，この貸借対照表には，期末資産と期末負債との差額である期末資本を計上した関係上，財政状態表示に必須な項目である資産勘定および負債勘定が含まれていない。

　さらに，厳密にいえば，この貸借対照表は同じ言語レベルで統一されていないのである。というのは，期首資本および期末資本はメタ勘定に属するが，それらの差額として算定された利益はもう1つ言語レベルの高いメタメタ勘定に属することになるからである。したがって，この貸借対照表においても言語レベルが統一されておらず，論理的に整合したものではないのである。つまり，**図表 終-1**の貸借対照表と同じ問題が生じるのである。

　以上によって明らかなように，資産負債観における貸借対照表は，どのように考えても企業の財政状態を表示できない。現代の会計が企業の財政状態表示をもう1つの重要な目的としていることからすれば，それを遂行できないこの資産負債観は，重大な欠陥を有していると結論づけざるをえないのである。

Ⅲ　収入支出観の概要と説明可能性

　それでは，本章の考察対象である収入支出観に焦点を移すことにしよう。改めて，収入支出観とは，会計を収入および支出を中心として見，利益も1期間における収入と支出の差額として測定しようとする利益観である。

　この会計観を初めて提唱したのがシュマーレンバッハ（Schmalenbach）であり，彼の動的貸借対照表論は収入支出観の萌芽であるということができる。そして，この収入支出観を発展させたのがワルプ（Walb）の給付・収支損益計算

276 終 章 会計観としての収入支出観と簿記の計算構造

論であり，さらにこれを一応完成させたのが，コジオール（Kosiol）の「収支的貸借対照表論」（pagatorische Bilanztheorie）である。本節では，コジオールの所論を参考にして収入支出観の概要を説明し，さらにこの収入支出観が会計および簿記の計算構造を統一的・論理的に説明しうることを示唆したい。

1 収入支出観の概要

コジオールの「収支的貸借対照表論」はもっぱら収支事象の記帳に由来し，それゆえ，シュマーレンバッハおよびワルプの基本的思考を統一し，これらの試みの首尾一貫した仕上げにおいて，体系的に完結した簿記理論，勘定理論，貸借対照表論および評価論として損益計算の包括的な理論を統一的な収支的基礎に基づいて示すものである。

コジオールは収入支出観に基づく組織的単式簿記（systematischen einfachen Buchhaltung）を提唱する。そこにおいて，計算関係として，現金計算（Barrechnung），前計算（Vorrechnung）と償還計算（Tilgungsrechnung），戻し計算（Rückrechnung）と後計算（Nachverrechnung）が問題となる。そして，これらを勘定形式で表すと5種類の勘定が成立し，それらは**図表 終-4**のようになる（Kosiol [1970a] S.293-294）。

[図表 終-4] 組織的単式簿記における勘定タイプ

現 金（Kasse）

現金収入	現金支出

債 権（Forderungen）		債 務（Schulden）	
前 収 入	償 還 支 出	償 還 収 入	前 支 出

在 庫（Vorräte）		留 保（Reservate）	
戻し収入	後 支 出	後 収 入	戻し支出

さらに，このような計算関係に基づいて，コジオールの組織的単式簿記では，いくつかの計算書ないし貸借対照表が作成される。それは，収支的運動貸借対照表（Bewegungsbilanz），収支的変動貸借対照表（Veränderungsbilanz）および収支的在高貸借対照表（Beständebilanz）である。

終　章　会計観としての収入支出観と簿記の計算構造　277

　ここまでは収支的貸借対照表論における組織的単式簿記であるが，計算システムないし簿記システムを完成させるために，コジオールはこれに加えて収益および費用を計上する複式簿記を構想する。そこにおける複式簿記は，理論的に組織的単式簿記のさらなる展開として説明される。

　これらを以下で少し詳細に論述することとする。

(1)　収支的貸借対照表論

　収支的貸借対照表論の出発点として，コジオールは，シュマーレンバッハやワルプと同様に，全体損益計算から始める。全体損益計算は，全体損益＝現金収入の合計−現金支出の合計（利益配当を除く）という規則によって，純現金計算（現金計算）の形式で企業の全存続期間の損益を決定する。

　しかし，実務においては，全体損益計算に比して，当面の中間計算および中間成果が必要となる。このために，その理論的推論は全体期間をある数の部分期間に思惟的に分解することから出発する。これらの部分期間に対して，その期間に対応する全体損益の部分，つまり期間損益を決定するために，期間損益計算が行われる。それゆえ，期間損益の合計＝全体損益という関係が妥当する（Kosiol［1970a］S.281）。

　期間損益計算において，損益を収入および支出によって決定するために，コジオールは収支概念を全会計対象に拡張する。そこでは，組織的単式簿記において，現金計算のみならず，前計算および償還計算，戻し計算および後計算を期中において行うことによって，現金収支および計算収支を捉える。すなわち，それはすべての会計対象を収入および支出によって常時把握し，収支概念を全会計対象に拡張する。

　ここにおいて，現金計算は文字どおり収入支出計算であり，そこには損益作用的収入および支出と損益非作用的収入および支出が計上される。損益作用的収入は「収益収入」とよばれ，損益作用的支出は「費用支出」とよばれる。そして，その他の計算は収支概念を拡張した計算収支によって行われる。

　まず，前計算および償還計算に関して，例えば売掛金や貸付金等の債権が発生する場合，それらは「前収入」として計上され，それらの債権が決済される場合，それらは「償還支出」として計上される。これに対して，買掛金や借入

金等の債務が発生する場合，それらは「前支出」として計上され，それらの債務が決済される場合，それらは「償還収入」として計上される。その場合，売掛金の発生は損益作用的前収入となり，買掛金の発生は損益中性的前支出となる。貸付金や借入金の発生は損益には関係しない相関的前収支となる。

戻し計算および後計算に関して，例えば商品や備品等の資産（在庫）を購入する場合，損益作用性を相殺するために，それらは「戻し収入」として計上され，それらの資産が費消される場合（売上原価，減価償却費），それらは「後支出」として計上される。したがって，戻し収入は損益非作用的であり，後支出は損益作用的ということになる。この後支出は費用支出となる。

また，例えば前受金（留保）を受け取る場合（前受収益），損益作用性を相殺するために，それは「戻し支出」として計上され，後に売上等の収益が実現する場合，それは「後収入」として計上される。したがって，戻し支出は損益非作用的であり，後収入は損益作用的ということになる。この後収入は収益収入となる。

これらを勘定形式で表すと5種類の勘定が成立し，それらは前述した**図表 終-4**のようになる。なおこの場合，債務にはいわゆる他人資本および自己資本が含まれる。

(2) 収支的貸借対照表論の計算書体系

このような計算関係に基づいて，コジオールの組織的単式簿記では，いくつかの計算書ないし貸借対照表が作成される。それは，収支的運動貸借対照表，収支的在高貸借対照表および収支的変動貸借対照表である。

収支的運動貸借対照表は，会計期間末において，様々な種類の収支によって構成される当該期間のすべての収入（借方）および支出（貸方）を包含するものである。これは，貸借対照表のある側の他の側に対する収支余剰として期間損益（期間利益または期間損失）を示す。コジオールは，収支的運動貸借対照表を貸借対照表の原型とよぶ。

収支的運動貸借対照表は，**図表 終-5**のように表される（Kosiol [1970a] S.285-286）。

終　章　会計観としての収入支出観と簿記の計算構造　279

[図表 終-5] 収支的運動貸借対照表

収入	収支的運動貸借対照表	支出
Ⅰ　現金収入 　1　損益作用的現金収入 　　（現金収益収入） 　2　留保収入 　3　債務収入 　4　決済収入 Ⅱ　計算収入 　1　前 収 入 　a）損益作用的前収入 　b）期間中性的前収入 　　（留保前収入） 　c）相関的前収入 　2　償還収入 　3　戻し収入 　4　後 収 入		Ⅰ　現金支出 　1　損益作用的現金支出 　　（現金費用支出） 　2　在庫支出 　3　債権支出 　4　決済支出 Ⅱ　計算支出 　1　前 支 出 　a）損益作用的前支出 　b）期間中性的前支出 　　（在庫前支出） 　c）相関的前支出 　2　償還支出 　3　戻し支出 　4　後 支 出

残高＝期間損益

　運動貸借対照表における損益決定は，理論的観点において場合によっては前期からの繰越高とは完全に独立している。すべての期首在高は原則として全体から切り離され，それゆえ損益中性的である。

　それに対して，実務的理由から，繰越高を貸借対照表の継続性を保持するために算入することが必要である。この実務的に広く行われている在高貸借対照表は，第2の貸借対照表形式として，繰越高の総括からおよびそれに対応する運動量から，正および負の構成要素の同時的残高計算のもとで生じる。これは収支的在高貸借対照表とよばれる。というのは，それは収支的事象の記帳から生じ，それによって全体的な貸借対照表在高が収支的特質を担うからである。

　収支的在高貸借対照表は，**図表　終-6**のように表される（Kosiol [1970a] S.287-288) [4] ）。

280　終　章　会計観としての収入支出観と簿記の計算構造

［図表 終-6］　収支的在高貸借対照表

資産	収支的在高貸借対照表	負債
Ⅰ　収入在高 　　1　現金在高（現金預金） 　　2　債　権（収入見越） Ⅱ　支出対価 　　3　在　庫		Ⅰ　支出在高 　　1　債　務（支出見越） Ⅱ　収入対価 　　2　留　保

残高＝期間損益

　当該期間の収支運動（フロー量）から出発して，第3の貸借対照表として，運動貸借対照表における相互に対応する収支の残高計算によって，収支的変動貸借対照表が生じる。残高は収入余剰もしくは支出余剰の形式における運動差額である。それは，期末在高と期首在高との間で決定される在高差額と内容的に等しい。それゆえ，変動貸借対照表を内容的に運動差額貸借対照表もしくは在高差額貸借対照表として説明することができる。

　収支的変動貸借対照表は，**図表 終-7**のように表される（Kosiol［1970a］S.287-288）。

4）　コジオールはこの在高貸借対照表を別のところで次のように示しており（Kosiol［1970b］S.152），これにより，上述したことがより明瞭に理解される。

資産（収入余剰）	在高貸借対照表	負債（支出余剰）
1　現金在高（現金）： 　　現金収入の余剰 2　名目（貨幣）債権の在高： 　　前収入の余剰 3　（実質債権を含む）実質財の在高： 　　戻し収入の余剰		4　名目（貨幣）債務の在高： 　　前支出の余剰 5　実質債務の在高 　　戻し支出の余剰

残高＝期間損益

終　章　会計観としての収入支出観と簿記の計算構造　281

[図表 終-7]　収支的変動貸借対照表

収入余剰　　　　　　　　収支的変動貸借対照表　　　　　　　支出余剰
（資産増加・負債減少）　　　　　　　　　　　　　　　（負債増加・資産減少）

現金収入余剰（現金在高増加）	現金支出余剰（現金在高減少）
前 収 入 余 剰（債権増加）	償還支出余剰（債権減少）
償還収入余剰（債務減少）	前 支 出 余 剰（債務増加）
戻し収入余剰（在庫増加）	後 支 出 余 剰（在庫減少）
後 収 入 余 剰（留保減少）	戻し支出余剰（留保増加）

残高 = 期間損益

⑶　収支的貸借対照表論の全体システムとしての複式簿記

　これまで説明してきたのは，収支的貸借対照表論における組織的単式簿記で
あるが，計算システムないし簿記システムを完成させるために，コジオールは
これに加えて収益および費用を計上する複式簿記を構想する。

　複式簿記は，コジオールの見解によれば理論的に組織的単式簿記のさらなる
展開として説明される。その場合，特定の費用計算および収益計算において損
益の源泉を明らかにする努力は，ある補完的簿記システムの展開に導く。その
出発点として，経営的事象の生産的視点，過程的視点および損益的視点がさら
なる計算のメルクマールとして選ばれる。その方法は形式的に，貸借対照表領
域においてこれまで一方的に記帳した損益作用的事象に種類的に分類された費
用勘定および収益勘定を反対記帳することにある（反対記帳の一般原則）。

　これらの損益勘定は全体として，純粋な収支系列のほかに第2の計算領域と
して厳密な（狭い）意味で純粋な損益系列を構成する。その計算において，損
益系列は，貸借対照表に対して必然的に同じ額で左右を逆にした損益計算書に
よって，利益および損失計算をもたらす。したがって，収益収入の反対記帳に
よって収益が損益計算書に計上され，費用支出の反対記帳によって費用が損益
計算書に計上される。さらに，この反対記帳は収益収入および費用支出の原因
計算として，収益および費用を独立的に把握することになる。

2　収入支出観の論理性と説明可能性

　以上が収支的貸借対照表論に基づく収入支出観の概要であるが，このような

282 終 章 会計観としての収入支出観と簿記の計算構造

収入支出観が会計および簿記の計算構造を統一的・論理的に説明しうることを解明したい。そのために，前述した資産負債観および収益費用観と対比する意味で，改めて，収入支出観の意味とその会計構成要素を明らかにしよう。

　既述のように，収入支出観とは，会計を収入および支出を中心として見，利益も1期間における収入と支出の差額として測定しようとする利益観である。そこにおける会計の各構成要素は次のように定義することができる。

　(1) 収入は，現金収入と計算収入からなり，計算収入は前収入，償還収入，戻し収入および後収入から構成される。

　(2) 支出は，現金支出と計算支出からなり，計算支出は前支出，償還支出，戻し支出および後支出から構成される。

　(3) 資産は収入余剰であり，それは現金収入余剰，前収入余剰および戻し収入余剰から構成される。

　(4) 負債および資本は支出余剰であり，それは前支出余剰および戻し支出余剰から構成される。

　(5) 1期間の利益は，その期間における収入の支出に対する余剰である。

　(6) 収益は，損益作用的収益収入およびその反対記帳要素である。

　(7) 費用は，損益作用的費用支出およびその反対記帳要素である。

　これらの定義において重要なことは，会計の構成要素はすべて収入および支出によって構成されており，したがって，利益も1期間における収入から支出を控除して決定されるということである。そして，その特徴は，収支概念を全会計対象へ拡張したことおよび徹底的なフロー思考であることである。

　そこでは，現金計算のみならず，前計算および償還計算，戻し計算および後計算を期中において行うことによって，現金収支および計算収支（前収支，償還収支，戻し収支，後収支）を捉える。すなわち，それはすべての会計対象を収入および支出によって常時把握し，収支概念を全会計対象に拡張するのである。

　また，徹底したフロー思考性に関して，収入支出観の会計および簿記において，最も重要なそして基本的な計算書は運動貸借対照表である。運動貸借対照表は，会計期間末において，様々な種類の収支によって構成される当該期間の

終　章　会計観としての収入支出観と簿記の計算構造　283

すべての収入（借方）および支出（貸方）を包含するものである。これは，貸借対照表のある側の他の側に対する収支余剰として期間損益を示す。

　この運動貸借対照表は貸借対照表の原型とよばれる。というのは，残高計算されていない（フロー量ともよばれる）収入および支出それ自体における貸借対照表の本来の内容がここに見られ，運動貸借対照表の形式がこの収支資料から直接導き出されるからである。それゆえ，運動貸借対照表は典型的なフロー思考に基づく貸借対照表である。

　収入支出観による会計および簿記において，フロー思考は運動貸借対照表だけではない。これから導き出される変動貸借対照表もフロー思考により作成されるということができる。変動貸借対照表は，当該期間の収支運動（フロー量）から出発して，運動貸借対照表における相互に対応する収支の残高計算によって生じる。残高は収入余剰もしくは支出余剰の形式における運動差額である。それゆえ，変動貸借対照表を内容的に運動差額貸借対照表として説明することができる。ここに，変動貸借対照表のフロー思考性がある。

　さらに，収入支出観における在高貸借対照表もフロー思考性を有しているということができる。在高貸借対照表は，繰越高の総括から，およびそれに対応する運動量から，正および負の構成要素の同時的残高計算のもとで生じる。これは収支的在高貸借対照表とよばれる。というのは，それは収支的事象（フロー事象）の記帳から生じ，それによって全体的な貸借対照表在高が収支的特質を担うからである。この収支的特質はフロー概念にほかならず，したがって，在高貸借対照表もフロー思考により作成されるのである。

　このように見てくると，収入支出観における会計および簿記は徹底的なフロー思考であり，首尾一貫してフロー思考性を有しているということができるのである。

　この収入支出観は会計および簿記の計算構造を統一的・論理的に説明できるように思われる。収入支出観では，会計構成要素の中心概念は収入および支出であり，これを基礎として，利益や貸借対照表の構成要素を定義している。すなわち，資産は収入余剰であり，負債および資本は支出余剰であり，利益は収入の支出に対する余剰額であり，収益は損益作用的収益収入であり，費用は損益作用的費用支出である。そして，収入および支出は具体性および操作性のあ

る概念であり，これにより，収入支出観における諸定義は，論理の一貫性と操作性を備えているということができる。

さらに，収入支出観における各会計構成要素はすべて対象勘定であるということが明らかとなる。収入支出観の最も重要なそして基本的な計算書である運動貸借対照表は，事実の経験対象を表している。すなわち，そこにおける現金収入勘定,計算収入勘定（前収入勘定,償還収入勘定,戻し収入勘定,後収入勘定），現金支出勘定および計算支出勘定（前支出勘定,償還支出勘定,戻し支出勘定,後支出勘定）は，すべて経済活動という会計事実の経験対象を直接的に記録する勘定なのである。

さらに，収入支出観では，損益計算書における収益勘定および費用勘定も対象勘定であるということができる。収入支出観において，収益勘定および費用勘定は収益収入勘定および費用支出勘定を反対記帳したものであるが，前述の資産負債観のように，単に収益収入勘定および費用支出勘定を再度記入したものではない。この反対記帳は収益収入および費用支出の原因計算として，収益および費用を独立的に把握するのである。したがって，収入支出観における損益計算書の収益勘定および費用勘定も対象勘定であるのである。

このことから，収入支出観では，取引記録から計算書の作成に至るまでにおいて，すべての勘定が対象勘定であり，収入支出観は対象勘定の体系であるということができる[5]。ここに，収入支出観の論理性があり，会計および簿記の計算構造を統一的に説明しうる説明可能性があるのである。

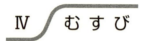

Ⅳ　むすび

以上本章では，会計観としての資産負債観および収益費用観に代えて，収入支出観が会計および簿記の計算構造を統一的・論理的に説明しうる可能性を示

---

[5] ただし，収入支出観においてただ1つメタ勘定が存在する。それは利益勘定である。利益は運動貸借対照表において収入から支出を控除して決定され，実質的には，収益収入から費用支出を控除して算定される。また，損益計算書において，利益は収益から費用を控除して決定される。したがって，利益勘定は「差引き計算性によるメタ勘定性」を有し，メタ勘定ということになる。しかし，利益勘定はどの会計観においてもメタ勘定であり，これは利益勘定の会計固有の性質である。

唆することを目的として，まず資産負債観および収益費用観の意味を明らかにし，これらの会計観の問題点を指摘した。次に，これを踏まえて，収入支出観に焦点を当て，収入支出観の概要を説明するとともに，この会計観が会計および簿記の計算構造を統一的・論理的に説明しうることを示した。

まず，収益費用観に関して，そこにおける各会計構成要素の定義に首尾一貫性がなく，操作性もないということから，収益費用観は会計の構成要素を定義するには不適当であり，会計および簿記の計算構造を統一的に説明するには不適切であると結論づけた。

また，資産負債観に関して，そこにおける各会計構成要素の勘定では，資産勘定および負債勘定は会計の経験対象を直接的に記録する対象勘定に属するけれども，資本勘定，利益勘定，収益勘定および費用勘定は対象勘定を対象として会計の経験対象に直接関わらないメタ勘定に属することを明らかにした。そして，資産負債観において，各会計構成要素の間にこのような言語レベルの相違があるがゆえに，真の論理的意味で損益計算を行っているとはいえず，貸借対照表は企業の財政状態を表示できないことを指摘した。

これらに対して，収入支出観では，各会計構成要素の中心概念は収入および支出であり，これを基礎として，利益や貸借対照表の構成要素を定義しているので，収入支出観における諸定義は，論理の一貫性と操作性を備えているということを解明した。そしてさらに，収入支出観における各会計構成要素はすべて対象勘定であることを明らかにし，これによって，収入支出観は会計および簿記の計算構造を統一的・論理的に説明できると結論づけた。

以上が本章の概要であるが，最後に，収入支出観は資産負債観と収益費用観の統合した会計観であるということを指摘したい。上述したように，収入支出観の特徴は，収支概念の全会計対象への拡張であり，運動貸借対照表に代表される徹底的なフロー思考にある。そこでは，会計対象は資産および負債であるが，資産および負債をストック概念として捉えず，資産の入りおよび出ならびに負債の入りおよび出としてフロー概念で捉え，さらにそれらを収入および支出概念で把握する。

そして，この収入支出観の主要な会計目的は期間損益計算である。これは，組織的単式簿記において収益収入および費用支出を含む収入および支出に基づ

いて算定され，全体システムとしての複式簿記では収益収入および費用支出を反対記帳する収益および費用に基づいて算定される。

　これらを会計観から見ると，収入支出観は会計対象としては資産および負債を対象とした資産負債観であり，計算目的としては収益および費用の算定を目的とした収益費用観である。そして，収入支出観はこれらを収入（収益収入）および支出（費用支出）で統一的に説明することによって統合しているということができる。すなわち，収入支出観は資産負債観と収益費用観を統合した会計観であるということができるのである。

　ただ，本章のこれまでの論述は，暗黙のうちに取得原価会計を念頭においていた。収入支出観がさらに会計および簿記の計算構造を統一的に説明しうるためには，他の会計システム，とりわけ公正価値会計等の現代会計も統一的に説明できなければならない。

　これに関して結論的に述べるならば，収入支出観はこれも可能であるように思われる。すなわち，収入支出観は，収支概念を過去だけではなく，現在および将来に拡張することによって，現代会計を統一的に説明できる可能性があるように思われる。公正価値（購入時価および売却時価）は現在の収入支出に基づく評価概念であると解することができるし，現在価値はまさに将来の収入支出を現在に割り引いたものである。したがって，この考えに基づいて，収入支出観を拡張することができる。そして，収支概念を時制的に拡張しても，収入支出観の会計構造は変わらないと予測できる。すなわち，収入支出観はすべての評価概念および会計システムと結びつくことができるのである。

【参考文献】

上野清貴［1998］『会計の論理構造』税務経理協会。

笠井昭次［1989］『会計的統合の系譜』慶應通信。

笠井昭次［1994］『会計構造の論理』税務経理協会。

永井成男［1974］『哲学的認識の論理』早稲田大学出版部。

永井成男［1979］『分析哲学とは何か』紀伊國屋書店。

FASB［1976］Discussion Memorandum, *An Analysis of Issues Related to Conceptual Frame-work for Financial Accounting and Reporting : Elements of Financial Statements and Their Measurement*, FASB.

Kosiol, E. [1954] Pagatorische Bilanz (Erfolgsrechnung), in *Lexikon des kaufmännischen Rechnungdwesens*, hrsg. v. K. Bott, Stuttgart, S.2095-2120.

Kosiol, E. [1964] *Buchhaltung und Bilanz,* Walter de Gruyter & Co.

Kosiol, E. [1970a] Pagatorische Bilanztheorie, in *Handwörterbuch des Rechnungswesens*, hrsg. v. E. Kosiol, Stuttgart, S.279-302.

Kosiol, E. [1970b] Zur Axiomatik der Theorie der pagatorischen Erfolgsrechnung, *Zeitschrift für Betriebswirtschaft*, Jahr.40 Nr.3, S.135-162.

Kosiol, E. [1976] *Pagatorische Bilanz*, Duncker & Humblot.

Paton, W. A. and A. C. Littleton [1940] *An Introduction to Corporate Accounting Standards,* AAA.

Schmalenbach, E. [1939] *Dynamische Bilanz*, 7.Auflage, G. A. Gloeckner, Verlagsbuchhandlung.

Schmalenbach, E. [1956] *Dynamische Bilanz*, 12.Auflage, Westdeutscher Verlag.

Walb, E. [1926] *Die Erfolgsrechnung privater und öffentlicher Betribe, Eine Grundlegung*, Industrieverlag Spaeth & Linde.

（上野　清貴）

索　引

あ行

後給付 ………………………………… 24
後支出 ………………………………… 53
後収入 ………………………………… 53
在高勘定 ……………………………… 3
在高貸借対照表 ……………………… 48
安定価値会計 ………………………… 138
安藤英義 ……………………… 87, 88, 92
意思決定会計 ………………………… 65
意思決定説 …………………… 84, 179
井尻雄士 ……………… 61, 75, 133, 140, 145,
　　　　　　　　　　　　179, 246, 248, 254
一勘定学説 …………………………… 4
一元観 ………………………………… 217
一致の原則 ………………………… 19, 22
５つのステップ ……………………… 207
入口価値 …………………………… 150, 158
岩田巌 ………………………………… 101
因果的複式簿記 ……………… 62, 65, 69
ウィルモウスキー …………………… 18
上野清貴 ……………… 15, 158, 179, 186, 259
上野道輔 …………………………… 237, 241
内倉滋 ………………………………… 20
運動公理 ……………………………… 258
運動差額貸借対照表 ……………… 124, 127
運動貸借対照表 ……………………… 123
エドワーズ＝ベル …………………… 147
演繹原則 ……………………………… 249
太田哲三 ……………………… 87, 88, 92
岡本清 ………………………………… 233
奥山茂 …………………………… 5, 14
大日方隆 …………………………… 175, 180

か行

会計公準 ……………………………… 248
会計深層構造論 ……………………… 127
会計数値の比較可能性 ……………… 137
会計責任説 …………………… 84, 179
会計等式 ……………………………… 194

会計の各構成要素 …………… 262, 264, 282
会計利益 ……………………………… 152
拡張された収支 ……………………… 113
笠井昭次 ……………… 71, 173, 185, 268, 272
片野一郎 …………………………… 136, 241
価値移転的計算 ……………………… 243
貨幣価値修正勘定 …………………… 144
貨幣項目保有利得・損失 …………… 144
貨幣性資産 …………………………… 164
貨幣的評価 …………………………… 132
鎌田信夫 ……………………………… 190
簡易商店簿記試案 …………… 92, 95, 100
間接的決定 …………………………… 37
完全工業簿記 ………………………… 235
完全性 ………………………… 247, 249
期間収益期間費用 …………………… 110
期間損益計算 ………………………… 277
期間的内訳計算 ……………………… 242
期間利益計算 ………………………… 19
期間利潤計算 ………………… 109, 110
企業会計原則 ………………………… 29
企業資金運動 ………………………… 194
企業の力の貯蔵 ……………………… 24
犠牲関連取引 ………………… 120, 129
木戸田力 ……………………………… 88
基本的逆関係 ………………………… 118
期末元入資本 ………………………… 103
木村重義 ……………… 236, 238, 241
逆関係 ………………………………… 118
キャッシュ・フロー会計 …………… 189
キャッシュ・フロー計算書 ……… 189, 193
給付 …………………………… 18, 20
給付系列 ……………………………… 36
給付費消 ……………………………… 109
鏡像 …………………………………… 37
行列簿記の記帳単位 ………………… 125
ギルマン …………………………… 132, 248
組替調整 …………………………… 224, 229
黒澤清 ………………………………… 87

290 索　引

経営意思決定・・・・・・・・・・・・・・・・・・・・・・148
経営利益・・・・・・・・・・・・・・・・・・・・・・147, 152
計算規則・・・・・・・・・・・・・・・・・・・・・・249, 253
計算構造の一般理論・・・・・・・・・・・・・・261
計算収支・・・・・・・・・・・・・・・・・・・・・・・・・・・48
計算の確実性の原則・・・・・・・・・・・・・・21
計算目的公理・・・・・・・・・・・・・・・・・・・・258
計算要素・・・・・・・・・・・・・・・・・・・・・・・・・・89
結算勘定報告・・・・・・・・・・・・・・・・・・・・・90
月末収支総括表・・・・・・・・・・・・・・97, 98
原価計算・・・・・・・・・・・・・・・・・・・・232, 238
原価節約・・・・・・・・・・・・・・・・・・・・・・・・149
現金計算・・・・・・・・・・・・・・・・・・・・276, 277
現金収支日計表・・・・・・・・・・・・・・・・・・97
現金収支の性質等式・・・・・・・・・・・・190
現金創造能力・・・・・・・・・・・・・・192, 195
原型財務諸表・・・・・・・・・・・・・・・・・・・122
原型財務諸表行列簿記・・・・・・125, 126
原型損益計算書・・・・・・・・・・・・123, 127
原型貸借対照表・・・・・・・・・・・・・・・・・123
言語の階層性・・・・・・・・・・・・・・・・・・・268
現在価値・・・・・・・・・・・・・・・・・・・・・・・・171
現在現金等価額・・・・・・・・・・・・・・・・・162
現在出口価格アプローチ・・・・・・211, 213, 214
減損損失の計上・・・・・・・・・・・・・・・・・257
原単位仕訳・・・・・・・・・・・・・・・・・・・・・121
交換経済的給付・・・・・・・・・・・・・・・・・・33
交換取引・・・・・・・・・・・・・・・・・・・・・・・128
交換の公理・・・・・・・・・・・・・66, 67, 254
工業簿記・・・・・・・・・・・・・・・237, 238, 241
合計試算表・・・・・・・・・・・・・・・・・・・・・194
公準・・・・・・・・・・・・・・・・・・・・・・・・246, 248
公正価値・・・・・・・・・・・・・・171, 175, 186
公正価値会計・・・・・・・・・・・・・・・・・・・173
公正価値概念・・・・・・・・・・・・・・・・・・・161
購入価格・・・・・・・・・・・・・・・・・・・・・・・162
購入時価・・・・・・・・・・・・・・・・・・・・・・・150
購入時価会計・・・・・・・・・・・・・・・・・・・147
公理・・・・・・・・・・・・66, 245, 246, 248, 249, 252
公理化・・・・・・・・・・・・・・・・・・・・・・・・・247
公理系・・・・・・・・・・・・・245, 247, 248, 249

コーラー・・・・・・・・・・・・・・・・・・・・・・・246
コジオール・・・・・・・・47, 245, 246, 254, 276
個別化された費用収益計算・・・・・・・・56
混合測定会計・・・・・・・173, 178, 181, 185

▌さ行

再記性によるメタ勘定性・・・・・・269, 270
財産勘定・・・・・・・・・・・・・・・・・・・・・・・・・7
財産勘定系列・・・・・・・・・・・・・・・・・・3, 14
財産計算書・・・・・・・・・・・・・・・・・・・・・・82
財産貸借対照表・・・・・・・・・・・・・・・・・・49
財産法・・・・・・・・・・・・・・・・・・・・・101, 102
財産法的損益計算・・・・・・・・・・・・69, 271
財産法の決算表・・・・・・・・・・・・103, 105
差引き計算された純額計算・・・・・・・・58
差引き計算されない総額計算・・・・・・58
差引き計算性によるメタ勘定性・・・・・・269, 270
三式簿記・・・・・・・・・・・・・・・・・・・・・・・・75
残高勘定・・・・・・・・・・・・・・・・・・・・・・・・36
残高貸借対照表・・・・・・・・・・・・124, 127
シェアー・・・・・・・・・・・・・・・・・・・・・・・・・2
試算表・・・・・・・・・・・・・・・103, 105, 112
試算表等式・・・・・・・・・・・・・・・・・・・・・・15
資産負債アプローチ・・・・・・・・174, 176
資産負債観・・・・・・28, 148, 160, 174, 186,
　　　　　　　　　210, 261, 262, 285
資産負債観の問題点・・・・・・・・・・・・266
支出・・・・・・・・・・・・・・・・・・・・・・・・・・・193
時制的三式簿記・・・・・・・・・・77, 84, 85
実現アプローチ・・・・・・・・・・・・211, 214
実現可能価格・・・・・・・・・・・・・・・・・・・162
実現可能基準・・・・・・・・・・・・・・150, 158
実現可能原価節約・・・・・・・147, 150, 156
実現可能利益・・・・・・・・・・・・・・・・・・・152
実現基準・・・・・・・・・・・・・・・・・・・・・・・150
実現原価節約・・・・・・・・・・・・・・・・・・・156
実現資本利得・・・・・・・・・・・・・・・・・・・156
実現主義・・・・・・・・・・・・・・・・・・・・・・・・21
実現主義の原則・・・・・・・・・・・・・・・・・204
実現利益・・・・・・・・・・・・・・・・・・・・・・・151
支配の公理・・・・・・・・・・・・・・・・・66, 254

支払能力	192, 195	シュバイツァー	245, 249
資本勘定	3, 7	シュマーレンバッハ	17, 47, 54, 250, 275
資本勘定系列	3, 14	純財産学説	14
資本計算書	82	純資産直入法	186, 219
資本等式	16, 76	純利益	174
下野直太郎	87, 88	償還計算	52
ジモン	18	償還差額	52
写像公理	258	償還支出	52
収益	18, 20, 210	償還収入	52
収益収入	277	商業簿記	237, 238, 241
収益認識	204	状態貸借対照表	49
収益認識基準	204	商的工業簿記	232, 234
収益認識のフロー	209	情報提供機能	176
収益の測定	210	正味財産	102
収益費用	110	将来的現金収支	51
収益費用アプローチ	174, 175	深層構造	117, 123, 128
収益費用観	28, 148, 159, 174, 186, 210, 261, 263, 285	慎重性の原則	21
		人的勘定学説	3, 4
収益費用観の問題点	265	人的勘定学説ならびに一勘定学説	4
収支計算	109	スウィーニー	132, 136, 140
収支系列	36	数量公理	258
収支的在高貸借対照表	56, 276, 279	数量の公理	66, 254
収支的運動貸借対照表	54, 276, 278	杉本徳栄	127
収支的貸借対照表	47	スターリング	161
収支的貸借対照表論	276, 277	正規の簿記の諸原則	20
収支的変動貸借対照表	276, 280	製造原価明細書	242
収支的簿記	87	静態観	19
収支的簿記法	88	静的貸借対照表	18
収支的簿記法の流れ	99	整理記入	107, 113
収支簿記法	91	接続変形	128
修正財務諸表	142, 144	絶対的中性収支	110
修正された収入・支出計算	39	全体損益計算	277
修正損益計算書	107	全体利益	19
修正対照表	114	総括的な損益計算	56
修正歴史的原価主義	134, 139, 142	総勘定合計表学説	16
収入	193	相殺支出	51
収入支出	109	相殺収支	51
収入支出観	259, 261, 275, 283, 285	相殺収入	51
取得原価	175, 186	相対的中性収支	110
取得原価会計	147, 173, 185	測定	65
取得原価主義	254	測定基準	176

組織的単式簿記 ················ 50, 249, 276
その他の包括利益 ······· 183, 217, 226, 227, 229
その他の包括利益累計額 ···· 219, 226, 227, 229
その他有価証券 ······················· 221
その他有価証券の評価切り上げ ········· 256
その他有価証券評価差額金 ··· 221, 227, 229
損益学説 ···························· 16
損益勘定 ························· 36, 57
損益計算書 ····················· 106, 193
損益貸借対照表 ····················· 48
損益等式 ···························· 16
損益表 ····························· 113
損益法 ······················· 101, 108
損益法的損益計算 ·················· 272
損益法の計算構造 ·················· 108
損益法の決算表 ···················· 112

■ た行

貸借対照表 ················· 5, 105, 193
貸借対照表学説 ····················· 16
貸借対照表等式 ··············· 15, 16, 76
貸借対照表の項目 ·················· 111
対象勘定 ·························· 268
対象言語 ·························· 267
対象的内訳計算 ···················· 242
対照表 ····························· 113
対象理論 ·························· 268
高田正淳 ··························· 47
多項性 ···························· 121
田中茂次 ·························· 116
谷端長 ···························· 55
チェンバース ······················ 161
中小企業簿記要領 ·················· 99
中性収支 ·························· 110
調整仕訳 ·························· 198
直接的決定 ························· 36
貯蔵支出 ··························· 53
チョムスキー ······················ 117
追加計算 ··························· 39
通常仕訳 ·························· 120
通常損益計算書 ················ 124, 127

T 勘定法 ·························· 195
定義 ························· 249, 251
出口価格 ·························· 171
徹底したフロー思考性 ··············· 282
伝統的実現概念 ················ 204, 206
等額二元貨幣計算 ·················· 241
当期営業利益 ·········· 147, 149, 150, 156
動態観 ···························· 19
動的貸借対照表 ····················· 18
独立性 ······················· 247, 249
取引価格アプローチ ··········· 210, 212, 214
取引要素説 ····················· 87, 92
取引要素説の流れ ·················· 99

■ な行

永井成男 ·························· 267
二元観 ···························· 217
二元性 ···························· 118
ニコルソン ························· 233
二段階利益計算 ···················· 186
二利益観 ·························· 186
望ましい簿記処理 ·················· 226

■ は行

売却価格 ·························· 162
売却時価 ·························· 171
売却時価会計 ······················ 161
売買目的有価証券の評価切り上げ ······ 255
配分 ····························· 175
派生的逆関係 ······················ 119
馬場克三 ··························· 69
原田富士雄 ························ 249
反対記帳の一般原則 ················ 281
番場嘉一郎 ························ 180
比較性の原則 ······················ 21
非貨幣性資産 ······················ 164
土方久 ···························· 17
ヒックス ··························· 67
微分的三式簿記 ·············· 79, 84, 85
費用 ························· 18, 20
評価 ····························· 175

索　引　293

評価・換算差額等 ……………………218
費用支出 ……………………………277
費用収益計算 …………………………56
費用収益貸借対照表 …………………48
表層構造 ………………………117, 128
フィッシャー …………………………18
附加収益 ……………………………111
附加費用 ……………………………111
複式性 ………………………………119
複式簿記 …………4, 56, 76, 170, 249, 277, 281
藤沼守利 ………………………………4
物価水準 ……………………………142
物価水準資本費用 …………………143
物価水準修正展開表 ………………145
物価水準損失 ………………………143
物価水準保有利得 …………………143
物価水準保有利得・損失 …………145
物価変動会計 ………………………132
物的一勘定学説 ………………236, 243
物的勘定学説 ……………4, 236, 243
物的二勘定学説 …………………2, 243
分解仕訳 ……………………………120
分類的複式簿記 …………………62, 69
ペイトン＝リトルトン ………28, 266
ペリセリ ……………………………246
便益関連取引 …………………120, 129
変形規則 ……………………………117
変形生成文法理論 …………………117
変動貸借対照表 ……………………123
包括利益 ……………174, 181, 217, 224
包括利益会計基準 …………………218

■ま行
前給付 …………………………………24
前計算 …………………………………51
前計算と償還計算 ……48, 50, 276, 277
前支出 …………………………………51
前収入 …………………………………51
松下真也 ……………………………159
松本敏史 ……………………………211
マテシッチ ……………………246, 248

ムーニッツ ……………………246, 248
無定義概念 …………………………247
無定義用語 …………………………247
無矛盾性 ………………………247, 249
メタ勘定 ……………………………268
メタ言語 ……………………………267
メタ理論 ……………………………268
目的適合性 …………………………137
戻し計算 ………………………………39
戻し計算と後計算 ……48, 52, 276, 278
戻し支出 ………………………………52
戻し収入 ………………………………53

■や行
安平昭二 ………………………………14
山下勝治 ………………………………55
山田康裕 ……………………………215
ユークリッド幾何学 …………245, 246
吉田良三 ………………………………87

■ら行
利益 ……………………22, 174, 262
利益観 ………………………………176
理解可能性 …………………………138
利害調整会計 …………………………65
利害調整機能 ………………………176
リサイクリング ………………181, 217
利潤計算 ………………………109, 110
利潤計算原理 ………………………102
リトルトン …………………………232
留保収入 ………………………………52
利力 ………………………80, 84, 85
利力計算書 ……………………………83
歴史的原価主義 ………………132, 135
連結包括利益計算書 ………………223
連絡帯 …………………………………22

■わ行
渡邉泉 …………………………176, 177
渡辺進 ………………………………180
ワルプ …………………………32, 47, 275

〈編著者紹介〉

上野　清貴（うえの　きよたか）

1950年　和歌山市に生まれる。
1973年　中央大学商学部卒業
1977年　中央大学大学院商学研究科博士前期課程修了
1980年　神戸大学大学院経営学研究科博士後期課程単位取得
　　　　九州産業大学経営学部専任講師
1986年　九州産業大学経営学部助教授
1988年　ユタ大学経営学部客員研究員（～1990年）
1992年　九州産業大学経営学部教授
1994年　長崎大学経済学部教授
1995年　博士（経済学）（九州大学）
2001年　税理士試験委員（～2003年）
2008年　中央大学商学部教授

(主要著書)

『スターリング　企業利益測定論』（訳）同文舘出版，1990年
『会計利益測定の理論』同文舘出版，1991年
『会計利益測定の構造』同文舘出版，1993年（日本公認会計士協会学術賞受賞）
『会計利益概念論』同文舘出版，1995年
『会計の論理構造』税務経理協会，1998年
『キャッシュ・フロー会計論』創成社，2001年
『公正価値会計と評価・測定』中央経済社，2005年
『会計利益計算の構造と論理』（編著）創成社，2006年
『公正価値会計の構想』中央経済社，2006年
『現代会計基準論』中央経済社，2007年
『企業簿記の基礎（第2版）』中央経済社，2012年
『現代会計の論理と展望』創成社，2012年
『簿記のススメ』（監修）創成社，2012年（日本簿記学会学会賞受賞）
『会計測定の思想史と論理』中央経済社，2014年
『連結会計の基礎（第3版）』中央経済社，2014年
『会計学説の系譜と理論構築』（編著）同文舘出版，2015年
『人生を豊かにする簿記』（監修）創成社，2015年
『現場で使える簿記・会計』（編）中央経済社，2017年
『会計理論研究の方法と基本思考』中央経済社，2017年
『全国経理教育協会　公式簿記会計仕訳ハンドブック』（共編著）創成社，2017年
『スタートアップ会計学（第2版）』（編著）同文舘出版，2018年
『収入支出観の会計思考と論理』同文舘出版，2018年
『財務会計の基礎（第5版）』中央経済社，2018年
『日本簿記学説の歴史探訪』（編著）創成社，2019年
『会計の科学と論理』中央経済社，2019年

簿記の理論学説と計算構造

2019年9月5日　第1版第1刷発行

編著者　上　野　清　貴

発行者　山　本　　　継

発行所　㈱中　央　経　済　社

発売元　㈱中央経済グループ
　　　　パブリッシング

〒101-0051　東京都千代田区神田神保町1-31-2
　　　　　　　電話　03 (3293) 3371 (編集代表)
　　　　　　　　　　03 (3293) 3381 (営業代表)
　　　　　　　http://www.chuokeizai.co.jp/
　　　　　　　印刷／昭和情報プロセス㈱
　　　　　　　製本／誠　製　本　㈱

©2019
Printed in Japan

＊頁の「欠落」や「順序違い」などがありましたらお取り替えいたしま
　すので発売元までご送付ください。(送料小社負担)

ISBN978-4-502-32091-0　C3034

JCOPY〈出版者著作権管理機構委託出版物〉本書を無断で複写複製 (コピー) す
ることは、著作権法上の例外を除き、禁じられています。本書をコピーされる場合
は事前に出版者著作権管理機構 (JCOPY) の許諾を受けてください。
　　　JCOPY〈http://www.jcopy.or.jp　eメール：info@jcopy.or.jp〉

会計と会計学の到達点を理論的に総括し、
現時点での成果を将来に引き継ぐ

体系現代会計学 全12巻

■総編集者■

斎藤静樹(主幹)・安藤英義・伊藤邦雄・大塚宗春

北村敬子・谷　武幸・平松一夫

■各巻書名および責任編集者■

第1巻	企業会計の基礎概念	斎藤静樹・徳賀芳弘
第2巻	企業会計の計算構造	北村敬子・新田忠誓・柴　健次
第3巻	会計情報の有用性	伊藤邦雄・桜井久勝
第4巻	会計基準のコンバージェンス	平松一夫・辻山栄子
第5巻	企業会計と法制度	安藤英義・古賀智敏・田中建二
第6巻	財務報告のフロンティア	広瀬義州・藤井秀樹
第7巻	会計監査と企業統治	千代田邦夫・鳥羽至英
第8巻	会計と会計学の歴史	千葉準一・中野常男
第9巻	政府と非営利組織の会計	大塚宗春・黒川行治
第10巻	業績管理会計	谷　武幸・小林啓孝・小倉　昇
第11巻	戦略管理会計	淺田孝幸・伊藤嘉博
第12巻	日本企業の管理会計システム	廣本敏郎・加登　豊・岡野　浩

中央経済社